新月边的鲁迅

鲁迅与右翼文人

房向东 著

上海交通大学出版社
SHANGHAI JIAO TONG UNIVERSITY PRESS

内容提要

这是一部研究鲁迅与右翼文坛关系的著作。本书叙述了鲁迅与陈西滢、章士钊、杨荫榆等人的纠葛以及鲁迅与梁实秋、徐志摩等人的恩怨。作者讲述时代的孤独者鲁迅"横眉"右翼文坛的往事,以客观公正的态度,用历史的眼光,重新审视这些笔墨官司。

图书在版编目（CIP）数据

新月边的鲁迅:鲁迅与右翼文人 / 房向东著.
— 上海:上海交通大学出版社,2016
ISBN 978-7-313-14300-6

Ⅰ.①新… Ⅱ.①房… Ⅲ.①鲁迅研究—文集 Ⅳ.① K825.6-53

中国版本图书馆 CIP 数据核字 (2015) 第 301864 号

新月边的鲁迅——鲁迅与右翼文人

著　　者：房向东
出版发行：上海交通大学出版社　　　地　　址：上海市番禺路 951 号
邮政编码：200030　　　　　　　　　电　　话：021-64071208
出 版 人：韩建民
印　　制：青岛新华印刷有限公司　　　经　　销：全国新华书店
开　　本：880mm×1230mm 1/32　　　印　　张：16
字　　数：290 千字
版　　次：2016 年 1 月第 1 版　　　　印　　次：2016 年 1 月第 1 次印刷
书　　号：ISBN 978-7-313-14300-6/K
定　　价：58.00 元

目 录

总序一

血性的文章

陈漱渝

偶阅"澎湃网"转载的微信，知近十年来全球人文学科陷入又一轮衰退，表现在欧美国家公立大学人文学科被裁撤，人文学科科研经费和录取人数减少，"就业"和"运用"成了高校改革的导向。自 2016 年起，日本也调整和废除了一些"不符合社会需求"的文科专业。真是"无边落木萧萧下"，令我这个早已退休的"社会闲杂老人"也不禁产生杞人之忧。

相形之下，作为发展中国家的中国却似乎"风景这边独好"。据我所知，国家逐年加大了对自然科学和社会科学领域的经费投入。中国社会科学院搞"创新工程"，给每位学术带头人每年划拨 20 万元，直接打入其工资卡，另外还有 8 万元科研活动费。凡立为国家重大项目的课题有 60 万元至 100 多万元的科研经费。高等院校还评选各种称号的学者，那奖金至少也有数十万元。在按本国标准存在数千万贫困人口、按国际标准存在一两亿贫困人口的中国，国家能有如此大的投入不能不说是下了血本。

然而，近些年中国重大的社会科学研究成果究竟有哪些呢？隔行如隔山，对其他专业我不敢妄评，单就鲁迅研究领域而言，除开 2005 年出版了一部更为严谨但仍有不足之处的新版《鲁迅全集》而外，其他既能引人注目又能站得住脚的重大成果还真是不多。只知道中国社科院文学研究所有一位研究人员孙乃修先生到美国哈佛大学访学之后，又到加拿大定居，在大学开设鲁迅研究课程。其专著《思想的毁灭——鲁迅传》的封面赫然写着两句广告词："推倒一尊谎言垒砌的巨像，剖析一个阴暗偏狭的灵魂。"这就是他的鲁迅观。他原单位又有一位现任领导，连篇累牍地发表解构鲁迅的文章，显得"自信而又无知"。令人讶异的事情还有一件，发生在 2015 年年初，有一学者根据他 60 年的研究体会发表了一个新论："鲁迅研究不是科学。"理由是鲁迅研究"没有标准答案，没有统一答案"。

难道凡没有标准答案就不能称之为"科学"吗？据我所知，西方的"科学"（Science）一词有一个历史演变过程，到 19 世纪初才获得现在的意义。所谓科学其实就是人类认识和解释世界的不同方法和途径，不能用有无标准答案，作为科学与伪科学的分水岭。相反，科学体系的特征是兼容并蓄而且不断接受质疑和批判。比如有一种额叶前部的脑白质切除术，曾用于治疗精神分裂症，因而荣获 1949 年诺贝尔生理学或医学奖，但后来发现这种手术并无疗效，反而损害患者的其他认知功能，因而又被医疗禁用。但这种失败的研究也有其价值，往往能成为科学成果的前导。所以，能够证伪的固然是科学，在求真过程中的失误也属于科学研究范畴。

其实，即使在自然科学当中，也有许多假定和理论模式有待验证，并没有标准答案。科学可以分为自然科学、社会科学、思维科学三个领域，能总结贯通这三个领域的是哲学和数学。数学中的一个学科分支"模糊数学"就没有标准答案，但从来没有人因此认为模糊数学不能称之为科学。最近还发生一件产生了轰动效应的事情：重庆女作家杜虹因胰腺癌去世，其女张思遥联系到美国阿尔科（Alcor）生命延续基金会，花费75万元人民币为其母做了大脑冷冻手术，希望50年后母亲能够苏醒过来，母女重聚。有记者采访张思遥，问她这种手术的前景，回答是："医生说，科学的正确答案是不知道，他们没有办法去回答未知的事情。这个50年的期限其实是他们最乐观的估计。我认为他们还是比较严谨的。"张思遥还透露，有个头部移植手术，筹备在2017年进行。难道因为这些实验性手术没有一个标准的成功时间，就否认这些医学家从事的不是科学研究？

不错，鲁迅在《〈绛洞花主〉小引》中的确说过，不同的读者读了《红楼梦》有不同的领悟："经学家看见《易》，道学家看见淫，才子看见缠绵，革命家看见排满，流言家看见宫闱秘事……"但这并不意味着"经学家"、"道学家"、"才子"、"革命家"、"流言家"的看法就都正确，而只是反映出经典作品解读中有一种多解和歧解现象，属于接受美学的研究范畴。其实，这种一文多解的现象并非鲁迅首先发现。早在1500年前，刘勰在《文心雕龙·辨骚第五》中就谈到不同读者阅读《楚辞》有不同的关注点："故才高者菀其鸿裁，中巧者猎其艳辞，吟讽者衔其山川，童蒙者拾其香草。"意思是：才能高的人读《离骚》能博采它的宏伟体制，一般人只是援引其中的一些漂亮词句，吟诵的人接受其中对山川的描写，而刚启蒙的小孩子只能拾取其中那些香草美人的句子。鲁迅本人的看法是，凡客观事物均有其"本色"和"本相"，曹雪芹写《红楼梦》也终究有他的"作者本意"。经过版本考证和参阅新、旧红学的各种观点，鲁迅倾向于《红楼梦》中的描写"大部分为作者自叙"的看法，"知曹雪芹实生于荣华，终于苓落，半生经历，绝似'石头'"（《中国小说史略·清之人情小说》）。这就是鲁迅的研究结论。

由此可见，无论是自然科学抑或社会科学，其最高追求无非是"求真"二字，而要达到"求真"的目的，就需要坚持科学的立场，运用科学的观点，掌握科学的方法，发扬科学的精神，遵循科学的道德。可以明确地说，鲁迅研究不仅是一门学科或学科的分支，本身就属于科学研究范畴，否则岂不会成为吹牛和扯淡吗！

鲁迅研究既然是科学，其中自然就会有是非曲直之分。当然，无论是研究了60年，还是只研究了6年、6个月、6天乃至6个小时，谁也不能自认为穷尽了真理，把不同观点都视为异端邪说。在"求真"的长途中，的确需要有"海纳百川"和"自以为非"的精神。不过在目前的鲁迅研究界，我认为更缺乏的是是非之心和敢于直言的勇气。

可能是为了矫正"以阶级斗争为纲"的岁月中那种"扣帽子"、"打棍子"的恶行恶习，新时期的有些学者似乎习惯于表白自己有一颗包容一切的"平常心"，直言好辩往往被视为"左"的流毒。在这种文化氛围中，房向东以"鲁门走狗"自豪，向一切贬损鲁迅的妄人妄语开战，自然就成了另类。

何谓"平常心"？我以为，真正的"平常心"是一种对世事的洞察，能够处变不惊，即使在"山重水复疑无路"的绝境中也能持有"柳暗花明又一村"的乐观信念。如果把"平常心"当成庄子的"彼亦一是非，此亦一是非"，如果把"平常心"等同于杨坤演唱的《无所谓》，则是对"平常心"的曲解。房向东有一段话给我的印象极深。他说，他有时是"因为愤怒而写作"。他之所以写《被诬蔑被损害的鲁迅——鲁迅去世后对他的种种非议》这部书，纯粹是因为越读类似某"文坛刀客"的文章越生气，生气到不提笔批驳就吃不饱睡不香的程度，"如果不批驳他，我的气郁积于心中，那会生病"。我理解房向东的心情，认为这是得鲁迅真传之人的肺腑之言。鲁迅在《再论"文人相轻"》一文中说得明明白白："文人不应该随和；而且文人也不会随和，会随和的，只有和事老。"又说："文学的修养，决不能使人变成木石，所以文人还是人，既然还是人，他心里就仍然有是非，有爱憎；但又因为是文人，他的是非就愈分明，爱憎也愈热烈。"曹丕《典论·论文》

中强调"文以气为主",这种"气"就是沛然充塞于天地之间的"正气"。洋溢正气的文章就是血性文章,而血性源自明确的是非、热烈的好恶,而且为了表达这种情感能够不计功利,不计利害!读者诸君,你们想看血性文章吗?如想看,那就请读读房向东的这套鲁迅研究文集。

那么,有是非之心就必然显得不包容么?我认为,真正的包容精神应该是鲁迅倡导的"拿来主义"精神,也就是蜜蜂广采百花酿制蜂蜜的精神,这种精神跟辨析、批判、扬弃乃至毁灭并不矛盾。佛教教义应该是很讲包容的了,但讲的也多是同质包容。记得作为净土宗总纲的《无量寿经》就讲不同门中的"一多相容",比如"一室之千灯,光光相涉"(一间房中有多盏灯,那灯光是相容的,难分彼此)。又比如"以水喻一,以波喻多,波即是水,水即是波"。然而,波能容水,却不能容火;光能容灯,却不能容阻挡光线的物品。所以自古又有"冰炭不相容"的成语。真理与谬误也是相克而不能兼容。在中国现代文学史上,胡适也许是最讲包容的了。1926年5月24日,他给周氏兄弟和陈源写了一封信,引用尼采的话,劝他们学大海,能容下石子、秽水,能容下大侮蔑。但据胡适研究专家耿云志主编的《胡适论争集》,他一生也被卷进了25次论争。可见胡适也不是对什么观点都包容。

跟"平常心"、"包容心"相关的,鲁迅研究界还有一种说法,叫"鲁迅无须保卫"。这种说法似是而非。作为一位久经时间和读者检验的经典作家,鲁迅当然无须他人刻意保卫。恰如杜甫《戏为六绝句》中所言:"尔曹身与名俱灭,不废江河万古流。"这句诗不仅适合于初唐四杰(王勃、杨炯、卢照邻、骆宾王),而且适合于不断遭到颠覆解构的一切经典作家。然而,面对无端曲解、诬蔑、攻击鲁迅的言论,一切珍视民族优秀文化传统的人,难道应该三缄其口吗?那些对鲁迅著作比较熟悉或专门从事鲁迅研究和教学工作的人,难道就没有义务予以澄清以免误导其他读者吗?须知,中国还有一句成语,就叫"众口铄金,积毁销骨"。

房向东说得好,面对那种恶意贬损鲁迅的言论而保持缄默,就会有碍青年人的正确判断。比如,最近网上流传一篇文章:《鲁迅承认内山完造是日本间谍》。谁都知道,内山完造是鲁迅的日本友人,如果鲁迅"承认"他是日本间谍而仍与其亲密交往,不就等于承认他是"投靠日本间谍"的汉奸吗?这篇文章作者立论的根据是1933年《文艺座谈》第1期刊登的《内山书店小坐记》一文。但这是一篇在以国民党特务机构为背景的杂志刊登的造谣文章。鲁迅《伪自由书·后记》中全文照引,是为了将其钉在历史的耻辱柱上,并非认同内山完造是"日本间谍"的说法。这位网络写手为了颠覆鲁迅而有意颠倒黑白,对这种恶劣行径难道也应该"止语",以"平常心"予以"包容"吗?如果予以批驳,难道就是多此一举,做了"保卫鲁迅"的蠢事吗?

我最初接触房向东的大名,并不是读了他的论文和专著,而是因为读了他那些才华横溢、独具个性的随笔和杂文。我手头没有权威的《文学概论》,一时查不到"随笔"和"杂文"的准确定义。但根据我的感悟和体验,既然叫"随笔",

就应该信马由缰，在纸上纵情驰骋，不拘题材，娓娓道来。既然叫"杂文"，就应该旗帜鲜明，尖锐中蕴含激情，讥刺中不失幽默。总的说来，优秀的随笔或杂文，都应该是率性文章，真情文章，血性文章！房向东的随笔和杂文就具有以上特点。他知识广博，文笔犀利，无论是对市井牛二，还是对学界泰斗，只要是他们身上有应该疗治之处，他都敢于挥起手术刀为之排毒。"实为公仇，决非私怨"。这在欺软怕硬、趋炎附势之风并未止息的当下，就更加显得难能可贵。房向东的学术文章有一个明显特征，就是具有随笔和杂文的风格，不尽符合"西式论文"的规范。我毫不否定"西式论文"的优长之处，如提炼关键词、尊重前人研究，注释详尽准确……对于那些朝气蓬勃、潜心进行学理性研究的中青年学者，我也发自内心地表示敬重，并将鲁迅研究的未来寄托在他们身上。但也应该看到，当下"学院派"人士撰写的"西式论文"，有不少是故作高深，以生吞活剥西方观点为能事，结果把一个原本明白易懂的道理说得云山雾罩，莫测高深。我多次讲过，学术有规范，文章无模式。像鲁迅的演讲词《魏晋风度及文章与药及酒之关系》，随谈《门外文谈》和序跋《〈中国新文学大系〉小说二集序》，其学术含量胜过多少峨冠博带的学术专著！所以，我爱读房向东的鲁迅研究文章，而对当下不知道通过什么途径在"核心期刊"发表的那种"洋八股"，避之唯恐不远。

房向东在要我为他的文集写序的时候特意叮嘱，要我多谈些学习鲁迅的当代意义，对此我深表理解。早在1984年，我就跟人合编过两本《当代作家谈鲁迅》，由西北大学出版社出版，目的就是为研究鲁迅遗产对当代文学的影响提供第一手资料，因此跟一些当代作家结缘，成了朋友。我又主持了一个课题：《论鲁迅的当代意义》，作为成果的就是2006年由福建教育出版社出版的《颠覆与传承》。2009年我还在上海东方出版中心出版了一本《假如鲁迅活到今天——陈漱渝讲鲁迅》，书中有篇《鲁迅的多重意义》，就是全面论述鲁迅作品的认识意义、当代意义、普适意义和审美意义。我感到谈这个问题已经唇焦舌蔽，再无新意。我切身感受到，在论述鲁迅当代意义的过程中有一个最大的难点，就是在价值观多元，需要重建精神秩序的当下，谈任何问题都难于取得共识。比如，有人特别看重鲁迅的反专制精神，想以此推动中国社会的民主化进程；有人特别欣赏鲁迅为中国人的生存、温饱和发展而呐喊的平民立场，想以此矫正当下贫富分化、分配不公等社会弊端；有人认为鲁迅改造国民性的主张并未完全实现，在国际风云变幻的当下，强国的根本仍然是提高国民素质；有人认为鲁迅杂文揭露的那些负面现象至今并未消除，有些甚至变本加厉，恶性发展，因此仍然需要发扬鲁迅韧的批判精神……当然也有人认为鲁迅活到新中国成立之后必然身陷囹圄，鲁迅作品应该在中、小学语文教材中淘汰出局，在创作道路上应该搬开鲁迅这块"老石头"，20世纪属于鲁迅，21世纪属于胡适，等等。评论家闫纲有一句话糙理端的名言：现在根本尿不到一个夜壶里。我想，最终回答上述问题的应该还是时间。经典作品之所以能成为经典，就是越经过岁月的打磨越能闪耀出奇光异彩，成为人类永恒的精神遗产。

我忙里偷闲赶写这篇序言的时候，正值北京的金秋时节，不禁想起宋代邵雍的一首五律《川上怀旧》："去秋游洛源，今秋游洛川。川水虽无情，人心则悄然。目乱千万山，一山一重烟。山尽烟不尽，烟与天相连。"在我的心目中，鲁迅研究是一座永远攀缘不到巅峰的高山，可横看，可侧看，可平视，可仰视，但这座山是永远无法摇撼的。我们看不清或看不全它的"本相"，那是因为有云遮雾罩，或者我们自己的视力有所局限，因而产生了"目乱"。待到风起烟散，那座高山将显得更加峻峭巍峨，不仅与天相连，而且"欲与天公试比高"！

总序二

鲁迅的"骂人"与"被骂"

王彬彬

在整个世界的人文研究领域，有一个"界"，叫"鲁迅研究界"。这个"鲁迅研究界"，主体在中国，但中国以外，鲁迅研究者也很不少，例如在日本，鲁迅研究的阵营便很壮观。至于鲁迅研究的成就，日本也有十分让人敬慕之处。实际上，日本的鲁迅研究，深刻地影响了最近几十年的中国鲁迅研究。

中国的鲁迅研究界，主体当然在大学和专门的研究机构。但大学和专门的研究机构之外的鲁迅研究也很可观。供职于出版社而业余研究者，有几位就成就卓著。例如朱正先生，例如林贤治先生，就都是长期在出版社供职者。现在要说的房向东，也是业余研究鲁迅而正业在出版社者。1996年，房向东出版了《鲁迅与他"骂"过的人》，这是房向东谈论鲁迅的第一本书。房向东自己大概也没有想到，竟一发而不可收，此后又出版了《鲁迅：最受诬蔑的人》、《关于鲁迅的辩护词》、《孤岛过客——鲁迅在厦门的135天》等。迄今为止，房向东陆续出版了多种谈论、研究鲁迅的著作。现在，上海交通大学出版社又把其中的6种著作集中修订再版，这多少有些让人惊讶。业余研究鲁迅的房向东，竟然出版鲁迅研究的个人文集了，在鲁迅研究界，似乎还没有先例。

房向东这样的学院外的鲁迅研究者，是有着区别于学院研究者的鲜明特色的。他们做学问的心态，他们做学问的目的和方式，都往往很不同于学院研究者，因此，他们也自有着学院研究者无法替代的价值。换句话说，即便学院的研究再全面再深入、即便学院研究的成果再丰富再辉煌，也无法取代学院外学者的研究，就像一种花再芬芳再艳丽也无法取代另一种花。

有明确的"问题意识"和鲜活灵动的思想，多激情、少顾忌，是学院外学者的一大特色。这种特色在房向东那里就表现得很典型。与许多学院研究者的"吃"鲁迅不同，房向东的投身鲁迅研究，一开始就是为了解答心中的困惑，就是为了赞成或反对眼前的某种论调、某种倾向。在《鲁迅门下走狗》（见《鲁迅这座山——关于鲁迅的随想与杂感》）中，房向东说，他先前"并不是很喜欢鲁迅，更没有打算研究鲁迅。我觉得鲁迅的作品太难懂，有一股苦味，还有一股涩味，读起来累人。鲁迅就像一枚我当时并不爱吃的青橄榄"。"后来，让我下决心研究起鲁迅并对鲁迅产生了深深情愫的，是因了一些无知妄人的妄语。一些场面上的人轻飘飘地说：鲁迅，无非就是骂人。而且，在文坛上，轻薄鲁迅，几乎成了带周期性的感冒。这让我生气！于是，我带着问题开始研究鲁迅，我要搞清楚鲁迅的所谓'骂人'问题。从1992年到1995年，经过三年的努力，我写成了三十多万字的《鲁迅与他'骂'过的人》……"因为对"鲁迅无非就是骂人"这种不无市场的论调心生怀疑，因为对否定鲁迅的"周期性感冒"心有不满，房向东开始了对鲁迅的研究。以鲁迅的"骂人"为研究的突破口，并非房向东苦思冥想后的选择。或者说，不是像学院研究者那样，因为要研究鲁迅才选择了鲁迅的"骂人"这一"课题"，而是鲁迅的"骂人"迫使房向东投身于对鲁迅的研究。

写《鲁迅与他"骂"过的人》（这次修订再版，原书一分为二：《新月边的鲁迅——鲁迅与右翼文人》和《太阳下的鲁迅——鲁迅与左翼文人》），房向东采取了十分艰辛的个案研究的方式。钱玄同、胡适、周作人、章士钊、陈源、林语堂、沈从文……这些曾被鲁迅"骂"过或曾与鲁迅"对骂"过的人，房向东一一梳理鲁迅与他们的关系，联系到时代背景、文坛局势和双方的精神立场等诸多方面来考察鲁迅与他们的矛盾冲突，并在这一基础上对鲁迅的"骂"做出自己的评说。

在对鲁迅"骂人"的研究中，房向东除了读鲁迅作品，还接触了许多关于鲁迅的资料，这使他明确地意识到这样一个问题，即鲁迅身前身后，都挨过许多"骂"。尤其令他不能平静的，是鲁迅身后受到的种种非议和谩骂。于是，他又花了两年多的时间，写出了《鲁迅：最受诬蔑的人》这部三十多万字的书（此次修订再版，书名改为《被诬蔑被损害的鲁迅——鲁迅去世后对他的种种非议》）。在写这部书时，房向东在范围上做了几种限制。一是将论述对象限定在鲁迅身后对鲁迅的"诬蔑"。在鲁迅不能还嘴时攻击鲁迅，似乎特别令房向东不能容忍。这样一种设限，也很能见出房向东作为学院外研究者的学术动力。另一种限制，则是将对鲁迅的恶意和无理的诬蔑与对鲁迅的善意（或并非心存恶意）的学理化的批评区分开来。这本书只涉及他认为是鲁迅死后对鲁迅恶意和无理地"诬蔑"的言论，至于那些善意的、学理化的对鲁迅的批评，他即便不同意，也不纳入论述范围。这说明对那些指向鲁迅的批评、挑剔，房向东还是能明确地区别对待的。当然，据以区分的，是他心目中的标准。《太阳下的鲁迅——鲁迅与左翼文人》、《新月边的鲁迅——鲁迅与右翼文人》、《被诬蔑被损害的鲁迅——鲁迅去世后对他的种种非议》这样的著作，在学院派学者看来，或许不无"纰缪"，不够"严谨"，但总体上，在这些年的鲁迅研究领域，放出一种异彩。

因为有极其强烈的问题意识，所以在某些问题上，房向东真正成了最有发言权的专家。例如，在鲁迅的"骂人"与被"骂"上，恐怕就没有人比房向东知道得更多、了解得更细、思考得更深入。新著《鲁迅这座山——关于鲁迅的随想与杂感》里有一篇《"实骂"与"虚骂"》，文章不算长，但却很有学术分量。房向东把鲁迅的"骂人"分为"实骂"

与"虚骂"两种。所谓"实骂"就是对很具体的问题的"骂",是就事论事的"骂",例如,在与高长虹冲突中关于"太阳、月亮和夜"的议论,在与梁实秋的冲突中关于"硬译"的议论,就属"实骂"。而所谓"虚骂",则是从某个具体问题生发开去,上升到一个普遍性的层面,成为对某种常见现象的剖析、批判。房向东指出,"实骂"和"虚骂"并非两类文章的特征,而是同一篇文章中的两种成分。"骂人"时"实"而不"虚",在鲁迅那里是极其罕见的。鲁迅总是能从对某个具体问题的观察上升到对某种普遍现象的思考,所以,鲁迅的"骂人"总是先"实"后"虚"、实实虚虚、"实"中有"虚"、"虚"中有"实"。房向东虽然自称是"鲁迅坟前的一只狗",却并非无条件地拥护和捍卫鲁迅。房向东很清醒地指出,鲁迅的某些"实骂",有过火之处,在责人时有"过苛之病",但是,即便是那种"实骂"失当的文章,也仍有永久的价值,因为鲁迅并没有止于"实骂",而是上升为对某种普遍现象的分析、评说,而这种"虚骂"性的分析、评说,仍然是极其准确、深刻的。房向东实际上指明了阅读、理解鲁迅杂文的正确方法,那就是不要在那些"实骂"上纠缠不休,不要让那些鸡零狗碎的"实骂"牵扯着自己的目光,而应该注意、品味那些对普遍现象的分析、评说。房向东说:"鲁迅的'骂人',有骂对的,有稍感过火的,有误会等等,但这都并不重要。它的意义在于'实骂'中包含着'虚骂'的成分,而纯粹'实骂'部分,也将不断地被历史虚化。鲁迅留给我们的是超越个别、具体的一般和抽象,鲁迅的价值,在于他的'骂人'文章给我们提供了社会典型,'大众的灵魂'和'时代的眉目'。"这是很精彩的看法。

最初是鲁迅的"骂人"与"被骂"激起房向东研究鲁迅的热情,房向东也的确在这个问题上钻研极深。既然开始了对鲁迅的研究,鲁迅就愈来愈强烈地吸引着他。把鲁迅的"骂人"与"被骂"梳理清楚后,房向东并没有就此罢手,而是向其他领域进发。例如《恋爱中的鲁迅——鲁迅在厦门的135天》,洋洋洒洒,对鲁迅生命中的这一特定时段进行了既全面又深入的探究。

房向东不是学院和研究所中人,不太在乎"学术规范"。没有规范的约束,房向东常常嬉笑怒骂、天马行空,在"学院派"看来,未免太"野"。然而,也正因为不受规范的约束,房向东往往能感受到"学院派"难以感受的问题,往往能抓住"学院派"难以注意的东西。从"学术规范"的角度看,房向东的鲁迅研究的确有种种弊病,算是一种"野路子",但是,我敢负责任地说,房向东的鲁迅研究,比许多"学院派"的看似严谨的鲁迅研究,要有价值得多。

2015年9月13日(星期日)

初版序一

"学案"之格式，独立之见解

何满子

　　到明年（1996年），鲁迅弃世将整整60年了。对于由他的乳汁哺养大的我们这一代，鲁迅比无数活着的人更活着。对于那些敌视鲁迅，或因为鲁迅巨大的存在而对他们有所妨碍的人们，鲁迅也仍然是他们驱赶不去的心病。鲁迅去世以后，对鲁迅的诋毁、中伤、曲解和居心叵测的阳尊而阴贬，即使不比他在世时更多，至少在手法上更为深曲，更所谓"皮里阳秋"。比起那些直斥鲁迅作品为"鲁货"的妄人来也更有蛊惑力，因而也更为阴毒。

　　如我们所熟知，在新中国成立后的最初阶段，糟蹋鲁迅主要是为了达到某种政治目的，如在制造胡风、冯雪峰等人的冤案时，说什么"鲁迅看错了人"、"鲁迅被坏人所包围"之类的谰言成为"一律"的舆论。接着是"四人帮"时期的把鲁迅塑造成偶像，其目的，一面是将鲁迅给真正的造神运动陪绑，把鲁迅歪曲成造反英雄的守护神，一面将鲁迅劈削成棍子，用以为"横扫一切牛鬼蛇神"的武器。但不论前者和后者，都没有能使鲁迅和糟蹋他的人一样声名狼藉。虽然如此，但从"左"的一面败坏鲁迅声名的历时颇久的活动仍然若干地给鲁迅造成了损害。那主要的损害是，坏货们在不明真相的群众中造成了一个虚假的印象，即鲁迅似乎和这些坏货是同伙。

人们厌恶透了极"左"的那一套，同时人们也要求对历史，特别是五四以来的文化运动进行反思；于是也要求重新认识过去那些与"左"的思潮没有瓜葛的人物，乃至站在敌对方面的人物，重新评价。这是一种可以理解的历史的反拨，为了嫌恶"左"，人们在感情上希望在极"左"思潮之外找寻抗衡人物，哪怕中间人物也好。这种逆反心理使林语堂、梁实秋、胡适，甚至汉奸周作人也成了研究的热门人物。本来，对历史人物进行再评价，对人物的功过是非重新做出理智的客观的历史估量，未尝不是好事。五四以来文化上的著名人物大抵与鲁迅有过干系；事实上，当时活跃在文化学术界人物也不可能不与新文化运动的旗手和主将鲁迅有正面或负面、直接或间接的关系。研究他们时必须提到鲁迅。尤其必须注意的是，由于以后成为极"左"路线的一些代表人物，是由当年与人民共命运的文化主流中的一翼蜕变而成的，鲁迅当时正置身于主流之中；鲁迅虽然也和本阵营的"左"的萌芽势力相抗衡，作了许多艰苦的抵制（最具体地表现在《且介亭杂文末编·答徐懋庸并关于抗日统一战线问题》一文中。顺便说说，此文是了解鲁迅思想人格和了解中国新文学运动的人必须反复认真阅读的文献）；但是，为了民族和人民解放运动的利益，鲁迅不得不维护虽然夹有不纯成分但大方面一致的主流。为此，他必须谴责、批评、有时是规劝对主流起干扰作用的异己势力，这在当时的形势下是无可非议的。近年来的论客们却常常在这些论战上做文章，寻觅鲁迅的"阴暗"面。事实上，这些曾被鲁迅挞伐、讽刺或规诫过的人物，不论在以后的生涯中升沉如何，发生了何等样的变化，在当时的情势中，在鲁迅所针对的问题上，都是该被指责和批判的，正义在鲁迅的一方。只要是尊重历史，不错置时空，不怀偏见的人，都只能得出这样的结论而不是其他。

可是，由于挟着对"左"的一套的厌恨，当今有不少论客带着一种逆反心理，一种给过去主流以外的人物"平反"的心态，对他们重新评价时，往往无视或故意抹杀时空和条件，佯作客观超脱状，在提到这些人物和鲁迅的关系时，对他们当时所起的负面作用或置之不论，或曲予辩解，巧辞洗雪，甚至拿鲁迅垫背以托高这些人物。这是近年来的一个新动向，是新一轮的对鲁迅的贬抑和曲解。——其实，即使不论及鲁迅，将鲁迅的论敌抬高，就是假此形彼贬低鲁迅。

论客们贬抑鲁迅的动机当然是各不相同的，有的纯然是自私的目的。比如，孤桐先生章士钊，旧民主革命时期和章太炎来往过，倾向大概不算坏；新中国成立前夕是识时务之俊杰，且又和国家领导人有私谊，成了著名的上层统战对象，晚节颇为光彩。但是在20世纪20年代初北洋军阀统治时期当过总长，人称"老虎总长"。不论在政治上或文化上都是十足加一的反动人物。由于他镇压女师大，对站在正义一方的鲁迅万分嫉忌，又兼鲁迅戳穿了他们一伙的"国粹"假古董，便假权济私撤去了鲁迅的职务，作恶非止一端，都有历史可按，丑迹昭著，人谁不知？可是孤桐先生的后人为了把尊人打扮成一贯正确，通体漂亮，竟撰文栽诬鲁迅当年和他的斗争是"偏见"，说什么章士钊主张"一生要与人为善，切莫加害他人"云云。那么，错误竟全在鲁迅，简直滑稽之至。即使"三一八惨案"的罪责可以推诿，难道镇压女师大，撤鲁迅的职也叫"与人为善"？也叫"不加害他人"吗？可笑！当然，这类曲解太幼稚了，没有多少市场。

鲁迅与旧礼教的卫道士"国粹派"之流战，与北洋军阀刺刀庇荫下的"正人君子"陈源之辈战，与诱劝学生进入研究室莫问国事的胡适之流战，与国民党御用文人如民族主义文学派战，凡此种种，即使论客们想从鸡蛋里挑骨头也没有什么文章可做。与创造社、太阳社以及20世纪30年代"左"的暗流战，也就是鲁迅所说的要防备"同一阵营放来的冷箭"，迫使他在对敌作战时也必须"横着站"的那档子事，也因为毛泽东说过鲁迅是新文化运动的方向，定了调，下面心怀嫌隙的诸君也只好限于在私下里嘀嘀咕咕，或用旁敲侧击的小动作损害鲁迅；而其对鲁迅泄怨的方法，则是迁怒于与鲁迅生前关系密切的战友，如胡风、冯雪峰等人都被往死里整。连类而及，如丁玲、聂绀弩、彭柏山等一批人也没有好果子吃。

这种对鲁迅的怨恨在台面上是摆不出来的，除了"实际解决"以外，不好在文字上做手脚，顶多只能转弯抹角地喊喊喳喳一下，做不成正面文章。

事到如今，剩下的就是在海外的林语堂、梁实秋等人了。稍明事理的人都能判断在当时的形势和条件下，鲁迅在和他们的论争中居于正确的一方是不容置疑的；林、梁等人后来所走的道路，也证明他们与人民共和国不是同心同德。于是专就他们文学和学术上的若干成就做文章，以他们的成就证明鲁迅当年在某些问题上对他们的不容为"偏狭"，使不熟悉历史的新一代人在他们的误导下难以辨明是非。这种以此形彼的手法有时是能若干地得售的。与之相类的是，近年来对汉奸周作人的近于狂热的美化。研究周作人也没有什么不可以，怪的是，没有一位论客肯正视这样的重要事实：即自从由于周作人的挑衅而导致兄弟反目（这件事的本身就是周作人蓄意用捕风捉影的暧昧来损害鲁迅，以达到其背信弃义的卑劣目的。说穿了十分卑琐可笑，无非是他的日本女人想赶走鲁迅，占下鲁迅购置的房产，并将赡养老太太的责任推给鲁迅独自承当，而这坏女人可以成为家庭主宰，自行其是，如此而已）。以后，周作人的文章，基本上是以伤害鲁迅作为他的"终极关怀"的。周作人一贯处处标榜和鲁迅走两条路，对革命文学明讽暗嘲，他之最后终于当了汉奸，可谓事有必至。只是他会做文章，言伪而辩，说怪话也说得含蓄而有文采罢了。直到新中国成立以后，所写的《鲁迅的故家》、《鲁迅小说中的人物》，即在靠卖鲁迅吃饭时，仍在损害鲁迅，恶毒地将现实主义的鲁迅拉下来变成自然主义的鲁迅。所有这些，聪明的论客们在宣扬周作人如何这好那好的"客观"研究文字中，何尝点明过一个字？善于抉发"文心"的评论家们对周作人"文心"的核心部分一点不感兴趣，只是黏嘴抹舌地叹赏他的智慧和境界，以此为"真赏"，真不知其玄机所在。

　　至于鲁迅的文心，那真是清楚不过的。他一生都为民族和人民的解放而战斗。为此，他必然要不妥协地站在残民媚外的国民党反动势力及其帮凶帮闲们的对立面。如上所言，当时代表人民力量的主流并非是一尘不染，无可訾议的。在文艺方面，既有苏联"拉普"的坏影响，又有当时斯大林在政治上主张的"中间势力最危险"的"左"的指导思想的危害，这种危害侵入文艺领域，由瞿秋白、冯雪峰等党的代表播送和影响鲁迅。按当时的理论水平，在当时的斗争形势下，即使两害相权取其轻，鲁迅也只能选择代表人民利益的革命力量的一方，维护其权威。直到"两个口号"之争，宗派主义的猖狂实在使鲁迅不能容忍时，才有致徐懋庸那封有名的信所表示的与错误倾向不妥协的态度，坚持其独立思考的勇迈精神。这是鲁迅的深沉的痛苦，也显示了他的发光的良心。而在这以前的一段时间里，如对"第三种人"的争论，都是为维护左联的权威，即某种意义上的"遵命文学"。今天看来似乎不无可议之处，或可视为带有宗派关门主义的偏颇。但这主要是由瞿秋白、冯雪峰等人为代表的当时成问题的路线影响所导致的。新中国成立后冯雪峰曾著《党给鲁迅以力量》一书，如以当时的某些斗争来说，以瞿、冯为代表的影响实在是损害了鲁迅的。当然，责任也不在瞿、冯，这是那时"国际"和上面的路线。在当时复杂的很不明朗的斗争环境中，鲁迅也如他所说的看人要看其大节一样，只能站在代表人民利益的政治势力一方，配合其战斗，别无选择。何况，"第三种人"确也对进步文艺阵营进行干扰，对左联冷嘲热讽，态度并不友好；其中一些成员的社会性行动和文学倾向也确有毛病，这些都在鲁迅的批评中可以看到。再说，鲁迅就他们的文学倾向进行批评，在正常的文学批评中也是应该的，只是人们习惯于将当时的文学论争都当作政治斗争来看，问题的性质就沉重起来了。纵然如此，认真读一下鲁迅批评"第三种人"的文章，也可以发现和他对待国民党御用文人的诛伐有所区别，并不采取势不两立的敌对态度，鲁迅是掌握分寸的。至于文笔的辛辣，乃是其一贯的风格使然，鲁迅批评同一阵营的战友亦复如此。对老朋友，如数度分合，最后也并未彻底决裂的林语堂，鲁迅的批评也是很不松和的，收于《且介亭杂文二集》中的《"题未定"草（一至三）》，反复用以其人之文反治其人的辛辣尖刻可以为证，但究竟只是看问题的见解之争，和对敌人的诛伐究竟不同。

鲁迅热烈地爱，也热烈地恨，对于有害的事物，对国民性的痼疾，鞭挞固然不留情面；对于某些不良倾向，并非构成大患的，他也常义愤溢于言表，或因爱深而责重，如严师之责子弟，其实出于对人生的爱心，但很多人以为未免太"偏激"。凡对陈腐的中国社会的死样活气的习俗有痛切感受的人，却会觉得他"偏激"得可爱，觉得中国文化多么需要鲁迅式的反中庸、反乡愿的"偏激"呀！鲁迅是人，当然也有缺点，如要吹毛求疵，有的是碴可找，但"偏激"绝非缺点，正是他的生命的华彩部分。

鲁迅的"偏激"是对事不对人的。要伤着人，那是因事而伤人。比如，最近还有人因他批评梅兰芳一事而喷有烦言，呶呶不休。鲁迅与梅兰芳何怨何尤？他是评现象而及人。鲁迅讽刺"男人扮女人的艺术"难道错了吗？这种扭曲人性的丑陋的传统宝贝有什么值得肯定？最近读 6 月 17 日的《光明日报》，刊有沈阳市取缔男扮女装的模特表演的消息，试问这类恶劣的表演也取缔错了吗？我们是否还应该称颂男子留辫女子缠足呢？那些玩意儿以前不也是被当时人喷喷称美的吗？这里所涉及的是一个社会问题、美学问题，当然也是"国民性"的问题，岂仅是批判一个具体的对象而已！

当然，习惯于欣赏"男子扮女子的艺术"的人们是不喜欢这些逆耳之言的，他们习惯于这种"永恒的艺术"之美妙，不自觉自己的精神之被扭曲。天真地喊出皇帝是光屁股的孩子是讨人嫌的，鲁迅不也正是以人性之本然提示了这种"艺术"之扭曲人性吗？而且，鲁迅还不知趣地揭了底，揭出这种艺术"男人眼里扮女人，女人眼里男人扮"的欣赏者的心里的隐秘呢！当然是无可饶恕的"偏激"、"不识相"和"可恶"了。

鲁迅从来就为卫道的君子们所敌视，为屠伯们所痛恨，为"死的说教者"所嫉恣，为形形色色的帮凶帮闲们所疾首，为"蒙大旗作虎皮"的帮朋派友们所忌惮，也为讲究"中庸之道"的"中正和平"的人们所不满。而且正如鲁迅所自陈，他的"坏处，是论时事不留面子，砭锢弊常取类型，而后者尤与时宜不合"。（《伪自由书·前记》）分明是抨击某一现象，因为所取的是标本，便被疑为专对私人，各就自己的疮疤与图像对号入座。不少读者也往往只注意鲁迅"骂"了某人，而不察鲁迅指摘时弊的秉持公心。由于时间的距离，情况的隔阂，新一代的读者更难以就彼时彼地彼事的具体情况判明是非，连就事论事也难以办到；何况还有对鲁迅的重重曲解，在给读者以误导呢？

　　诚然，有《鲁迅全集》在，不存偏见的认真的读者可以从中认识鲁迅；从事鲁迅和现代文学、现代中国研究的人，也有巨帙的《鲁迅研究学术资料汇编》，搜集着与鲁迅论战过的几乎全部文字，可供参比，藉这些文献判明鲁迅和论战对手们的曲直所在。可是，这毕竟不是一般读者所能细读和泛览的。房向东先生积数年之力，勾稽了鲁迅和曾与之有过干涉的人物的材料，并广采研究者的有关评论，写成《鲁迅与他"骂"过的人》一书，对当年的一场场公案作了集中的描述，分人成篇，颇似传统的"学案"体的格式，扼述这些与鲁迅有干涉过的人物的简况和他们与鲁迅的关系史，未曾与鲁迅直接交往过的人也扼叙了对象的基本性状，提供了鲁迅之所以要"骂"的背景材料。对几起重要的论战，则扼要引录了双方论旨的原文。对论争双方的是非或做出自己的评价，或援引了研究者的见解。即使直叙事象，作者本人的倾向也鲜明地流露在客观的叙述之中。对于理解鲁迅，理解现代文学和文化史乃至理解现代中国，我想本书都是很有用的。

不管作者在书中对人物和事件的评价是否得当，乃至我自己也未必完全同意他的有些见解，但这些意见都是作者独立做出，没有怀着别的不光彩的目的去解读鲁迅，这一诚实的态度就值得肯定。作者盛情约我作序，故就平时对鲁迅的一点想法写出如上。鲁迅至今还活着，并将随着历史永远活下去，研究鲁迅的工作也将永远做下去。凡是认真而又诚实的研究者，必将获得读者的感佩，我相信本书及作者也是。

1995 年 6 月于上海

（这是何满子先生为本书初版作的序。本书原名《鲁迅与他"骂"过的人》，经过修订，新增 20 万字，现分为二书，分别是《新月边的鲁迅——鲁迅与右翼文人》、《太阳下的鲁迅——鲁迅与左翼文人》，二书同时续用何序。）

初版序二

20 世纪思想史的某一侧面

钱理群

　　说起鲁迅与右翼文坛的关系，我们就会想起"对'现代评论派'的斗争"、"对'新月'派的斗争"、"对'民族主义文学'的斗争"等话题——在今天的语境下，我更愿意用"论争"替代"斗争"——这些论争的来龙去脉，是非曲直，现代文学史已经有详尽的论述。其实呢，论争是由人挑起的，比如，说到"对'现代评论派'的斗争"，就必然要提到鲁迅与陈西滢、章士钊、杨荫榆这些人物的纠葛；说到"对'新月'派的斗争"，也离不开鲁迅与梁实秋等的恩怨等。本书正是从"人"的角度，看鲁迅与这些右翼文人的论争甚至对骂的，尽量以客观公正的态度，用历史的眼光，重新审视这些笔墨官司。人物的纠纷，尤其是名人之间的纠纷，以及相关人物的命运，尤为读者所关注。应该说，本书作为相关议题的补充，软化了相关议题，多了可感性。

书名取《新月边的鲁迅——鲁迅与右翼文人》，对所谓"右翼"要做一下说明。

首先要指出的是，虽然历史上有左翼和右翼之分，正如毛泽东所言，凡是有人的地方，就有左中右，但是，应该指出的是，所谓"左翼"和"右翼"，在概念上有很多值得推敲的地方。

第一，这是模糊的概念。什么是左，什么是右，其解析的空间非常之大，其弹性也非常之大。在国民党作为执政党，共产党作为在野党的20世纪三四十年代，与国民党站在一起的，或是认可一党独裁的国民党政权的，虽然他们对现政权也有所批判，但只是在当时历史条件下的体制内运作的，肯定属右翼分子，比如胡适、陈西滢、徐志摩、梁实秋等；事实上，他们中有的人后来就成为国民政府的一员，比如胡适和陈西滢。此外，那些不与一党独裁的国民党政府合作的人，没有在当时的体制内运作的人，但同时与共产党没有往来者，或者说，既不说共产党好话，也不曾说过什么过头的话，比如邵洵美、章克标等人，似乎也应该属于广义的右翼，至少是中间偏右的人物。

第二，这是相对的概念。一是相对于"左"，这很容易理解，没有左翼的旁衬无以显示右翼，反之，也成立；二是相对于当时特定的历史，以左翼而言，左联时期的"左"的概念要严格许多，如胡乔木所言，左联是半个党，是党的外围组织。可是，到了左联解散，"国防文学"提出，或抗日民族统一战线形成后，"左"的概念要相对宽泛一些。"左"的概念的宽泛，导致的直接结果便是"右"的概念的模糊。

第三，这是变化的概念。人是会变化的，鲁迅生前就说过大意如此的话，极"左"是容易变成极右的，这样的例子很多。反之，有的由相对的"右"走到"左"了，比如李四光，曾经在具体问题上与陈西滢一伙站在一边，讨伐（至少是挖苦）鲁迅，后来，却成为红色科学家。杨荫榆不仅在具体事件上，而且在教育理念上与鲁迅迥异，但她后来却死在日本人之手。

还要指出的是，作为文人的所谓左翼与右翼，虽然有程度不同的政治因素，但文人终究是文人，不是政治家，所以更多的是文化概念，主要是指思想观念和价值判断，而不是政治上的左翼阵营与右翼阵营，不是政治概念。本书的"右翼"取的也正是文化的概念。

总之，希望读者把本书的"右翼"当作宽泛的概念，把本书看作是鲁迅与右翼文人是是非非问题的文化读本，而不要认为是对相关人物的政治评判。

除了此书中大多一目了然的右翼文人，还有若干不好下判断者，或者说属于中间人物吧，有的则是中间稍稍偏右，作者将其作为"附录一"收在书中。

有一些人物，与鲁迅有一些小纠葛，展开来写，没有太多内容，但如果不涉及，又显得不够"齐全"，比如鲁迅与蔡元培、吴稚晖等，作者选择简单介绍，文字虽少，像是读书小品，毕竟留下一鳞半爪，也有可读性，作为"附录二"。

此外，本书所设议题，都是多多少少与鲁迅有过论争或纠葛的，其他的右翼文人，与鲁迅或有交往，但无冲突，本书不再涉及。

"主将"与"楷模"
——鲁迅与胡适

一

　　胡适（1891—1962），原名胡洪骍，字适之，安徽绩溪人。学者。1910 年留学美国，入康乃尔大学，后转入哥伦比亚大学，从学于杜威，深受其实验主义哲学的影响。1917 年初在《新青年》上发表了《文学改良刍议》。1917 年获哲学博士学位，同年回国，任北京大学教授。参加编辑《新青年》，并发表论文《历史的文学观念论》、《建设的文学革命论》，出版新诗集《尝试集》，成为新文化运动中很有影响的人物。1919 年发表《多研究些问题，少谈些"主义"》，主张改良主义。1920 年离开《新青年》，后创办《努力周报》。1923

年与徐志摩等组织新月社。1924年与陈西滢、王世杰等创办《现代评论》周刊。1932年与蒋廷黻、丁文江创办《独立评论》。1938年任国民政府驻美国大使。1946年任北京大学校长。1948年离开北平,后转赴美国。1958年任台湾"中央研究院"院长。胡适一生在哲学、文学、史学、古典文学考证诸方面都有成就,并有一定的代表性。著有《五十年来之中国文学》、《胡适文存》、《白话文学史》、《中国章回小说考证》等。

毛泽东是胡适的同时代人。在不同时期,对他有过不同的评论。1936年,毛泽东在陕北跟美国记者斯诺会见时,承认五四时期"非常钦佩"胡适和陈独秀的文章,并承认胡适和陈独秀取代梁启超和康有为,成了自己心中的"楷模"。当时,毛泽东曾写信给他,希望借重他的声望振兴湖南的教育,胡适也赞扬毛泽东的文章"眼光很远大;议论也很痛快,确是现今的重要文字"。1945年8月,毛泽东"感念旧好",曾托傅斯年转达对他的问候。1954年秋,毛泽东发动百万知识分子对胡适政治、哲学、文学、历史、教育等领域的思想开展了声势浩大的批判。1957年2月16日,毛泽东在颐年堂讲话时,又指出"不能全抹杀"胡适,因为"他对中国的启蒙起了作用",又说现在不必恢复他的名誉,"到21世纪再来研究这个问题吧"。同年3月10日,毛泽东跟朱穆之、舒新城、金仲华、王芸生等新闻出版界人士谈话,指出美国人妄图利用他这种"更加亲美的人"来孤立蒋介石、取代蒋介石，而如果胡适这样的人上台，"那更不好"。1964 年 8 月 18 日，毛泽东在北戴河跟龚育之、吴江等哲学工作者谈话，认为蔡元培对《红楼梦》的观点是不对的，胡适的看法"比较对一点"，从而对"新红学派"的历史贡献，给予了一定程度的肯定。

鲁迅与胡适的交往，从鲁迅的日记看，是始于 1918 年，而来往较多的是在 1923 年和 1924 年。1924 年以前，他们从相识到友好，是朋友；1924 年以后，他们政治观点上有所不同，又因了胡适的"高升"，日见疏远，关系日趋恶化。此后，鲁迅时不时或直接或间接地批评胡适。在鲁迅生前，胡适则一律采取"老僧不见不闻"的态度，从不公开应战。

二

在五四运动兴起之前，胡适在《新青年》第 2 卷第 5 期发表《文学改良刍议》之后，鲁迅与胡适有着比较一致的思想观点与共同的主张，即：反对文言文，提倡白话文；反对旧道德旧礼教，提倡科学与民主。此外，他们在文学、学术实践上也有很多共同点和互补之处，他们的步调是一致的。在反对旧文化，倡导新文化的过程中，他们密切配合，互相呼应：或是胡适首先发难，鲁迅紧紧跟上，并作进一步的阐发；或是两人同时从不同的角度和侧面，对某一问题作深入的论述。

关于倡导文学革命，胡适的《文学改良刍议》一文成为新文学运动的发难信号。此后，他陆续又写作了《历史的文学观念论》、《建设的文学革命论》、《易卜生主义》、《什么是文学》等等文章，在否定旧文学的基础上，形成了系统的革命文学论。鲁迅关于革命文学的意见，在总体上没有超出胡适，但在创作新文学的实践方面，却有自己的独特的贡献。鲁迅在《〈自选集〉自序》（1）一文中说，"我做小说，是开手于1918年，《新青年》上提倡'文学革命'的时候的。"鲁迅认为，这些提倡"文学革命"的"战士""虽在寂寞中，想头是不错的，也来喊几声助助威罢。首先，就是为此"。鲁迅认为，"这些也可以说，是'遵命文学'。不过我所遵奉的，是那时革命的前驱者的命令，也是我自己所愿意遵奉的命令，决不是皇上的圣旨，也不是金元和真的指挥刀。"很明显，鲁迅所遵的是提倡文学革命的先驱者的命，这当然包括了胡适。鲁迅的"遵命"之作，切实地显示了革命文学的"实绩"，也弥补了胡适所自以为的"提倡有心，创作无力"的缺憾。

到了1927年，鲁迅在《无声的中国》（2）一文中，仍然对胡适的功绩给予实事求是的历史评价：

　　要恢复这多年无声的中国，是不容易的，正如命令一个死掉的人道："你活过来！"我虽然并不懂得宗教，但我以为正如想出现一个宗教上之所谓"奇迹"一样。

　　首先来尝试这工作的是"五四运动"前一年，胡适之先生所提倡的"文学革命"。"革命"这两个字，在这里不知道可害怕，有些地方是一听到就害怕的。但这和文学两字连起来的"革命"，却没有法国革命的"革命"那么可怕，不过是革新，改换一个字，就很平和了，我们就称为"文学革新"罢，中国文字上，这样的花样是很多的……然而，单是文学革新是不够的，因为腐败思想，能用古文作，也能用白话作。所以后来就有人提倡思想革新。

　　这里，鲁迅把"文学革命"，看作宗教上的"奇迹"一样，无异于让死掉的人活过来。这也不是危言耸听，新文学运动实际上是对死的封建文学的革命。当然，鲁迅也指出，只有文学革命是不够的，还要有思想的革命。

　　胡适在理论上提倡革命文学的同时，决心以实验主义的方法来实验白话作诗的可能性。他努力去尝试，终于将零星写成的近70首新诗结集为《尝试集》，成为中国现代文学史上第一部白话诗集。胡适孤军奋战时，鲁迅给予他极大的支持和配合。鲁迅说："我其实是不喜欢做新诗的——但也不喜欢做古诗——只因为那时诗坛寂寞，所以打打边鼓，凑些热闹；待到称为诗人的一出现，就洗手不作了。"（3）鲁迅作新诗实在是为了给胡适助威,给对新诗持怀疑态度的人一个有力的回击。1918年5月15日,他以唐俟的笔名在《新青年》上发表了《梦》、《爱之神》和《桃花》三首白话诗,以后又发表过三首。

当胡适遭到学衡派与甲寅派的围攻时,鲁迅挺身而出,撰写《估学衡》与《答KS君》等名文,给予胡先骕、章士钊等人以有力的回击。有关这方面的内容,我在本书鲁迅与章士钊等章节中介绍,此不赘述。

在学术研究方面,鲁迅与胡适之间,曾经过从甚密,相互切磋。从《鲁迅日记》中我们知道,《中国小说史略》出书前后,鲁迅曾反复征求过胡适的意见。胡适在写作《中国章回小说考证》的过程中,也多次向鲁迅请教。他们在讨论学术问题时,凡是认为正确的便欣然表示同意;错误的便明言直说,从不含糊其词,拐弯抹角;有疑问的,也不苟同,提出商榷意见。这在鲁迅的《中国小说史略》、《中国小说的历史变迁》与胡适的《中国章回小说考证》里,都有明确的记载。

胡适对鲁迅也多有赞誉之词,仰慕之情。

鲁迅发表了《狂人日记》以后,胡适便给予热烈的赞赏与高度的评价,称誉鲁迅是"白话文学运动的健将"。胡适在1922年所写的《五十年来中国之文学》一文中,回顾了五四运动前后的小说创作情况时指出:"这一年多(1921年以后)的小说月报已成了一个提倡'创作'的小说的重要机关，内中也曾有几篇很好的创作。但成绩最大的却是托名'鲁迅'的。他的短篇小说从四年前的《狂人日记》到最近的《阿Q正传》，虽然不多，差不多没有不好的。"1922年8月11日，胡适在日记中还写道："周氏兄弟最可爱，他们的天才都很高。豫才兼有赏鉴力与创作力，而启明的赏鉴力虽佳，创作较少。"胡适是最早认识鲁迅小说的价值的人之一。不言而喻，胡适对鲁迅小说的推崇，不仅肯定了鲁迅在文学史上的崇高地位，而且对推动当时的白话文学的创作，起到了不可忽视的良好作用。

对于鲁迅前期杂文，特别是在《新青年》发表的《随感录》，胡适对其中有些篇章，表示了极大的赞赏。如《随感录·四十一》关于"学学大海"、"摆脱冷气"、"有一分热，发一分光"这段寓意深刻的话，胡适说，看了这段文字，感动得"一夜不能好好的睡，时时想到这段文章"（4）。

对于鲁迅的翻译成就，胡适曾以《域外小说集》为例，与严复、林纾的翻译文章相比较，认为鲁迅既有很高的古文功夫，又能直接了解西文，所以"域外小说集比林译的小说确是高得多"。胡适在1958年的一次讲演中，仍然肯定鲁迅的成就："《域外小说集》翻得实在比林琴南的小说翻得好，是古文翻的小说中最了不得的好。"（5）

我们从胡适在1919年2月致钱玄同的信中知道，胡适原先"曾经拟过几条办法"，"很想做一部《中国小说史》"。

据胡适说，"可惜没有试办的工夫"，终于未能遂愿。事隔三年，鲁迅的《中国小说史略》出版了，胡适对此不是心怀嫉妒，而是报以热情的夸奖，认为"这是一部开山的创作，搜集甚勤，取材甚精，断制也甚严，可以替我们研究文学史的人节省无数精力"（6）。

"五四"落潮以后，鲁迅与胡适的关系开始有了小裂痕。1926 年前后，"现代评论派"陈西滢与鲁迅发生激烈论战。胡适与陈西滢同是"现代评论派"的，以胡适的思想倾向来说，当然是更亲近陈西滢。即使如此，胡适也并没有介入这一争论，更没有对鲁迅进行任何公开的指责，反而于同年 5 月自天津写了致鲁迅、周作人和陈西滢的信，居中调解，他说：

> 你们三位都是我很敬爱的朋友，所以我感觉你们三位这八九个月的深仇也似的笔战是朋友中最可惋惜的事。我深知道你们三位都自信这回打的是一场正义之战；所以我不愿意追溯这战争的原因与历史，更不愿评论此事的是非曲直。我最惋惜的是，当日各本良心的争论之中，不免都夹杂着一点对于对方动机上的猜疑；由这一点动机上的猜疑，发生了不少笔锋上的情感；由这些笔锋上的情感，更引起了层层猜疑，层层误解。猜疑愈深，误解更甚。结果便是友谊上的破裂，而当日各本良心之主张就渐渐变成了对骂的笔战。……亲爱的朋友们，让

我们从今以后，都向上走，都朝前走，不要回头睬那伤不了人的小石子，更不要回头来自相践踏。我们的公敌是在我们的前面；我们进步的方向是朝上走。（7）

从这封信可以看出，胡适是持息事宁人的态度，而不是支持陈西滢继续攻击鲁迅。胡适对鲁迅还是比较尊重的。

三

鲁迅与胡适分歧的第一次具体表现，是对《新青年》"双簧信"的不同看法。我在鲁迅与钱玄同一文中已有介绍。当时，《新青年》同人"颇以不能听见反抗的言论为憾"（刘半农语），他们从斗争策略着眼导演了一出"双簧戏"，激怒了封建卫道者，新文化运动的倡导者与封建主义守旧派短兵相接的斗争由此展开。胡适作为《新青年》的编辑之一，对"双簧信"的内幕自然是清楚的，但很不以为然，视之为"轻薄"之举，并以为"凭空闭门造出一个王敬轩"并不值得辩论。但鲁迅的态度则相反，鲁迅认为此举无可非议，因为"矫枉不忌过正；只要能打倒敌人，嬉笑怒骂，皆成文章"。不过，他们的分歧并没有公开化，也没有发生冲突，属于各说各话。其实，这也只是斗争方法问题的争论，并不影响他们在反对封建文化方面的一致性。

1920 年前后，鲁迅与胡适在关于《新青年》的编辑方针的讨论中出现了不同意见。事情的经过是这样的：从 1920 年春天开始，陈独秀有把《新青年》变为上海共产主义小组的机关刊物之意，因而在同年 4 月 26 日自上海致函在北京的李大钊、胡适等 13 位主要撰稿人，其间问到"编辑人问题"："（一）由在京诸人轮流担任；（二）由在京一人担任；（三）由弟在沪（继续）担任？"（8）北京的主要撰稿人如何回答，不得而知。不过，最后采用了第三方案。从 1920 年 9 月起，《新青年》成了上海共产主义小组的机关刊物，由陈独秀在上海主编。《新青年》改刊后，编辑方针即相应改变，更多地宣传共产主义和马克思主义学说。起先，胡适对此不怎么在意，还继续为《新青年》写一些诗文。到同年 12 月中旬，情况有了变化。由于上海反动当局下令邮局停寄《新青年》，而此时陈独秀又将赴广州，于是即致函在京的李大钊、胡适、鲁迅等人，通报说："此间编辑事务已请陈望道先生办理，另外新加入编辑者，为沈雁冰、李达、李汉俊三人。"（9）12 月 16 日，陈独秀离沪赴粤的那一天，又专门致函胡适等人，谓："新青年色彩过于鲜明，弟近亦不以为然，陈望道君亦主张稍改内容，以后仍以趋重哲学文学为是，但如此办法，非北京同人多做文章不可。"（10）胡适收到此信后，于本月 27 日夜回信陈独秀说："《新青年》'色彩过于鲜明'，兄言'近亦不以为然'，但此是已成事实，今虽有意抹淡，似亦非易事。北京同人抹淡的工夫决赶不上上海同人染浓的手段之神速。现在想来，只有三个办法。"

1．听《新青年》流为一种有特别色彩之杂志，而另创一个文学的杂志，篇幅不求多，而材料必求精。我秋间久有此意……

2．若要《新青年》"改变内容"，非恢复我们"不谈政治"的戒约，不能做到。但此时上海同人似不便做此一着，兄似更不便，因为不愿示人以弱。但北京同人正不妨如此宣言。故我主张趁兄离沪的机会，将《新青年》编辑的事，自九卷一号移到北京来。由北京同人于九卷一号内发表一个新宣言，略根据七卷一号的宣言，而注重学术思想艺文的改造，声明不谈政治。

孟和说：《新青年》既被邮局停寄，何不暂时停办，此是第三办法。但此法与《新青年》社的营业似有妨碍，故不如前两法。

总之，此问题现在确有解决之必要……

信末，胡适又特别注明："此信一涵、慰慈见过。守常、孟和、玄同三人知道此信的内容。他们对于前两条办法，都赞成，以为都可行。"（11）

据胡适说，陈独秀收阅此信后"颇多误解"，于是胡适在次年的 1 月 22 日又给在京的李大钊和鲁迅等人写信，信中解释说：他原先对《新青年》编辑方针的基本意见是主张移回北京，声明不谈政治，或另办一个"专关学术艺文的杂志"，因为"今《新青年》差不多成了 Soviet Russia 的汉译本"，但为了避免陈独秀的误解，现在只"盼望《新青年》'稍改变内容，以后仍以趋重哲学文学为是'（独秀函中语）。我为了这个希望，现在提出一条办法：就是和独秀商量，把《新青年》移到北京编辑"。（12）

对于胡适这一最后的意见，李大钊等人赞同，鲁迅和周作人认为，可以让《新青年》分裂为京、沪两家，甚至不必争《新青年》的"名目"或"金门招牌"。（13）鲁迅 1921年 1 月 3 日致函胡适，进一步表示：在《新青年》移回北京后，"至于发表新宣言，说明不谈政治，我却以为不必。这固然小半在'不愿示人以弱'，其实则凡《新青年》同仁所作的作品，无论如何宣言，官场总是头痛，不会优容的。此后只要学术思想艺文的气息浓厚起来——我所知道的几个读者极希望《新青年》如此——就好了"。

对于这一段往事，有论者臆造了鲁迅和胡适的所谓"冲突"，说胡适"蓄谋已久"，"挑起争论"，"妄图使《新青年》编辑部远离当时中国共产党筹建活动的中心地——上海。他以为，一旦迁到北京，他就可以纠集党羽，为所欲为，篡改《新青年》的方向，控制《新青年》杂志"，"它的实质，是资产阶级右翼跳出来分裂新文化运动的统一战线，是争夺新文化运动的阵地和领导权"云云。可是，以上史料表明，这场讨论是陈独秀挑起的，而不是胡适；对于《新青年》8卷1号"色彩过于鲜明"的看法，并主张"稍改变内容"，也是陈独秀首先提出的，胡适、李大钊和鲁迅均表示了某种程度的同感，胡适建议把《新青年》移回北京办，也为李大钊、鲁迅等人所同意，并不是胡适要搞分裂。他们都赞成"学术思想艺文的气息浓厚起来"。他们的小分歧仅仅在于：如果《新青年》杂志移回北京或另办一个类似的杂志，有无必要发表一个"不谈政治"的声明？应该说，这绝构不成所谓的"冲突"。

这里，我想发一些感想的是，我们的一些研究者，往往不是从史料出发，从事实出发，从而得出科学的结论。他们往往从先入为主的观念出发，从政治的偏见出发，随意下结论。他们下结论的方式有两种：一种是虚构法，把不存在的冲突，添油加醋地虚构成了冲突；一种是归类法，张冠李戴，只要把这个人定为对立面，那么，一切坏的东西都往他头上扣，反之，也成立。以上事实，都是证明。

当然，《新青年》时期，鲁迅对胡适的认识也有模糊不清的感觉，我们看看下面的这段文字：

> 《新青年》每出一期，就开一次编辑会，商定下一期的稿件。其时最惹我注意的是陈独秀和胡适之。假如

将韬略比作一间仓库罢，独秀先生的是外面竖一面大旗，大书道："内皆武器，来者小心！"但那门却开着的，里面有几枝枪，几把刀，一目了然，用不着提防。适之先生的是紧紧的关着门，门上粘一条小纸条道："内无武器，请勿疑虑。"这自然可以是真的，但有些人——至少是我这样的人——有时总不免要侧着头想一想。半农却是令人不觉其有"武库"的一个人，所以我佩服陈胡，却亲近半农。（14）

到底有没有武器呢？有什么武器呢？心存疑虑。在鲁迅的眼里，胡适的透明度是不高的，虽然"佩服"，却亲近不起来了。

四

鲁迅和胡适之间，还有一个关于"整理国故"的不同见解。

"整理国故"的口号，其实是新文化阵营首先提出的。当时北京大学旧派学生在封建旧文化维护者黄侃、刘师培等人支持下，成立了"国故社"，扯起了"昌明中国故有之学术"的旗帜，企图以研究"国故"为名，行复古之实。面对这一情势，由李大钊、陈独秀、胡适和鲁迅支持的北大进步学生组成的"新潮社"，针对"国故社"的倒行逆施，提出了"整理国故"的口号。新潮社成员毛子水首先发表《国故和科学的精神》一文，指出研究国故，必须用"科学的精神"对国故加以"整理"，反对"国故社"以封建思想"保存国粹"。这样，就形成了新旧两派关于研究国故的截然不同的两种目的和方法，并开展了一场激烈的争论。封建顽固派认为，"国故"即"国粹"，必须予以保存和发扬，不得作丝毫的变更。整理国故派则坚持要用科学的精神和方法，对"国故"进行整理，以剔除糟粕，保存精华。胡适是新潮社的支持者之一，在毛子水的文章发表以后，胡适就写信给毛子水，谈了自己对"整理国故"的看法。当毛子水发表第二篇文章《〈驳"新潮：国故和科学的精神"〉订误》时，将胡适的来信《论国故学》附在该文后面。胡适的观点是：整理国故实在很必要，应当用科学的方法去指导国故研究；研究学术史的人，应当用"为真理而求真理"的标准去批评各家的学术。胡适在基本精神上与毛子水是一致的，在某些方面尚有发挥。可见，整理国故的口号并不是胡适首先提出来的，而且，最初它的内容也是正确的，是革新派对守旧派的一次斗争。

鲁迅作为"新潮"的支持者，在"整理国故"口号提出之初，以及对"国故"和"新潮"两社关于研究国故之事，没有发表意见。我们知道，在理论上鲁迅并没有完全否定"整理国故"的必要性，他曾明确指出："中国要作家，要'文豪'，但也要真正的学究。"（15）就实践方面看，鲁迅当时正潜心研究中国古典小说，并与胡适有密切的交往，出版了《中国小说史略》。在"整理国故"方面，他采用的是剔其糟粕、去粗取精的科学方法。因此，我们可以说鲁迅是在实践上支持了新潮社"整理国故"的主张的。

1919 年 7 月，胡适发表了《多研究些问题，少谈些"主义"》一文，站在资产阶级的立场上，提倡知识分子应该"费心力去研究""具体的""实际问题的解决"，而不是从政治上探讨用"如无政府主义、社会主义和布尔札维克主义等等"来从根本上解决中国问题。胡适说这是"我既然无法避免谈政治"而对政治问题提出的主张。（16）他提出"多研究一些问题，少谈些主义"。同年 12 月胡适又发表了《新思潮的意义》，提出"研究问题，输入学理，整理国故，再造文明"。1923 年在北京大学《国学季刊》的《发刊宣言》中，胡适更系统地宣传了他的"整理国故"的主张。胡适劝青年"蹀进研究室""整理国故"。他没有区别从事学术研究的青年与一般的青年，泛泛而论，因而授人以柄，给戴上"企图诱使知识分子和青年学生脱离现实的革命斗争"的帽子。在"整理国故"的问题上，胡适采用的是实验主义的方法论。他提出的科学方法的一部分就是"求否定的例"，他认为"发明一个字的古义，与发现一颗恒星，都是一大功绩"，这危言耸听，过分夸大了"整理国故"的社会意义。他向广大青年大开"国学书目"，要求中学的国文课以四分之三的时间去读古文，这客观上对诋毁新文学的复古派起了支持作用。到了1925年，胡适走到了爱国学生的对立面，以进研究室"求学"为借口，反对学生运动。他在《现代评论》第2卷第39期发表《爱国运动与求学》一文，认为"呐喊救不了国家"，要学生时代的青年"充分地利用学校的环境与设备来把自己铸造成个东西"，"努力求发展，这便是你对国家应尽的责任，这便是你救国事业的预备工夫。国家的纷扰，外间的刺激，只应该增加你求学的热心与兴趣，而不应该引诱你跟着大家去呐喊"。

鲁迅目睹许多封建旧文人大搞复古活动，不少无知青年陷进故纸堆里，感触良多，他认为再也不能保持沉默了。他先后写了《所谓"国学"》、《以震其艰深》、《不懂的音译》、《望勿"纠正"》、《未有天才之前》、《青年必读书》、《春末闲谈》、《读书杂谈》、《就是这么一个意思》、《碎话》等一系列文章，尖锐指出"整理国故"内容和方向转化带来的弊端。他在致友人的信中说："前三四年有一派思潮，毁了事情颇不少。学者多劝人踱进研究室，文人说最好是搬入艺术之宫，直到现在都还不大出来，不知道他们在那里面情形怎样。这虽然是自己愿意，但一大半也因新思想而仍中了'老法子'的计。"（17）新思想中了"老法子"的计，这点出了"整理国故"之误入歧途。接着，鲁迅在《未有天才之前》（18）对"老先生"和一般青年作了区别，指出了把"整

理国故"当作旗子来号召的荒唐。他说:

> 自从新思潮来到中国以后,其实何尝有力,而一群
> 老头子,还有少年,却已丧魂失魄的来讲国故了,他们说,
> "中国自有许多好东西,都不整理保存,倒去求新,正
> 如放弃祖宗遗产一样不肖"。抬出祖宗来说法,那自然
> 是极威严的,然而我总不信在旧马褂未曾洗净叠好之前,
> 便不能做一件新马褂。就现状而言,做事本来还随各人
> 的自便,老先生要整理国故,当然不妨去埋在南窗下读
> 死书,至于青年,却自有他们的活学问和新艺术,各干
> 各事,也还没有大妨害的,但若拿了这面旗子来号召,
> 那就是要中国永远与世界隔绝了。倘以为大家非此不可,
> 那更是荒谬绝伦!我们和古董商人谈天,他自然总称赞
> 他的古董如何好,然而他决不痛骂画家,农夫,工匠等类,
> 说是忘记了祖宗:他实在比许多国学家聪明得远。

此外,在《青年必读书》中,鲁迅认为"少看中国书,
其结果不过不能作文而已。但现在的青年最要紧的是'行',
不是'言'。只要是活人,不能作文算什么大不了的事"。
鲁迅总的思想是要青年关心时事,参加现实斗争,而不是闭
门读死书,死读书。关于这方面的问题,我在鲁迅与"瞎嘴"
以及鲁迅与陈西滢诸文章中已介绍,这里就不再重复了。

五

1922 年 5 月，清朝末代皇帝溥仪召见胡适。胡适在《努力周报》第 12 期（1922 年 7 月）发表了《宣统与胡适》一文。其中说："阳历 5 月 17 日清室宣统皇帝打电话来邀我进宫去谈谈。当时约定了 5 月 30 日（阴历端午前一日）去看他。30 日上午，他派了一个太监来我家中接我。我们从神武门进宫，在养心殿见着清帝，我对他行了鞠躬礼，他请我坐，我就坐了……他称我'先生'，我称他'皇上'。我们谈的大概都是文学的事……他说他很赞成白话，他做旧诗，近来也试试作新诗。"

溥仪召见胡适这件事的当时，鲁迅并没有什么评论。到了 1931 年底，蒋介石召见胡适等见诸报端时，鲁迅才旧事重提，予以挖苦。"蒋召见胡适之丁文江"的报道，发表于当年 10 月 14 日《申报》，云："南京专电：丁文江，胡适，来京谒蒋，此来系奉蒋召，对大局有所垂询……"对此报道，鲁迅在《知难行难》（19）一文中写道：

> 中国向来的老例，做皇帝做牢靠和做倒霉的时候，总要和文人学士扳一下子相好。做牢靠的时候是"偃武修文"，粉饰粉饰；做倒霉的时候是又以为他们真有"治国平天下"的大道……

当"宣统皇帝"逊位逊到坐得无聊的时候，我们的胡适之博士曾经尽过这样的任务。

见过以后，也奇怪，人们不知怎的先问他们怎样的称呼，博士曰：

"他叫我先生，我叫他皇上。"

那时似乎并不谈什么国家大计，因为这"皇上"后来不过做了几首打油白话诗，终于无聊，而且还落得一个赶出金銮殿。现在可要阔了，听说想到东三省再去做皇帝呢。

溥仪要见见胡适，胡适就去了。今天看来，这算不得什么了不起的大事儿。而当时，却沸沸扬扬，议论纷纷，有的说"胡适为帝者师"，有的说"胡适请求免拜礼"等等，不一而足。为了弄清真相，胡适写了上面提到的《宣统与胡适》一文。文中还写道，他们谈的大概都是文学的事。胡适还说："这位17岁的少年，处的境地很寂寞的，很可怜的！他在寂寞中，想寻找一个比较也可称得是一个少年人来谈谈，这也是人情上很平常的事，不料中国人脑筋里的帝王思想，还没有洗刷干净，所以这样本来很有人情味的事，到了新闻记者的笔下，便成了一条怪异的新闻了。"虽然胡适认为"这也是人情上的平常事"，但到后来的鲁迅文章中，显然可以看出，他对胡适称溥仪"皇上"感到肉麻，所以用讽刺的口吻挖苦了胡适。其实，胡适的称"皇上"，既不是要讨好"皇上"，也不是保皇的一种表现，就像我们仍称已经离任的某市长为"市长"一样，这很大程度上是中国人的一种特殊的礼节。新中国成立后，毛泽东在中南海宴请溥仪，也说："我们先前都是'皇上'的子民呀！"还说请"皇上"用这道菜之类的，这也仅仅是一种礼节，至多是戏谑，如此而已。前几年，有人还引了胡适称溥仪为"皇上"，骂胡适"卖身投靠"，这是无知又无聊的无稽之谈。

鲁迅之所以在胡适见溥仪的当时没有提出非议，而到胡适与丁文江见了蒋介石以后再旧事重提，可见主旨是在见蒋，而不是见溥仪。鲁迅有疑问，胡适见了蒋介石以后该怎么称呼呢？"现在没有人问他怎样的称呼。"鲁迅说，"为什么呢？因为是知道的，这回是'我称他主席……'！"为什么鲁迅知道他非称"主席"不可呢？因为有"安徽大学校长刘文典教授，因为不称'主席'而关了好多天"的先例。而刘文典与胡适是"老同乡，旧同事，博士当然是知道的，所以，'我称他主席'"。不过，我有费解之处了，蒋介石是"主席"，称他"主席"，这能说明什么？他是"主席"，不称他"主席"，又能说明什么？称呼问题只是一个话头，问题的根本是胡适不该见蒋，见了蒋就是投靠了——言外之意大致是如此，此后人们也是这样批判胡适的。古今中外，历朝历代，统治者都见过许多文化名人，被见的文化名人，是不是都是"卖身投靠"了呢？不能说没有，也不能说都是，这个问题并不那么简单。毛泽东也见过他认为和他不属于一个阶级的章士钊，但这又能说明什么呢？

胡适是卖身投靠吗？我认为，胡适是一个资产阶级学者，他的政治理想是希望英美式的国家制度在中国得以实现。蒋介石为代表的国民政府，基本上是亲美的资产阶级政府（虽然它有相当浓厚的封建色彩）。因此，虽然国民党政府有种种弊端，但他认为在当时条件下是"好政府"，在他心目中，国民党政府是合法的。自然，蒋介石的领导地位也是合法的。与其说他投靠国民党政府，还不如说他是忠诚于自己的政治理想。因此，他一生中都体现了一个美式教育培养出来的真正的自由主义者的矛盾。当当局与他的政治理想并不冲突的时候，他是支持当局的；当当局与他的政治理想发生矛盾时，他成了当局的"诤友"、"诤臣"。因此，西安事变时，他认为张学良"是毁坏国家民族的力量"，认为"蒋先生如果发生事故，中国要倒退二十年"！（20）蒋介石兵败大陆以后，胡适决定去美，并发表讲话，声称"我要以我的道义力量，支持蒋介石先生的政府"。这是一方面。另一方面，胡适对共产党也有同情，对国民党政府是时有激烈抨击的，有时，其激烈程度，也绝不在马寅初等人之下。这样的例子可以举出一大串，我们略举几例。

胡适拥护国民党政权，他支持国民党统一全国，但主张用和平方式而不是武力，比如建立"民意机关"、"国会制度"等办法来达到国家的统一。他说："现在统一的最大障碍是在各地割据的局面之上绝没有一个代表全国或全省人民的机关，所以割据分裂的趋势无法挽回。挽救的方法只有在各割据防区之上建立全省民意机关……只有这一类的民意机关可以领导民众在法律的轨道内逐渐造成制裁割据军阀的势力。"（21）显然，胡适的话是书生之见，对牛弹琴，但这也可证明，他是反对军阀混战的，他把希望寄托在"民意与法制"上。为了国家的统一，他曾异想天开地写了一篇文章，主张把东北让给中国共产党，由他们去试验搞共产主义，试验好后，再行推广。据罗尔纲回忆说："这篇论文他写了一个通宵，曾拿给我看过，但不敢用，感到很为难。"胡适的这一思想和主张，在美国作家史沫特莱《中国的战歌》一书的第 59 页，也有反映。20 世纪 30 年代初期，史沫特莱到北平，曾会见过胡适等人。她在书里回忆说：在一次谈话中，"有一位（指胡适）对我说，应该拨给共产主义者一个省去实验他们的主张。如果证明切实可行，其他各省可以仿效"。由此可见，罗尔纲的回忆是确凿不误的。这大概是中国最早的"特区"理论吧！这样的见解，是蒋介石断然不可接受的，这正说明，胡适虽然拥护蒋介石，但仍保留着自己独立的人格和见解，并不是盲从的。

胡适甚至与蒋介石发生过正面冲突。1958 年 4 月 10 日，胡适出任"中央研究院"院长。就职典礼上，蒋介石和"副总统"陈诚都到了。蒋介石在"训辞"中赞扬胡适"个人之高尚品德"，并号召"发扬'明礼义，知廉耻'之道德力量"。胡适当面反驳了蒋介石的这一提法。他说："刚才'总统'对我个人的看法不免有点错误，至少，'总统'夸奖我的话是错误的。我们的任务，还不只是讲公德私德，所谓忠信孝悌礼义廉耻，这不是中国文化所独有的，所有一切高等文化，一切宗教，一切伦理学说，都是人类共同有的。'总统'年岁大了，他说话的分量不免过重了一点，我们要体谅他。我个人认为，我们学术界和'中央研究院'应做的工作，还是在学术上。我们要提倡学术。"（22）胡适侃侃而谈时，蒋介石已怫然变色，听众也目瞪口呆。事后，有朋友规劝胡适，认为他当时的态度有些过分，胡适不接受。

1954年，当时台湾要召开伪国民大会第二次会议，改选"总统"。蒋介石第二次推荐胡适为"总统"候选人。胡适表示，他是个有心脏病达15年历史的人，连人寿保险公司都不愿意保他的寿命，怎能挑得起"总统"这副担子？当有人问他如果真被提名甚至当选时将怎么办，胡适答复道："如果有人提名，我一定否认；如果当选，我宣布无效。我是个自由主义者，我当然有不当'总统'的自由。"（23）胡适确实是这样，是一个倾向国民党的自由主义者。

六

鲁迅"骂"胡适，还有一个重要内容，就是关于对日本入侵的态度问题，而所谓"征服中国民族的心"，一直成为胡适"卖身投靠"的一条罪状。

这究竟是怎么一回事呢？

1933 年 3 月 18 日，胡适在北平对新闻记者的谈话中说：日本"只有一个方法可以征服中国，即悬崖勒马，彻底停止侵略中国，反过来征服中国民族的心"。（24）

此后，鲁迅在多篇文章中，以此为根据，臭骂了胡适，说他为日本侵略者献策。比如，1933 年 3 月 26 日《申报·自由谈》以"何家干"的笔名发表的《出卖灵魂的秘诀》（25）

一文中说："胡适博士不愧为日本帝国主义的军师。但是，从中国小百姓方面说来，这却是出卖灵魂的唯一秘诀。"此外，在《花边文学》的《算帐》一文，《且介亭杂文》的《关于中国的两三件事》一文，《且介亭杂文二集》的《田军作〈八月的乡村〉序》一文，都提到了"征服中国民族的心"的问题，鲁迅给予了不留情面的抨击。

那么，胡适果真是日本帝国主义者的"军师"吗？胡适果真是不抗日的吗？我以为，从胡适的言论，到实际的行动，都不是这么回事。

其实，就是在 1933 年，胡适受当时长城抗日的第 59 军军长傅作义之嘱托，还为该军战死将士（有尸首）的公墓写了碑文。傅作义在信中说："我以最虔诚的敬意和悲痛的情怀请先生为牺牲在抗日战役的将士们作一篇纪念碑文。"接着介绍了全军将士奋勇上阵、顽强抗日的可歌可泣的英雄事迹。并称，先生文章久已钦仰，如蒙惠撰，刻之于石，一定更能激发国民的爱国心。胡适接到来信后，读了傅作义对该军将士英雄事迹的介绍，十分感动，于是用白话文写了一篇千余字的纪念碑文，并请钱玄同用楷书抄出。在这篇碑文里，他比较详细地叙述了国民党军队于1933年3月至5月在华北长城一带与日本侵略军英勇作战的经过：如宋哲元部队在喜峰口的苦战，如徐庭瑶、关麟徵、黄杰所率中央军队在南天门一带十余日的血战，如傅作义所部第7军团第59军在怀柔一战，与两倍于我的敌军交战，敌军虽有精锐武器装备，但在我抗日部队英勇顽强的阻击下，他们也不能前进一步。胡适以饱满的热情歌颂了抗日将士的英雄事迹，最后作诗以为纪念：

这里长眠的是二百零三个中国好男子！

他们把他们的生命献给了他们的祖国。

我们和我们的子孙来这里凭吊敬礼的，要想想我们应该用什么报答他们的血！

这些诗文，反映了胡适在外敌入侵的时候，还是表现了深切的爱国精神的。

全面抗战以后，胡适先是以北京大学文学院长的身份到欧洲各国开展国民外交，宣传中国人民团结抗战的决心，并争取各国政府与民众的同情与支持。在旧金山，胡适做了题为《中国能战胜吗？》的演讲，他说："算盘要打最不如意的算盘，努力要做最大的努力。"以此来勉励侨胞，并表示国内民众团结抗日之决心和争取胜利之信心。此外，在回答美国合众社记者提问时说："此次中日战争，已暴露日方兵力上之弱点。"说明了日本侵略军并不可怕，他们最终是要失败的。他又以《中国处在目前危机中对美国的期望》为题，发表演说。在这篇讲稿中，他以第一次世界大战为例，说那时美国也是采取中立立场，虽然同情英法，但绝不愿卷入战争，其时间之长达三年之久。可是后来形势转变，逼迫美国不得不加入战争。历史雄辩地说明，战争是不以人们的和平意愿为转移的。接着，胡适批评了绥靖主义。认为仅靠消极的绥靖主义而没有建设性的和平政策作后盾，绝不能保障列位希望的和平。胡适认为"第二次大战中"，最后将"再一次地以战争来终止战争"。胡适大胆断言，美国将会被黩武主义者逼迫而卷入这场战争。后来，美国被日本偷袭珍珠港事件而拖入了第二次世界大战。胡适的话不幸而言中了。

不久，胡适出于"现在国家是战时。战时政府对我的征调，我不能推辞"之考虑，出任驻美大使。胡适任内，力疾从公，为国事奔走呼号，赢得国内外一片赞扬声。日本政府是非常注意胡适使美这件事的。当时代表日本舆论界的东京《日本评论》曾建议一对策，说："日本需要派三个人一同使美，才可抵抗胡适。那三个人是鹤见祐辅、石井菊次郎、松岗洋右。鹤见是文学的，石井是经济的，松岗则是雄辩的。"（26）

　　这样一个胡适，会是要日本"来征服中国民族的心"的人吗？我心存疑虑。我查了几本胡适的传记，比如，人民出版社出版的白吉庵著的《胡适传》等，就没有提到此事。鲁迅是根据新闻记者采访胡适的谈话来判断的。胡适有没有说过这样的话呢？现在没办法证明有，也没办法证明没有。新闻记者的采访录之类往往是靠不住的，鲁迅自己不是也说，关于他的报道、言论，也多极了吗？他不是一概不予理睬吗？鲁迅不是也证明，他没有对记者说过"我的兄弟是猪"，但记者却登出来了吗？退一步说，胡适即使说过类似的话，也不能抓住一点，不及其余；更不能只看一个人偶尔的言论，而不看实际的行动、作为。

七

　　1933 年 3 月 15 日，鲁迅写了后来被收入《伪自由书》的《"光明所到……"》一文，批评胡适为国民党监狱涂脂抹粉的行为。鲁迅认为："中国监狱里的拷打，是公然的秘密。上月里，民权保障同盟曾经提起了这问题。"然而，胡适看过几个监狱以后，"很亲爱的"告诉记者，说"据他的慎重调查，实在不能得最轻微的证据……他们很容易和犯人谈话，有一次胡适博士还能够用英国话和他们会谈。监狱的情形，他说，是不能满意的，但是，虽然他们很自由的诉说待遇的恶劣侮辱，然而关于严刑拷打，他们却连一点儿暗示也没有"。鲁迅毕竟是深知中国人的，胡适作为社会名流，来看监狱，监狱当然可以临时穿上一件文明的外套，让鉴赏者观赏一番。中国弄权的奸人，要骗一两个书呆子还不容易吗？然而，胡适观后，还在津津乐道什么："公开检举，是打倒黑暗政治的唯一武器，光明所到，黑暗自消。"对此，鲁迅很尖锐地指出："他就是'光明'，所以'光明'所到，'黑暗'就'自消'了。"鲁迅进而问道：

　　但不知这位"光明"回府以后，监狱里可从此也永远允许别人用"英国话"和犯人会谈否？

　　如果不准，那就是"光明一去，黑暗又来"了也。

　　而这位"光明"又因为大学和庚款委员会的事务忙，不能常跑到"黑暗"里面去，在第二次"慎重调查"监狱之前，犯人们恐怕未必有"很自由的"再说"英国话"的幸福了罢。呜呼，光明只跟着"光明"走，监狱里的光明世界真是暂时得很！

胡适的著名的观点是："拿证据来。"我认为，如果胡适看到了严刑拷打的证据，他不会保持沉默的。他只是一个善良的被统治者愚弄的书生。不过，应该指出的是，他的言论客观上为统治者监狱的黑暗抹上了一些亮色，从这一意义上说，他是有罪的。

1932 年底，宋庆龄等人在上海发起组织了"中国民权保障同盟"，鲁迅从一开始就加入了同盟并任上海分会执行委员。不久，北平等地也成立了分会，胡适被推举为北平分会的主席。本来，胡适理应支持"中国民权保障同盟"的工作，保障民权。然而，由于他的立足点是把国民党政府当作合法政权，所以他时不时站在当局一边，为虎作伥，甚至攻击"同盟"，具有一定的破坏性。1933 年初，胡适认为同盟会上海分会转给他的两封检举信"纯系捏造"，并借题于 2 月 19 日在《独立评论》第 38 期上发表《民权的保障》一文，为国民党统治辩护。他提出"把民权保障的问题完全看作政治问题，而不肯看作法律问题，这是错的"，声称要求释放政治犯，"这不是保障民权"。他认为"一个政府要存在，自然不能不制裁一切推翻政府或反抗政府的行动"，换言之，"一个政府为了保卫它自己，应该允许它有权去对付那些威胁它本身生存的行为"。显然，胡适是不把国民党政府当作反动政府的。

他持的是一种一锅煮的无区别的政府论。

胡适的言论，引起社会的不满。2月28日，宋庆龄、蔡元培为此电请胡适更正，"否则惟有自由出会，以全会章"。胡适不予理睬。3月3日，中国民权保障同盟会议议决将他开除出盟。对于胡适的言论，鲁迅持蔑视态度，他在1933年6月18日致曹聚仁的信中说："我但于胡公适之之侃侃而谈，有些不觉为之颜厚有忸怩耳。但是，如此公者，何代蔑有哉。"就在鲁迅写这封信的上午，因积极参加同盟活动的杨杏佛被特务在上海暗杀，鲁迅先是赶往出事地点，继而又冒着生命危险毅然出席杨杏佛的入殓仪式。归来后，鲁迅心情沉重地写下了《悼杨铨》：

岂有豪情似旧时，花开花落两由之。

何期泪洒江南雨，又为斯民哭健儿。

当鲁迅为杨杏佛遇害而伸张正义的时候，胡适对昔日的学生和朋友之死，始终未置一词。

八

尽管鲁迅与胡适有了以上种种分歧，尽管他们走上了不同的道路，但是，他们在很多问题上还是不谋而合的。朱正先生在《鲁迅研究月刊》2002 年第 2 期发表了《异中有同》一文，举了很多例子说明二人各自东西以后在思想观点上仍然有很多的共同点。我们只举一例。

1934 年 8 月 27 日天津《大公报》发表社评《孔子诞辰纪念》，其中说：

> 最近 20 年，世变弥烈，人欲横流，功利思想如水趋壑，不特仁义之说为俗诽笑，即人禽之判亦几以不明，民族的自尊心与自信力既已荡然无存，不待外侮之来，国家固早已濒于精神幻灭之域。

鲁迅不能赞同这种意见。他在 9 月 25 日写了一篇《中国人失掉自信力了吗》（27），刊登在 10 月 20 日出版的《太白》半月刊上，文章首先指出：如果说，"民族的自尊心与自信力既已荡然无存"，就并不是这篇社评所说的"最近 20 年"的事，早就如此了：

> 从公开的文字上看起来：两年之前，我们总自夸着"地大物博"，是事实；不久就不再自夸了，只希望着国联，也是事实；现在是既不夸自己，也不信国联，改为一味求神拜佛，怀古伤今了——却也是事实。
> 于是有人慨叹曰：中国人失掉自信力了。

如果单据这一点现象而论，自信其实是早就失掉了的。先前信"地"，信"物"，后来信"国联"，都没有相信过"自己"。假使这也算一种"信"，那也只能说中国人曾经有过"他信力"，自从对国联失望之后，便把这他信力都失掉了。

……

中国人现在是在发展着"自欺力"。

文章做到这里，鲁迅把笔锋一转：

我们有并不失掉自信力的中国人在。

我们从古以来，就有埋头苦干的人，有拼命硬干的人，有为民请命的人，有舍身求法的人……虽是等于为帝王将相作家谱的所谓"正史"，也往往掩不住他们的光耀，这就是中国的脊梁。

这一类的人们，就是现在也何尝少呢？他们有确信，不自欺；他们在前仆后继的战斗，不过一面总在被摧残，被抹杀，消灭于黑暗中，不能为大家所知道罢了。说中国人失掉了自信力，用以指一部分人则可，倘若加于全体，那简直是诬蔑。

这篇文章成了鲁迅的名作，被不断选进学生课本，影响了一代又一代的中国人。他说得真好，正如他在一封信中所说的，中国"历史上满是血痕，却竟支撑以至今日，其实是伟大的"。（28）要不是历代都有这样的"脊梁"，中国又怎么能够"支撑以至今日"呢。

胡适也不赞同《大公报》的这篇社评。他在9月3日写了一篇《写在〈孔子诞辰纪念〉之后》，登在他自己编的《独立评论》（9月9日出版的第117号）上，加以反驳。

首先，胡适也不同意社评中"最近20年"这一说。他说："《官场现形记》和《二十年目睹之怪现状》描写的社会政治情形，不是中国的实情吗？是不是我们得把病情移前三十年呢？《品花宝鉴》以至《金瓶梅》描写的也不是中国的社会政治吗？这样一来，又得挪上三五百年了。那些时代，孔子是年年祭的。《论语》、《孝经》、《大学》是村学儿童人人读的，还有士大夫讲理学的风气哩！究竟那每年'洙水桥前，大成殿上，多士济济，肃穆趋跄'（引者按：《大公报》这篇社评中语），曾何补于当时的惨酷的社会，贪污的政治？"（29）

胡适和鲁迅从不同的角度反驳了这篇社评中"最近20年"一说。在应该看到"中国的脊梁"这一点上，两人却并没有什么不同。胡适激昂地说：

　　我们谈到古人的人格，往往想到岳飞、文天祥和晚明那些死在廷杖下或天牢里的东林忠臣。我们何不想想这二三十年中为了各种革命慷慨杀身的无数志士！那些年年有特别纪念日追悼的人们，我们姑且不论。我们试想想那些为排满革命而死的许多志士，那些为民十五六年的国民革命而死的无数青年，那些前两年中在上海在长城一带为抗日卫国而死的无数青年，那些为民十三以来的共产革命而死的无数青年，——他们慷慨献身去经营的目标比起东林诸君子的目标来，其伟大真不可比例了。东林诸君子慷慨抗争的是"红丸"，"移官"，"妖书"等等米米小的问题；而这无数的革命青年慷慨献身去工作的是全民族的解放，整个国家的自由平等，或他们所梦想的全人类社会的自由平等。我们想到了这20年中为一个主义而从容杀身的无数青年，我们想起了这无数个"杀身成仁"的中国青年，我们不能不低下头来向他们致最深的敬礼；我们不能不颂赞这"最近20年"是中国史上一个精神人格最崇高，民族自信心最坚强的时代。他们把他们的生命都献给了他们的国家和他们的主义，天下还有比这更大的信心吗？（30）

朱正在他的文章结尾说："在鲁迅的晚年，在政治立场上和胡适可以说是处于对立的地位，可是人们也看见了异中有同。看人看事不宜简单化，这可以算是一例。"

九

鲁迅逝世后,胡适多次谈到鲁迅。这些评论,不可避免地带上了某种政治偏见,即便这样,也还有一些客观的内容。

1936年11月,苏雪林致函胡适,针对"新文化产业,被左派巧取豪夺","今日之域中,已成为'普罗文化'之天下"的情况,也针对"鲁迅死后,左派利用之为偶像,极力宣传,准备将这个左翼巨头的印象,深深打入青年脑筋,刺激国人对共产主义之注意,以为酝酿反动势力之地"的情况,请求胡适站出来做所谓"取缔'鲁迅宗教'"的工作。苏雪林在同一封信中,谩骂鲁迅为"假左派",是"一个刻毒残酷的刀笔吏,阴险无比,人格卑污又无耻的小人"。(31)胡适接读书信后回答苏氏说:"我很同情于你的愤慨,但我以为不必攻击其私人行为。鲁迅狺狺攻击我们,其实何损于我们一丝一毫? 他已死了,我们尽可以撇开一切小节不谈,专讨论他的思想究竟有些什么,究竟经过几度变迁,究竟他信仰的是什么,否定的是什么,有些什么是有价值的,有些什么是无价值的。如此批评,一定可以发生效果。"(32)这里,胡适首先是把鲁迅当作对立面的;其次,即使针对鲁迅这样的对立面,他也认为应该不纠缠小节,要大处着眼,具体问题具体对待。在同一封信中,胡适又说:"凡论一人,总须持平。爱而知其恶,恶而知其美,方是持平。鲁迅自有他的长处。如他早年的文学作品，如他的小说史研究，皆是上等工作……说鲁迅抄盐谷温，真是万分的冤枉。盐谷一案，我们应该为鲁迅洗刷明白……如此立论，然后能使敌党俯首心服。"胡适的目的，是为了"使敌党俯首心服"，但他事实上否认了苏雪林那种粗暴卑劣的做法，在反鲁迅的势力甚嚣尘上的情况下，客观上一定程度地维护了鲁迅。

胡适到了台湾以后，1958 年 5 月在台北中国文艺协会作了一次题为《中国文艺复兴运动》（33）的演讲。他仍然肯定鲁迅在"新青年"时代"是个健将，是个大将"，他还认为鲁迅、周作人翻译的《域外小说集》"翻得实在比林琴南的小说集翻得好，是古文翻小说中最了不得的好"。不过，他铺垫一番以后，接着骂了鲁迅："但是，鲁迅先生不到晚年——鲁迅先生的毛病喜欢人家捧他，我们这般'新青年'没有了，不行了；他要去赶热闹，慢慢走上变质的路子。"什么叫作"变质"呢？就是和共产党搞在一起，参加了左联。胡适认为，鲁迅加入了左联，也是不自由的。他说："那时共产党尽量欢迎这批作家进去，但是共产党又不放心，因为共产党不许文艺作家有创作自由。所以那时候监视他们的人——左翼作家的监视者，就是周起应，现在叫周扬，他就是在上海监视鲁迅这批作家的。"很明显，站在台湾岛上，是很难对鲁迅有公正的评价的。在同一演讲中，胡适还谈了所谓萧军加入共产党的事，他说：

鲁迅死后，他的太太把鲁迅写给各朋友的信搜集起来，叫《鲁迅书简集》；这本书里面有几封信值得看看，特别是他写给胡风的四封信，其中有一封就是鲁迅死之前不到一年写的，是1935年（他是1936年死的），这封信胡风问他三郎（不知是谁，大概是萧军）应该不应该加入党（共产党）？他说："这个问题我可以毫不迟疑地答复你，不要加入！现在在文艺作家当中，凡是在党外的都还有一点自由，都还有点创作来，一到了党里去就'酱'在种种小问题争论里面，永远不能创作了，就'酱'死了！""酱"在里面去，这个字用得好极了。底下更值得读了，他说："至于我呢，说来话长，不必说了吧。"他说："我总感觉得我锁在一条链子上，锁在一条铁链上，背后有一个人拿着皮鞭打我，我的工作越努力打的越厉害。"这一段话里，打他的就是现在在大陆搞文艺的周扬——那个时候的周起应。

鲁迅会劝萧军不要加入共产党？我查了一下1935年9月12日致胡风的信，鲁迅的原话是这样的：

　　三郎（按：即萧军）的事情，我几乎可以无须思索，说出我的意见来，是：现在不必进去（按：这不等于说，以后也不要进去）。最初的事，说起来话长了，不论它；

就是近几年，我觉得还是在外围的人们里，出几个新作家，有一些新鲜的成绩，一到里面去，即酱在无聊的纠纷中，无声无息。以我自己而论，总觉得缚了一条铁索，有一个工头在背后用鞭子打我，无论我怎样起劲的做，也是打，而我回头去问自己的错处时，他却拱手客气的说，我做得好极了，他和我感情好极了，今天天气哈哈哈……真常常令我手足无措，我不敢对别人说关于我们的话，对于外国人，我避而不谈，不得已时，就撒谎。你看这是怎样的苦境？

通观全信，我们可以看到，这里谈的是萧军是否加入左联而不是共产党的事。胡适一向治学严谨的，他的这一回谈鲁迅，与其说是用学术的观点看问题，不如说是用政治的观点看问题。政治的偏见，使胡适这样的大学者也闹了一个大笑话。这说明，一个人倘若戴上了有色眼镜，就难免会出现甚至是常识性的偏差——严肃、谨慎如胡适者，尚且不能例外，更遑论其他？

十

晚年对胡适打击最大的是震动台湾岛的"雷震案"。雷震是胡适的好朋友，两人曾共同创办了《自由中国》杂志。

由于《自由中国》杂志屡次冒犯最高当局的统治，引起了蒋介石的忌恨。1960 年 9 月 4 日，台湾警备总司令部以"叛乱"罪名逮捕了雷震和《自由中国》部分工作人员，对他们严刑逼供，《自由中国》也被迫停刊。不久，台湾军事法庭又判处雷震 10 年徒刑。胡适又震惊又气愤，他找蒋介石求情，蒋介石王顾左右，不予理睬。胡适无可奈何，连呼："大失望，大失望。"胡适本来就有严重的心脏病，"雷震案"的刺激使他旧病复发，被急送医院打针、输氧，总算死里逃生，但他的身体却大不如前，一下子竟好像老了 20 岁。

胡适树大招风，举手投足都引人注目，再加上他心里有话憋不住，讲话常常偏激，就给反对他的人以口实。1960 年 11 月 6 日，美国国际开发总署主办的"亚东区科学教育会议"在台北召开，胡适推辞不过，带病做了 25 分钟的演讲。他重弹老调，贬低中国古文明，力主向西方现代文明看齐。遭到攻讦与围剿，甚至到了人身攻击和谩骂的地步。胡适已是古稀之年的老人了，如何承受得住这种波折，他又病倒了，不得不住院治疗，连他 71 岁的生日，也是在病床上度过的。

1962 年 6 月 24 日，刚出院不久的胡适在蔡元培馆主持了"中央研究院"第五次院士会议，选出七位新院士。胡适这天颇为高兴。这次到会的院士较多，许多是特意从国外赶回来的，一方面参加会议，另一方面也为了看看他。另外，新老院士中也有不少是他昔日的学生。中午胡适与院士们共进午餐，回到寓所时，已是两点半钟。他给自己把了下脉，一分钟80下，一切正常，便上床休息，准备参加下午5时欢迎院士的酒会。本来，这天会前医院出于对胡适身体状况考虑，曾打算派医护人员陪同左右，但胡适不同意，说："今天的会是喜事，他们一来，像是要办丧事。"不幸这话竟被胡适言中了。

4点刚过，胡适就待不住了，他催促秘书说："今天我是主人，我们应该早点上山去。"到了山上的蔡元培馆，已有100多位来宾聚集在那里，大家发现胡适来了，都热情地鼓掌致意，几位活跃的新闻记者，还拉着胡适合影留念。下午5时，酒会开始。胡适兴致勃勃地走到麦克风前，致开幕词。他幽默而风趣地说：自己对物理学一窍不通，但却有几位世界闻名的物理学家是他的学生，至于杨振宁、李政道等人，则是他学生的学生了，真是桃李满天下啊，这是他平生最得意、最自豪的事。

过了一会儿，胡适想起临行前太太反复叮嘱他少讲话，忙说："今天因为太太没有来，我多说了几句话，下面，请李济讲话。"李济是位考古学家，在胡适来台湾前曾主持过"中央研究院"工作。他的讲话有些悲观，他说台湾的科学设备都是进口的，有成绩的学生最后都要出国，我们自己有什么拿得出手的东西呢？他还提到了胡适因为那次演讲而遭受围攻的事，感慨台湾缺乏科学研究的环境。

旧事重提,勾起了胡适的痛楚。刚才还谈笑风生的他,脸色一下子阴郁下来,一时似乎喘不过气来。秘书见状不妙,忙示意他不必介意。胡适摆摆手,冲着话筒生气地说:"我去年讲了25分钟的话,引起'围剿',不要去管它,那是小事体,小事体。我挨了40年的骂,从来不生气,并且欢迎之至……"胡适讲到这里,声调很激动,他忽然感到心脏不适,急忙煞住话头:"好了,好了,今天我们就说到这里,大家再喝点酒,再吃点点心吧,谢谢大家。"

这时正是6点半,宾客们陆续开始散去。胡适还站在刚才讲话的地方,含着笑容和客人们握手告别。只见他正要转身和谁说话,突然面色苍白,身体晃了一晃,仰面向后倒下,旁边的人赶紧伸手搀扶,已经晚了。他先是脑袋磕到桌沿上,又重重地摔在水磨石地上。人们赶忙就地急救,给他做人工呼吸,打强心针,可他的心脏已停止了跳动。一代哲人就这样溘然长逝了,在场者无不悲恸落泪。

胡适去世后,人们整理遗物发现,除了书籍、手稿外,余款只有153美元。

在众多的挽胡适联中,有一副道出了胡适一生的尴尬:

孟真死于闹,今公死于噪,行在纵多才,何堪如此?

共党既骂之,国人又骂之,容身无片土,天乎痛哉!

共产党骂胡适"卖身投靠"国民党,胡适不懂"中国特色",却以美国的标准去向国民党要自由,结果是挨骂半个世纪,恓恓惶惶,如丧家之犬。胡适是独立的,彼也不容,此也不容。

在这里,我想介绍一下鲁迅的葬礼,是为了与胡适作一比较。鲁迅逝世时,遗体着白色纺绸衫裤、咖啡色薄棉袍袄、白袜黑鞋,外裹咖啡色之棉衾,上覆绯色面子湖色夹里之彩绣棉被。棺为宋庆龄赠,深红色,楠木,西式,四周有铜环,上加内盖,半为玻璃,露出头部,任人瞻仰。四天中,瞻仰遗容者络绎不绝,签名的有:个人,9470人;团体156个。未签名者不计其数。扶枢上车的有巴金、欧阳山、张天翼等十几位青年作家,执绋者6000余人,送葬者数万人。半路上,自发加入送殡群众无以计数,队伍足足有二里多长!

到达墓地后,由蔡元培、沈钧儒、宋庆龄、内山完造等人作了安葬演说。由上海民众代表献"民族魂"白地黑字旗一面,覆于棺上,抬棺徐徐入穴。

鲁迅去世后,毛泽东给予了极高的评价,认为:"鲁迅是中国文化革命的主将,他不但是伟大的文学家,而且是伟大的思想家和伟大的革命家。鲁迅的骨头是最硬的,他没有丝毫的奴颜和媚骨,这是殖民地半殖民地人民最可宝贵的性格。"(34)

胡适的葬礼也热闹非凡。

胡适遗体着蓝色长袍和黑马褂,脚着布寿鞋。棺木上,覆盖的是北大校旗。据说，他出丧那天，有 100 余个团体参加公祭，自发送殡者多达 30 万人。不少商店停业，工厂停工，学校停课；从离墓地两公里外开始，沿途居民家家燃香，户户路祭。自 1936 年鲁迅去世之后，没有其他文化人享受过这种殊荣。蒋介石的《挽胡适与胡适墓园题辞》是：

新文化旧道德的楷模

旧伦理新思想的师表

德学俱隆

注释

（1）《鲁迅全集·南腔北调集》。

（2）《鲁迅全集·三闲集》。

（3）《鲁迅全集·集外集·序言》。

（4）（7）（8）（9）《胡适来往书信选》上册，中华书局 1979 年版。

（5）《胡适讲演集》一，台北远流出版公司出版。

（6）胡适：《白话文学史·自序》，团结出版社 2005 年 12 月版。

（10）（11）（12）《中国现代出版史料甲编》，中华书局

1954 年 12 月版。

（13）参见胡适 1921 年 1 月 22 日致李大钊等人的信后面有关收信人的批语。

（14）《鲁迅全集·且介亭杂文·忆刘半农君》。

（15）《鲁迅全集·准风月谈·我们怎样教育儿童的》。

（16）唐德刚译注：《胡适口述自传》，安徽教育出版社 2005 年 5 月版。

（17）《鲁迅全集·华盖集·通讯》。

（18）《鲁迅全集·坟》。

（19）《鲁迅全集·二心集》。

（20）转引自白吉庵：《胡适传》，第 377 页—378 页，人民出版社 1993 年版。

（21）胡适：《统一的路》，《独立评论》第 28 号。

（22）根据胡适秘书王志维与陈漱渝的谈话和胡适秘书胡颂平当时的记录。

（23）1954 年 2 月 19 日中国台湾《"中央日报"》。

（24）1933 年 3 月 22 日《申报·北平通讯》。

（25）此文乃瞿秋白所作，用鲁迅的笔名发表，后来鲁迅将其收入《伪自由书》。

（26）桓武：《胡适与外交战》，《东南日报》1938 年 10 月 12 日。

（27）《鲁迅全集·且介亭杂文》。

（28）《鲁迅全集》第 13 卷，第 683 页。

（29）《胡适文集》第 5 册，北京大学出版社 1998 年版，第 409 页。

（30）《胡适文集》第 5 册，北京大学出版社 1998 年版，第 413 页。

（31）（32）《胡适来往书信选》中册，中华书局 1979 年版。

（33）《胡适哲学思想资料选》上第 551—552 页，华东师范大学出版社。

（34）毛泽东：《新民主主义论》。

各自东西
——鲁迅与周作人

一

　　周作人（1885—1967），散文家、文学翻译家。原名周櫆寿，后改名遐寿，字启孟、启明等，号知堂。浙江绍兴人。鲁迅之弟。早年致力于外国文学作品的翻译和介绍，曾与鲁迅合译《域外小说集》、《现代小说译丛》等。五四时期，参加新文化运动，发表《人的文学》、《平民文学》等文章，反对儒家思想，提倡以人道主义为本的人的文学，并向往于当时流行在日本的所谓"理想主义"的新村运动。1920年底参与筹组文学研究会，起草了《文学研究会宣言》，倡导为人生而艺术的现实主义文学。1921年后写了许多针砭时弊、批判封建文化的散文，文笔朴素流畅，舒徐自如，略带幽默和轻松，对"五四"以来的散文创作有较大影响。所作散文后结集为《自己的园地》、《雨天的书》、《谈龙集》、《谈虎集》等。1927年后逐渐逃避现实，提倡写作表现性灵、情趣的闲适小品文。1937年抗战爆发后，留居北平，在日本侵略者统治下的华北任北京大学图书馆馆长、北京大学文学院院长，后又任伪华北教育总署督办、南京汪精卫政府国府委员、日伪华北综合调查研究所副理事长。抗战胜利后，以汉奸罪被国民党政府逮捕，监禁在南京。1949年1月被保释出狱。新中国成立后居家从事翻译与写作，先后译了一些希腊、日本的神话故事和文学作品，并写作出版了一些有关鲁迅家庭及少年时代生活和文学创作的资料。此外，还写有《知堂回想录》等。

鲁迅与周作人，兄弟间曾有怡怡之情的。有一段时间，他们曾同在南京和日本求学，离乡背井，也算相依为命。他们曾共同创办刊物，一起翻译《域外小说集》，"协同作战"。鲁迅从日本回国后，教书供给周作人在日本学习。那时周作人已经结婚，光凭一点公费，无论如何是不够用的，所以鲁迅在《鲁迅自传》（1）上说："终于，因为我底母亲和几个别的人很希望我有经济上的帮助，我便回到中国来。"这里"几个别的人"就是指周作人夫妇。到了五四时期，他们都成为《新青年》的干将，成为新文化运动的先行者，成了让文坛刮目相看的"周氏兄弟"。他们兄弟还曾约定，一家人都住在一起，经济合并，一起孝敬年轻时就守寡的母亲，永不分离。

然而，这样一对让人羡慕的兄弟，却在1923年失和，甚至于决裂了。

鲁迅的母亲对许钦文的四妹许羡苏说过一段话："龙师父给鲁迅取了个法名——长庚，原是星名，绍兴叫'黄昏肖'。周作人叫启明，也是星名，叫'五更肖'，两星永不相见。"从此，也正如陈漱渝所比喻的"东有启明，西有长庚"，"两星永不相见"了。（2）

二

查鲁迅与周作人的日记，直到"失和"前夕，他们兄弟的感情都极为融洽。1923年7月3日，周作人还与鲁迅同至东安市场，又至东交民巷书店，又至山本照相馆，买云冈石窟佛像写真14枚，又正定本佛像写真3枚，共6元8角钱。

我们不妨闭了眼睛作一番想象，都已是成年人的两个兄弟，还像童年时那样，出双入对，这是一幅怎样的美妙影像！

可是，到了7月14日，鲁迅日记中突然出现了这样的文字："是夜始改在自室吃饭，自具一肴，此可记也。"虽然周作人的日记中无一字谈及此事，但这毕竟是失和事件的最早记录。

7月17日，周作人日记记载："阴。上午池上来诊。下午寄乔风函件，焦菊隐、王懋廷二君函。"周作人承认，这则日记原来大约还有十个字涉及他与鲁迅矛盾的内容，但被他"用剪刀剪去了原来所写的字"。（3）但"池上来诊"却颇值得注意：池上是常来八道湾看病的日本医生，周作人之妻羽太信子有癔病；据俞芳回忆，鲁太夫人曾对她说："信子患有一种很奇怪的病：每当她身体不适，情绪不好或遇到不顺心的事，就要发作，先是大哭，接着就昏厥过去。"（4）

这一天，信子是否旧病复发呢？是否因病发而导致了什么事情的发生呢？我就不得而知了。

7月19日周作人亲自送一封信给鲁迅，全文是——

鲁迅先生：我昨日才知道，——但过去的事不必再说了。我不是基督徒，却幸而尚能担受得起，也不想责难，——大家都是可怜的人间，我以前的蔷薇的梦原来都是虚幻，现在所见的或者才是真的人生。我想订正我的思想，重新入新的生活。以后请不要到后边院子里来，没有别的话。愿你安心，自重。

七月十八日，作人。

"我以前的蔷薇的梦原来都是虚幻"，这似乎是痛苦青年的词句，不像喝苦茶者周作人的言语，这是否因为冲动而难以择句？鲁迅日记中记下了这件事："上午启孟自持信来，后邀欲问之，不至。"一个事件的发生，总要听了两方面的叙说，才好下结论，做决定，鲁迅想问一问他，究竟这是为什么呢？他竟"不至"。决然可谓决然，也体现了周作人的书生意气。

8月2日，"下午携妇迁居砖塔胡同六十一号"，鲁迅日记中写道。鲁迅终于离开了兄弟朝夕相处的八道湾了。

1919年2月，鲁迅卖掉绍兴祖居老宅，将全家迁往北平。这之前，周作人见大哥忙于搬家，便向北平的学校请了几个月的假，带着太太羽太信子和孩子到日本探亲去了。搬家的一切事务自然都落到鲁迅的身上。这可以理解，在一个家庭里，父亲不在了，长兄如父。一般长子总是要承担更多的家庭责任。在兄长的荫庇下，老二老三们多少会娇惯些的。这是常情。鲁迅从找房子到买下八道湾，寻工匠整修房屋和水道，购置家具杂物等等，足足忙碌了9个月。周作人于8月间带着妻儿和小舅子羽太重久优哉游哉从日本返回北平了。那时八道湾尚未完工，鲁迅无奈，只得临时安排他们住在一家姓王的人家里，直到11月下旬才搬进八道湾。

现在，鲁迅却被扫地出门了。看着兄嫂别母而去，当年，周作人的心中是什么滋味呢？也只有他知道了。

鲁迅在砖塔胡同借住一些日子后，于1924年5月25日搬进了买定的阜成门内西三条胡同21号，即现在北京的鲁迅博物馆。

8月2日后，接着是一段沉默。有了新屋后，鲁迅来搬取放在公用书房里的书籍什器，不料周作人夫妇却大打出手。1924年6月11日《鲁迅日记》记载："……下午往八道湾宅取书及什器，比进西厢，启孟及其妻突出骂詈殴打，又以电话招重久及张凤举、徐耀辰来，其妻向之述我罪状，多秽语，凡捏造未圆处，则启孟救正之。然后取书、器而出。"对于这场武打，当时的目击者川岛后来在《弟与兄》（5）一文中回忆道：

> 这回"往八道湾宅取书及什器"，是鲁迅先生于1923年8月2日迁出后的第一次也是末一次回到旧居去。其时，我正住在八道湾宅的外院（前后共有三个院子）鲁迅先生曾经住过的房子里。就在那一日的午后我快要去上班的当儿，看见鲁迅先生来了，走进我家小院的厨房，拿起一个洋铁水杓，从水缸中舀起凉水来喝，我要请他进屋来喝茶，他就说："甭惹祸，管自己！"喝了水就独自到里院去了。过了一会，从里院传出一声周作人的骂声来，我便走到里院西厢房去。屋里西北墙角的三角架上，原放着一个尺把高的狮形铜香炉，周作人正拿起来要砸去，我把它抢下了，劝周作人回到后院的住房后，我也回到外院自己的住所来，听得信子正在打电

话，是打给张、徐二位的。是求援呢还是要他们来评理？我就说不清了。

书生气十足的周作人，竟也如此这般，与没有文化的巷井青年，并无二样，可谓斯文扫地，大煞风景！《中国的叛徒与隐士周作人》一书的作者倪墨炎在谈及此事时，曾发了一通感慨："周作人呵，你可还记得鲁迅赠你的'何事脊令偏傲我'那样的诗句？你可还记得为了支援你和信子在日本的生活，鲁迅先行回国工作？你可还记得鲁迅孤零地一人在北京工作而不断地给你和你在日本的岳母一家寄钱？你可还记得全家住进八道湾时，鲁迅让你住朝南向阳的正屋，而他自己住在大门口的朝北小屋里？你可还记得你生病时，鲁迅往来于医院，后来又风尘仆仆奔走在香山道上，而且背了一身债？……周作人，你真昏呵！"所谓"昏"，乃是鲁迅事后对周作人的评价。

何满子说："人们爱说周作人是半个叛徒半个隐士，周作人也蓄意给自己制造这样的形象。其实，此人的叛徒性格，在与兄长鲁迅反目一事上就已充分暴露了。鲁迅先生是这样的友情甚笃，以长兄为父的爱心呵护他，可谓仁至义尽，这孽畜兄弟，在兄长培护下羽毛既丰，就以谣诼之辞为由狠心叛弃了兄长。这样绝对刴己的人，自然也可以叛卖民族，他当汉奸一点也不奇怪。"（6）鲁迅的爱心呵护，周作人也许不记得了，也许记得，即使记得吧，他也不会认错的。周作人是这样一种人，一条道走到黑。他沦为汉奸，抗战胜利后南京高等法院对他的判决，他是不服的。新中国成立后，他上书周恩来，找出了种种理由为自己的汉奸行为开脱。周作人是固执的，他的思维方式是：错，自己也错得有理。

次日，周作人写了一篇《"破脚骨"》的短文，请川岛看。据川岛说，这篇文章是针对鲁迅的。在文章中，他暗示鲁迅是个"无赖子"，并做了一连串的"考证"："破脚骨官话曰无赖曰光棍，古语曰泼皮曰破落户，上海曰流氓，南京曰流尸曰青皮，日本曰歌罗支其，英国曰罗格……《英汉字典》中确将'流氓'这字释作劫掠者，盗贼等等也。"这里近乎诅咒了，足见他心中怨恨之深！

三

那么，鲁迅究竟为什么"被八道湾赶出"（鲁迅语）呢？鲁迅生前不说，周作人也不说，这已是一个永远解不开的谜了。

虽然如此，还是有一些蛛丝马迹可供参考的。归纳起来，一是鲁迅对周作人的太太羽太信子失敬问题；二是经济问题——经济问题也是与信子关联的。

许寿裳在《亡友鲁迅印象记》（7）中说："作人的妻

羽太信子是有歇斯台里性的。她对于鲁迅，外貌恭顺，内怀忮忌。作人则心地胡涂，轻信妇人之言，不加体察。我虽竭力解释开导，竟无效果。致鲁迅不得已移居外客厅而他总不觉悟；鲁迅遣工役传言来谈，他又不出来；于是鲁迅又搬出而至砖塔胡同。从此两人不和，成为参商，一变从前'兄弟怡怡'的情态。"

同为鲁迅、周作人朋友的郁达夫在《回忆鲁迅》（8）中说："据凤举他们的判断，以为他们兄弟间的不睦，完全是两人的误解，周作人氏的那位日本夫人，甚至说鲁迅对她有失敬之处。但鲁迅有时候对我说：'我对启明，总老规劝他的，教他用钱应该节省一点，我们不得不想想将来。他对于经济，总是进一个花一个的，尤其是那位夫人。'从这些地方，会合起来，大约他们反目的真因，也可以猜度到一二成了。"

当时与鲁迅、周作人双方都有密切交往的川岛曾对鲁迅博物馆的工作人员说："……事情的起因可能是，周作人老婆造谣说鲁迅调戏她。周作人老婆对我还说过：鲁迅在他们的卧室窗下听窗。这是根本不可能的事，因为窗前种满了鲜花。"（鲁迅的母亲也说过类似的话，她认为鲁迅在周作人的窗下"听窗"，是客观上不可能的事）说到鲁迅与周作人关系紧张的原因时，川岛则说："主要是经济问题。她（羽太信子）挥霍得不痛快。"（9）

关于"听窗"或"偷窥"，袁良骏先生在《"二周失和"与现代文坛》（10）一文中是这样分析的：

所谓偷看羽太洗澡（即所谓"窥浴"），实际上不太可能。周宅后院并非仅有作人夫妇，还住有二周的母亲鲁瑞和鲁迅的夫人朱安。假如说作人要每日外出上班，此婆媳二人却是很少离宅的"常驻户口"。试想，鲁迅怎有机会和可能去偷看自己的弟媳洗澡呢？再看鲁迅的为人。当时鲁迅在旧教育部任佥事，主管通俗教育、美育等事。在同事中，他被目为怪人。他一不争权夺利，二不趋炎附势，三不拉帮结伙，四不贪恋女色。人们都知道他与太太关系不好，常年独居，但逛窑子、"拉条子"的事儿他从来不干。而这种事，在当时司空见惯，不仅是旧官僚们的家常便饭，也是旧文人们的风流韵事。既然如此，鲁迅何必弃此不顾，却甘冒家庭之大不韪，去偷看什么弟媳洗澡呢？即使如某些日人所说，鲁迅当时犯有"性饥渴"，偷看洗澡又能解什么"饥渴"呢？与其这样冒险而不济事，又何不大模大样地去逛窑子、拉皮条呢？所以，"窥浴"之说根本经不起推敲，无法成立。据章川岛先生晚年对笔者讲，这是羽太故意造的谣，目的是败坏鲁迅，将鲁迅赶出八道湾。他还说，别说鲁迅根本不可能到后院看羽太洗澡，除了给母亲请安，后院他几乎不去。他一回家，就在自己屋里看书、写文章、接待朋友或青年学生。羽太这样造谣，实在太卑劣，鲁迅先生绝不是这种人。但是，作人惧内，羽太一闹，他就信了，而且不惜和恩重如山的兄长绝交，太糊涂了。

袁良骏已经分析得十分透彻，在情在理。

周海婴在《鲁迅与我七十年》中，对鲁迅的"窥探"问题，提出了自己的看法，不失为一家之言：

对于这段历史，某些鲁迅研究者的推测，是他看了一眼弟妇沐浴，才导致兄弟失和的……至于情况究竟如何，我这个小辈当然是没有发言权的。

不过，我以20世纪90年代的理念分析，却有自己的看法，这里不妨一谈。我以为，父亲与周作人在东京求学的那个年代，日本的习俗，一般家庭沐浴，男子女子进进出出，相互都不回避。即是说，我们中国传统道德观念中的所谓"男女大防"，在日本并不那么在乎。直到临近世纪末这风俗似乎还保持着，以致连我这样年龄的人也曾亲眼目睹过。那是70年代，我去日本访问，有一回上厕所，看见里面有女工在打扫，她对男士进来小解并不回避。我反倒不好意思，找到一间有门的马桶去方便。据上所述，再联系当时周氏兄弟同住一院，相互出入对方的住处原是寻常事，在这种情况之下，偶有所见什么还值得大惊小怪吗？退一步说，若父亲存心要窥视，也毋需踏在花草杂陈的"窗台外"吧？有读者也许会问，你怎可如此议论父辈的这种事？我是讲科学、讲唯物的，不想带着感情去谈论一件有关父亲名誉的事，我不为长者讳。但我倒认为据此可弄清楚他们兄弟之间"失和"的真实缘由。以上所见，也算是一家之言吧。

这里，首先可以明确的是，周氏兄弟失和乃家庭内部纠纷，而非政治、思想等方面的分歧引起的。我们以上所引文字，说话者本身都已讲明，鲁迅的所谓"失敬"是子虚乌有的，因此，无须赘言。

再一个是经济问题。倪墨炎为周氏兄弟的经济情况算了一笔账："鲁迅结婚后，并无子女。周作人结婚后，带了羽太信子回到绍兴，很快就生儿育女，同时信子还要其妹其弟也在绍兴生活。在日本的信子父母，也要周家经济上给予接济……当时周作人在绍兴中学教书，每月工资起初是 50 元，后加至 68 元……鲁迅在北京工作，月薪 300 元，尽管当时有欠薪，但也补发，每月工资 300 元的收入是不成问题的。他要向绍兴老家寄钱，还要向日本羽太家寄钱……母亲和周作人一家、周建人一家全部迁居北京后，家庭情况起了变化：一、周作人被聘为北京大学教授，又有兼职，经济收入大大增加，已不低于鲁迅；二、家政改由羽太信子主持（原来是鲁迅的母亲主持）。这两条都和后来的家庭纠纷有关……周作人在北京大学任教授，最初月薪是240元，以后加至280元。他有兼职，兼职的兼薪是220元。他的每月收入总数在500元以上。鲁迅除本薪外，也有兼职，兼薪收入数十元。兄弟两人都要留下一点买书等零花钱，然而交到信子那里总在600元以上吧……每月600多元大洋的收入，在当时不是一个小数目，如果调度得好，家庭生活可以比较富裕，还可以略有积余。可信子用钱没有计划，不会打算，月月用完，有时还入不敷出。从《鲁迅日记》可见，1920年5月周沛患肺炎，住医院治疗两月多，鲁迅向人借钱400余元；1921年3月周作人患病住院后至香山疗养，鲁迅借债700元。鲁迅常常还老债，再借新债。这种债务，已成了鲁迅沉重的负担。"（11）

许广平在《鲁迅回忆录·所谓兄弟》（12）中谈到周作人的事："有时茶余饭后，鲁迅曾经感叹过自己的遭遇。他很凄凉地描绘了他的心情，说：'我总以为不计较自己，总该家庭和睦了罢，在八道湾的时候，我的薪水，全行交给二太太（周作人之妇，日本人，名叫信子），连周作人在内，每月约有600余元，然而大小病都要请日本医生来，过日子又不节约，所以总是不够用，要四处向朋友借，有时借到手连忙持回家，就看见医生的汽车从家里开出来了。我就想：我用黄包车运来，怎敌得过用汽车带走呢？'据鲁迅说，那时周作人他们一有钱往日本商店去买东西，不管是否急需，食的、用的、玩的，从腌萝卜到玩具都买一大批，所以过不了几天钱就光了。花光之后，就来诉说没有钱用了，这又得鲁迅去借债。"

在这样的情况下，鲁迅难免有一些注意节俭的话，而信子对鲁迅的劝说就很反感。长久积累，积怨日深，不过是寻找个偶然的事件爆发出来。这个偶然的什么事件呢？我们搞不清楚。

关于经济问题，周海婴在《鲁迅与我七十年》一书中也有记载：

> 没想到八道湾从此成为羽太信子称王享乐的一统天下。在生活上，她摆阔气讲排场，花钱如流水，毫无计划。饭菜不合口味，就撤回厨房重做。她才生了两个子女，全家雇用的男女仆人少说也有六七个，还不算接送孩子上学的黄包车夫。孩子偶有伤风感冒，马上要请日本医生出诊。日常用品自然都得买日本货。由于当时北平日本侨民很多，有日本人开的店铺，市场上也日货充斥，应该说想要什么有什么。但她仍不满意，常常托亲戚朋友在日本买了捎来。因为在羽太信子眼里，日本的任何东西都比中国货要好。总之，钱的来源她不管，只图花钱舒服痛快。对此，周作人至少是默许的。他要的

只是饭来张口衣来伸手，还有"苦雨斋"里书桌的平静，别的一概不问不闻。当然他对信子本来也不敢说个"不"字。苦的只是父亲，因为他的经济负担更重了。

但这一切仍不能让羽太信子称心满意。她的真正目标是八道湾里只能容留她自己的一家人。就这样，在建人叔叔被赶走10个月后，她向父亲下手了。也不知道她在枕边向周作人吹了什么耳边风，在父亲身上泼了什么污水毒涎——对此别人永远是不可能知道的……可见羽太信子这一口咬得多么毒！就这样，父亲也被周作人夫妇逐出了八道湾。祖母受不了这冷酷的环境，也从此住到了长子的新家。八道湾这所大宅终于称心如愿，为周作人夫妇所独占，成了羽太信子的一统天下。拿祖母的话说："八道湾只有一个中国人了。"

鲁迅被赶出八道湾以后，即大病一场，前后达一个半月之久。鲁迅对失和一事，每有触及，即引起揪心的苦痛与难忍的愤怒。一时间，"眷意与决绝，爱抚与复仇，养育与歼除，祝福与咒诅"（13）交织于心。鲁迅认定自己是被日本女人赶出来的，因此他对信子甚至有了愤恨之心。这从鲁迅取笔名"宴之敖"，亦可看出。鲁迅对许广平说："宴从宀（家），从日，从女；敖从出，从放（《说文》作赘，游也，从出放）；我是被家里的日本女人逐出的。"（14）袁良骏甚至认为，

"二周失和"是导致鲁迅早逝的重要原因之一。他说："它促成了鲁迅的早逝。失和对鲁迅的精神打击是巨大的，这是鲁迅的一大块心病，不仅导致了他迁居后的一场大病，而且影响其终生。鲁迅最终死于肺病，而肺病最怕的就是累和气。和周扬等'四条汉子'生气是外在的，兄弟失和才是更要害、更根本的。"（15）对我们一生影响最大的人是谁？在过去的研究中，研究人员锁定过许多目标。首先是我们的父母、特别是母亲；然后是基因；接下来是我们的配偶——他或她出现的最晚，但对我们影响最大。但是最新的研究表明，这种影响我们一生的神秘力量正是来自我们的兄弟姐妹。在我们的一生中，配偶出现得相对较晚，父母最终会离开我们，兄弟姐妹可能是唯一称得上是我们终生伙伴的人。理解了这一点，也就理解了袁良骏话的意义。周作人对鲁迅的伤害是多么大！

四

有人认为，周氏兄弟分手后，各奔前程，都缄口不言，彼此不说一声对方的"坏话"。其实不是这样的，之所以会有这样的看法，是因为他们彼此相"骂"的时候，都没有点出对方的名字而已。

王元化在《鲁迅与周作人》（16）一文中指出："鲁迅

晚年有些文章是以周作人为对象的。据我浅见，鲁迅的《喝茶》就是和周作人的《苦茶随笔》针锋相对的。这篇文章十分精辟地勾勒出在大动荡时代以周作人为代表的那种回避现实，不敢使自己的灵魂粗糙起来，却又变得具有病态的敏感、细腻，以致不能经受时代风暴考验的懦怯性格。再如，鲁迅在《'题未定'草》第九篇中引张岱《琅嬛文集》述明末东林党和非东林党中的君子与小人一段所发的议论，也是驳斥周作人的。两人同引这段话，却做出了截然不同的相反结论。这些地方都未有只字提及周作人，只有读了周作人文集后，进行比较，才可见端倪。鲁迅和周作人的分歧代表同一时代两种思潮的斗争。"王元化道出了一种客观存在的事实。

龚明德写了一篇文章，题目是：《〈中年〉"讥讽"鲁迅》。（17）经他考证，周作人的《中年》（18）一文是针对鲁迅的。周作人《中年》一刊布，文人和作家圈内便风传弟又在"讥讽"长兄。周楞伽以"郁风白"的笔名在他本人用"危月燕"之化名主编的 1943 年 5 月 1 日出刊的《万岁》第 2 卷第 1 期发表的《文坛沧桑录》便有一节题为《鲁迅与周作人》，文中提及"《中年》风波"："鲁迅与周作人弟兄之间，有一段野话，说是不甚和睦。捕风捉影谈起来，鲁迅娶许广平，周作人不大赞成。曾写过一篇短文叫《中年》，略有讥讽语句。未知可靠否？"

细读《中年》，应该肯定周楞伽当年的追记是可靠的。

《中年》有两段话，是相当明显地在说鲁迅，而且不是泛论，是特指，即点出大家都知道的鲁迅某些不会被误为他人的"特色"。

第一段话是："中年以来重新来秋冬行春令，大讲恋爱等等，这样地跟着青年跑，或者可以免于落伍之讥，实在犹如将昼作夜，'拽直照原'，只落得不见日光而见月亮，未始没有好些危险。"接下去不远处，周作人果断地说"恋爱则在中年以前应该毕业"。

读了抄录的这一段，尤其是提到"见月亮"，稍熟周氏兄弟中"大哥"的私生活的，都知道是在"讥讽"鲁迅。因为鲁迅与许广平在恋爱中，鲁迅与他自己臆定的情敌高长虹有过著名的"月亮"之争，双方都有文字留在史页上。至于"跟着青年跑"也可坐实。

第二段明显讥讽鲁迅的文字是："普通男女私情我们可以不管，但如见一个社会栋梁高谈女权或社会改革，却照例纳妾等等，那有无产首领浸在高贵的温泉里命令大众冲锋，未免可笑，觉得这动物有点变质了。我想文明社会上道德的管束应该很宽，但应该要求诚实，言行不一致是一种大欺诈，大家应该留心不要上当。"

前面一段可以纯私生活视之，这一段就有些与现实政治运动相关了。周氏兄弟虽互相不往来，但彼此都关注对方的行止。周作人在北京，对已定居上海的鲁迅也了如指掌。仅以这年 3 月鲁迅的活动来说，1 日发表《习惯与改革》等文章，2 日出席左联成立大会并讲演，9 日往中华艺大讲演《革命文学》，13 日参加中国自由运动大同盟组织的活动……这些，大小报上都有消息，周作人都看得到，更有周作人友朋学生的通风报信。这就成了刺激周作人写《中年》的动力。

20 世纪 30 年代，以周作人为始作俑者、林语堂为积极鼓吹者的"性灵小品"、"晚明小品"，似乎形成了一股风气，引起了文坛上关于小品文的讨论。1934 年、1935 年间关于"论语派"的论争，从表面上看，公开与鲁迅论争的是林语堂，但熟悉文坛情况的人都知道，"论语派"的真正灵魂，却是周作人。鲁迅不少文章是针对周作人的，有人却张冠李戴，全部算到林语堂等人的账上。

林语堂鼓吹的"以自我为中心，以闲适为笔调"的"性灵"文字，"半文半白"的语录体，其理论基础是周作人奠定的。正当周作人、林语堂倡导的小品文最热闹的时候，鲁迅最早提出了"小品文的危机"的警告。鲁迅指出：五四运动的时候，散文小品的成功，几乎在小说戏曲和诗歌之上。这之中，自然含着挣扎和战斗，也带一点幽默和雍容，写法也有漂亮和缜密的，这都显示了新文学的实绩。"以后的路，本来明明是分明的挣扎和战斗，因为这原是萌芽于'文学革命'以至'思想革命'的。"五四时期，在文学革命中提出必须"思想革命"的就是周作人，他还专门写过一篇文章，题目就叫《思想革命》。鲁迅在这里点了一下，并非是无意的。曾经鼓吹"思想革命"的人，现在却提倡"性灵小品"，要让散文小品成为供雅人摩挲的"小摆设"，要使青年摩挲了这"小摆设"，"由粗暴变为风雅"。鲁迅尖锐地指出他们是"在风沙扑面，狼虎成群的时候"，"靠着低诉或微吟，将粗犷的人心，磨得渐渐的平滑"。鲁迅还说："麻醉性的作品，是将与麻醉者和被麻醉者同归于尽的。生存的小品文，必须是匕首，是投枪，能和读者一同杀出一条生存的血路的东西；但自然，它也能给人愉快和休息，然而这并不是'小摆设'，更不是抚慰和麻痹，它给人的愉快和休息是休养，是劳作和战斗之前的准备。"（19）

周作人对鲁迅的批评、分析并不服气，在1935年3月发表的《关于写文章》一文，针对鲁迅的"小摆设"说："那一种不积极而无益于社会者都是'小摆设'，其有用的呢，没有名字不好叫，我想或者称作'祭器'罢。祭器放在祭坛上，在与祭者看去实在是颇庄严的，不过其祝或诅的功效是别一问题外，祭器这东西到底还是一种摆设，只是大一点罢了。"他又说："我不想写祭器文学，因为不相信文章是有用的，但是总有愤慨，做文章说话知道不是画符念咒，会有一个霹雳打死妖怪的结果，不过说说也好，聊以出口闷气。"他端出了"大摆设"，也算是对"小摆设"的反击了。关于文章的"无用"，鲁迅似乎亦有同感，他有一名言："一首诗吓

不走孙传芳，一炮就把孙传芳轰走了。"（20）

此外，周作人还在一些文章中曲曲折折地攻击鲁迅。1935 年 2 月发表的《阿 Q 的旧帐》一文，把鲁迅的"转变"，说成是屈服。1935 年 4 月，在《蛙的教训》一文中借题发挥，说"其实叫老年跟了青年跑是一件不聪明的事"，又说："有些本来能写写小说戏曲的，当初不要名利所以可以自由说话，后来把握住了一种主义，文艺的理论与政策弄得头头是道了，创作便永远再也写不出来。"与当时有人攻击鲁迅只写杂文，不会创作了的观点相呼应。在 1936 年 9 月即鲁迅逝世前一个月发表的《老人的胡闹》中，如许广平所说，更是含沙射影地攻击鲁迅：有的老人，"往往名位既尊，患得患失，遇有新兴占势力的意见，不问新旧左右，辄靡然从之，此正病在私欲深，世味浓，贪恋前途之故也"。又说："老人的胡闹并不一定是在守旧，实在却是在维新。盖老不安分重在投机趋时，不管所拥戴的是新旧左右，若只因其新兴有势力而拥戴之，则等是投机趋时，一样的可笑。"（21）

以上，他们都不点名，你知我知，也算是不争论的争论吧。

鲁迅在《"京派"与"海派"》（22）一文中说道："北京学界，前此固亦有其光荣，这就是五四运动的策动。现在虽然还有历史上的光辉，但当时的战士，却'功成，名遂，身退'者有之，'身隐'者有之，'身升'者更有之，好好的一场恶斗，几乎令人有'若要官，杀人放火受招安'之感。"

周作人大约是属"身退"这一类的吧，他丢掉了五四时期的光荣，热衷于"晚明小品"，于苦雨斋中吃苦茶。

<h1 style="text-align:center">五</h1>

鲁迅、周作人分手后，一般说来，没有一致的行动了，车走车路，马走马道。但有一件难得地例外，即在"女师大风潮"中，他们虽不往来，行动是一致的，都是站在反对章士钊、杨荫榆的进步学生一边。1925 年 5 月 27 日《京报》上七教授《对于北京女子师范大学风潮宣言》，鲁迅和周作人都签了名。如果不是为了女师大学生运动，他们两人肯定不会一起开会和在同一宣言中签名的。

分手以后，也不能说鲁迅就没有牵挂周作人了，毕竟是骨肉兄弟。1927 年 10 月间，鲁迅刚从广州到上海不久，听到《语丝》在北京为张作霖政府所封禁，作者皆暂避的消息后，于 11 月 7 日在给川岛的信中说："……周启明盖在日本医院欤……他之在北，自不如来南之安全，但我于此事，殊不敢赞一辞，因我觉八道湾天威莫测，正不下于张作霖……"（23）已经分手多年，遇有风吹草动，仍然萦回于怀。倘若周作人迷途知返，消释误会，重修旧好，渡尽劫波，笑泯恩仇，那该多好！

周作人对鲁迅是绝情的，而鲁迅对周作人，从某种意义上说，还藕断丝连。现在有史料表明，鲁迅晚年仍然关心周作人，并对他有着客观的评价。

按照中国传统的计岁法，癸酉十二月初一，即公元 1934 年 1 月 15 日，是周作人的五十寿辰。这天他设家宴五席，招待前来祝贺的亲友。周作人用来自寿的，无非是舞文弄墨。早在 1 月 13 日，他就作了一首七律，15 日，又用原韵写一首：

前世出家今在家，不将袍子换袈裟。
街头终日听谈鬼，窗下通年学画蛇。
老去无端玩骨董，闲来随分种烟麻。
旁人若问其中意，且到寒斋吃苦茶。

半是儒家半释家，光头更不着袈裟。
中年意趣窗前草，外道生涯洞里蛇。
徒羡低头咬大蒜，未妨拍桌拾芝麻。
谈狐说鬼寻常事，只欠工夫吃讲茶。

周作人把两首诗，手写多份，赠送亲朋好友。其中也送了一份给林语堂，这位善于编刊物的幽默大师，立即把它抄送老朋友们，并索和。接着，他把周作人的两首诗题为《五秩寿诗》，和收到的第一批唱和诗，以手迹制成锌版，刊载在 1934 年 4 月 5 日出版的《人间世》创刊号上。前后唱和的有林语堂、刘半农、沈尹默、钱玄同、胡适，连平日不写诗的蔡元培也诗兴大发，从外地寄来了三首和诗。

周作人的两首自寿诗，引来众多的相互吹捧或自我吹嘘的和诗，骚动了文坛，也引来了左翼青年的不满和痛骂。当年廖沫沙、胡风等人都作诗作文，对其进行批评，指出他们的肉麻，以及周作人心中"古老的幽灵"的复活。

客观地说，周作人的自寿诗，有消沉的一面，也有无奈与沉痛。周作人的消沉也是因为对现实的不满而造成的。在一片唱和与痛骂声中，鲁迅在这年 4 月 30 日致曹聚仁的私下通信中，却给予中肯的分析。鲁迅说："周作人自寿诗，诚有讽世之意，然此种微辞，已为今之青年所不憭，群公相和，则多近于肉麻，于是火上添油，遂成众矢之的，而不作此等攻击文字，此外近日亦无可言。此亦'古已有之'，文人美女，必负亡国之责，近似亦有人觉国之将亡，已在卸责于清流或舆论矣。" 5 月 6 日，在给杨霁云的信中又说："至于周作人之诗，其实还是藏些对于现状的不平的，但太隐晦，已为一般读者所不憭，加以吹播太过，附和不完，致使大家觉得讨厌了。"因为兄弟失和，鲁迅并未公开表示以上意见。20 多年后，周作人在《知堂回想录》中，提到了鲁迅的批评一事："对于我那不成东西的两首歪诗，他却能公平的予以独自的判断，特别是在我们'失和'十年之后，批评态度还是一贯……鲁迅平日主张'以眼还眼，以牙还牙'，不会对任何人有什么情面，所以他这种态度是十分难得也是很可佩服的。"

鲁迅最后一次谈到周作人，是回答斯诺的谈话。斯诺问："你认为中国最优秀的杂文家有哪些？"鲁迅在列的名单中第一位就是周作人。令人遗憾的是，周作人至死也不曾看到鲁迅的这一评价，因为，《鲁迅同斯诺谈访整理稿》直到1987年才由安危翻译，发表在当年第3期的《新文学史料》上。

此外，周建人给周作人的信中，也转达了鲁迅在生命的最后日子里，关于周作人的一些谈话：

> 有一天说看到一日本记者（？）登一篇他的谈话，内有"我的兄弟是猪"一语，其实并没有说这话，不知记者如何记错的云云。又说到关于救国宣言这一类的事情，谓连钱玄同、顾颉刚一般人都具名，而找不到你的名字，他的意见，以为遇到此等重大题目时，亦不可过于退后云云。有一回说及你曾送×××之子（即李大钊之子李葆华——作者）赴日本之事，他谓此时别人并不肯管，而你却要掩护他，可见是有同情的，但有些作者，批评过于苛刻，责难过甚，反使人陷于消极，他亦极不赞成此种过甚的责难云云。又谓你的意见，比之于俞平伯等甚高明[他好像又引你讲文天祥（？）一段文章为例]。有许多地方，革命青年也大可采用，有些人把他

一笔抹煞，也是不应该的云云。但对于你前次赴日本有
一次对日本作家关于他的谈话则不以为然。总起来说，
他离开北平以后，他对于你并没有什么坏的批评，偶然
谈起，便说明几句。（24）

周建人后来在《鲁迅先生对于科学》一文中还回忆，鲁
迅在病危、热度很高的时候，还在看周作人的著作。（25）
令人深长思之的是，1966 年 7 月，周作人病重之际，也在阅
读鲁迅的著作。

六

1936 年 10 月 19 日鲁迅病逝。周作人、周建人作为家属，
都是治丧委员会的成员。鲁迅逝世当天，周作人接受《大晚报》
记者采访，发表了如下谈话：

关于家兄最近在上海的情形，我是不大清楚的，因
为我们平常没有事，是很少通信的。虽然他在上海患着
肺病，可是前些天，他曾来过一封信，说是现在已经好
了，大家便都放下心去。不料今天早晨接到舍弟建人的
电报，才知道已经逝世。说起他这肺病来，本来在十年前，
就已经隐伏着了，医生劝他少生气，多静养，可是他的

个性偏偏很强，往往因为一点小事，就和人家冲突起来，动不动就生气，静养更是没有那回事，所以病就一天一天的加重起来，不料到了今天，已经不能挽救。

说到他的思想方面，最起初可以说是受了尼采的影响很深，就是树立个人主义，希望超人的实现。可是最近又有点转到虚无主义上去了，因此，他对一切事，仿佛都很悲观，譬如我们看他的《阿Q正传》，里面对于各种人物的描写，固是深刻极了，可是对于中国人的前途，却看得一点希望都没有。实在说起来，他在观察事物上，是非常透彻的，所以描写起来也就格外深刻。

在文学方面，他对于旧的东西，很用过一番功夫，例如：古代各种砖文的搜集，古代小说的考证等，都做得相当可观，可惜，后来都没有出版，恐怕那些材料，现在也都散失了。有人批评他说：他的长处是在整理这一方面，我以为这话是不错的。

他的个性不但很强，而且多疑，旁人说一句话，他总要想一想这话对于他是不是有利的地方。这次在上海住的地方也很秘密，除去舍弟建人和内山书店的人知道以外，其余的人都很难找到。家母几次让他到北平来，但他总不肯，他认为上海的环境是很适宜的，不愿意再到旁的地方去。

至于他身后的一切事，就由舍弟建人就近办理了，本来家嫂是要去的，可是因为家母还需要陪伴，暂时恐怕也不能成行，舍间什么时候替他开吊，要等舍弟建人来信以后才能决定的。

这里，关于鲁迅的思想、个性、一生的成就是在于整理还是创作等问题，姑且略去不谈。然而，提到"家嫂"一事，我们似乎可见他心怀恶意，至少也是不够厚道之举——周作人对鲁迅与朱安不幸的名义婚姻，是深知的。他是新文化运动的启蒙者之一，对鲁迅与许广平的爱情，应该可以用平常心视之。在鲁迅死后的谈话中有意带出一句"家嫂"，结合上文提到的《中年》问题，亦可见他不够地道。

此外，周作人还作为家属，出席北京大学鲁迅追悼会，并致答词。会上表情"沉痛"，有的报纸还说"周作人含泪谈鲁迅"。他的答词，表达了他两难的处境，"居于家属地位，略一赞词，将为人冷笑；加以抑制，又易招人反感，故甚困难"云云。不过，尽管有此为难，他还是在《宇宙报》上发表了《关于鲁迅》、《关于鲁迅之二》两篇文章，回忆了一些只有周作人才知道的关于鲁迅的情况，颇有史料价值。周作人对于写鲁迅的文章态度是节制的，尽管约稿很多，他仅写了两篇，并说："一个人的平淡无奇的事实本是传记中的最好的资料，但唯一的条件是要大家把他当作'人'去看，不是当着'神'——即是偶像或傀儡，这才有点用处。"（26）

应该说，周作人对鲁迅是有独到的评价的，他从不人云亦云。他认为鲁迅"上期重在辑录研究，下期重在创作，可是精神还是一贯，用旧话来说可云不求闻达。鲁迅向来勤苦作事，为他人所不及"。又说，鲁迅"但求自由的想或写，不要学者文人的名，自然也更不为利，《新青年》是无报酬的，晨报副刊多不过一字一二厘罢了"。（27）同时，周作人又认为鲁迅"在书本里得来的知识上面，又加上亲自从社会里得来的经验，结果便造成一种只有苦痛与黑暗的人生观，让他无条件（除艺术感觉外）的发现出来，就是那些作品"。鲁迅的作品中"到处是愚与恶，而愚与恶又复加厉害到可笑的程度"。（28）鲁迅自己也曾说过，他的作品有"鬼气"，有着"安特莱夫（L·Andreev）式的阴冷"，"心情太颓唐了"等等。到底是不是周作人比较知道鲁迅的心境与作品呢？是不是周作人只知道了鲁迅的某一个侧面呢？读者心中当然自有判断的。

七

新中国成立后，周作人并不顾忌自己的身份和所处的环境，在《知堂回想录》中，仍然对竖在上海的高高在上的鲁迅铜像，感到滑稽可笑。

据说，周作人追求一种平淡的境界，他愿意以平常之心看世界，所以一切都是平常的。尤其他与鲁迅是同胞兄弟，他眼里更多的是平常的鲁迅，这似乎也可以理解。鲁迅死了几十年，远了，更远了，这期间，随着人们对他的理解的加深，鲁迅的形象大了，更大了，鲁迅的伟大已经不成问题。可是，鲁迅在周作人心中的形象是不变的。他是鲁迅的兄弟，所以总是以家人的眼光看鲁迅，这是一方面；另一方面，他总是以他的"平淡"看鲁迅。

周作人在 20 世纪 60 年代初期给香港鲍耀明的信中，对鲁迅的塑像，谈了他的看法："现在人人捧鲁迅，在上海墓上新立造像，——我只在照相上看见，是在高高的台上，一人坐椅上，虽是尊崇他，其实也是在挖苦他的一个讽刺画，即是他生前所谓思想的权威的纸糊高冠是也，恐九泉有知不免要苦笑的吧。要恭维人不过火，即不至于献丑。"（29）周作人在给曹聚仁的信中，亦有类似的观点。他对曹聚仁写的《鲁迅评传》评价很好。"《鲁迅评传》现在重读一过，觉得很有兴味，与一般的单调者不同，其中特见尤为不少，以谈文艺观及政治观为尤佳，云其意见根本是虚无的（周作人老早就有'鲁迅是虚无主义者'的观点，故引以为知己。——作者）正是十分正确。因为尊著不当他是'神'看待，所以能够如此。死后随人摆布，说是纪念其实有些实是戏弄。我从照片看见上海的坟头所设塑像，那实在可以算作最大的侮辱，高坐在椅上的人岂非即是头戴纸冠之形象乎？假使陈西滢辈画这样一张相，作为讽刺，很适当了。"

对《鲁迅评传》，周作人的"私"见是：

> 世无圣人，所以人总难免有缺点。鲁迅写文态度本是严肃、紧张，有时戏剧性的，所说不免有小说化之处，即是失实——多有歌德自传"诗与真实"中之诗的成分。……
>
> 《彷徨》中有一篇《伤逝》，作意不易明了，说是借了失恋说人生固然也可以。我因了所说背景是会馆这一"孤证"，猜想是在伤悼弟兄的丧失，这猜想基础不固，在《小说里的人物》中未敢提出，但对先生私下不妨一说，不知尊见以为有一、二分可取否？（30）

上海的鲁迅塑像也不怎么高，从美学的角度看，正好。周作人的意思是太高了，有点儿神化鲁迅。而不神化鲁迅，正是周作人非议鲁迅雕塑的理由。可是，鲁迅是伟人，是不是搞了伟人的雕塑就是神化了伟人呢？伟人雕塑既是对伟人一生成就的肯定，也是一个民族的精神物化。伟人雕塑还是现代城市的一种装饰、一个景观。世界各国都有自己的伟人雕塑，丹麦有安徒生的，英国有莎士比亚的。俄国就更多了，有普希金的，托尔斯泰的，还有高尔基的，等等。他们一律高高在上。我们不妨想象一下，上海的鲁迅雕塑如果没有基座,如果不把鲁迅抬高,如果就放在地上,那雕塑还叫雕塑吗?

鲁迅是近现代史上的伟大人物,他还是中国现代最伟大的文学家。这样一个伟大的人物,在他的坟上竖立一座雕塑,有什么可值得非议的?早在 1945 年 10 月 19 日郭沫若就在重庆《新华日报》发表了一篇叫《我建议》的文章,他建议在"北平,上海,广州,杭州,厦门"这些鲁迅工作、生活过的地方,"应该多多塑造鲁迅像",而且,"……自然以铜像为最好"。不仅如此,郭沫若还建议设立鲁迅博物馆。凡是关于鲁迅的资料,他的生活历史,日常生活状态,读的书,著的书,原稿、译稿、笔记、日记、书简、照片,等等,还有关于他的研究,无论本国的或外国的,都专门汇集起来,分门别类地陈列,让研究鲁迅者,让景仰鲁迅的人民大众得以瞻仰。郭沫若认为这博物馆可建立于上海、北平、广州。资料可以分别陈列,不能分割的可用照片。馆长应由许广平担任。郭沫若还举例说:"苏联的大作家,大抵都有在他的名义下的博物馆,例如托尔斯泰的博物馆,馆长是他的孙女;玛雅可夫斯基博物馆,馆长是他的母亲;奥斯特罗夫斯基博物馆,馆长是他的夫人。"此外,郭沫若还建议把杭州的西湖改名为"鲁迅湖",把北平的西山称为"鲁迅山",他的根据是莫斯科有高尔基路、普希金广场。郭沫若的以上建议,有的已经实行,有的当然也只是表达了郭沫若的感情。

郁达夫说:"没有伟大的人物出现的民族,是世界上最可怜的生物之群；有了伟大的人物，而不知拥护，爱戴，崇仰的国家，是没有希望的奴隶之邦。因鲁迅一死，使人们自觉出了民族的尚可以有为，也因鲁迅之一死，使人家看出了中国还是奴隶性很浓厚的半绝望的国家。"（31）一个国家，一个民族，都有自己的伟人，为自己的伟人树碑立传，世界皆然。中国人为鲁迅竖立了雕像，怎么注定就是神化鲁迅呢？死后的鲁迅怎么就是"随人摆布"和"戏弄"呢？至于"最大的侮辱"，更是从何谈起！周作人说："世无圣人，所以人总难免有缺点。"有缺点的伟人也终究是伟人，我们总不能以任何人都有"缺点"为名，从而否认了伟人的存在吧！

我觉得，周作人与其是在否认鲁迅的高大，不如说是在自我表现，表现他的"平淡之心"。他淡化鲁迅的伟大正可以凸现他的平淡。不过，如果所谓平淡要靠刻意地表现，这平淡的外表，不是裹着不平淡的心吗？很不平淡，却又要表现得十分平淡，这是对自我的一种折磨。

我是不相信周作人的平淡的，至少他在某些方面是不平淡的。他若真是平淡，真是满足于过书斋生活，胡适等人催促他南下，他应该是可以成行的。他拒绝的理由是为家所累。当年，他已经是新文化运动的名人，哪里安不下他的一张书桌呢？哪里安不下他只求平淡度日的家？他倘若真是平淡，既可以不当国民政府的官，更可以不当日本占领者的官。基于以上理解，我觉得，他的戴着平淡眼镜看鲁迅，虽然是他自我表现的一种，但客观上不也是对鲁迅的攻击吗？

周作人说："鲁迅写文态度本是严肃、紧张，有时戏剧性的，所说不免有小说化之处，即是失实——多有歌德自传'诗与真实'中之诗的成分。"他认为鲁迅作文有诗意想象，有虚构，因而有不真实的地方。这有什么奇怪的呢？没有想象和虚构，还有文章吗？

周作人关于鲁迅的文章有不真实之处的议论，是由来已久的。在《知堂回想录》中，周作人对父亲之死的回忆是与鲁迅不同的。我们先看看鲁迅在《父亲的死》中记叙他父亲死前的情况：

> 早晨，住在一门里的衍太太进来了。……
>
> "叫呀，你父亲要断气了。快叫呀！"衍太太说。
>
> "父亲！父亲！"我就叫起来。
>
> "大声！他听不见。还不快叫？！"
>
> "父亲！！！父亲！！！"他已经平静下去的脸，忽然紧张了，将眼微微一睁，仿佛有一些苦痛……
>
> "什么呢？……不要嚷。……不……"他低低地说，又较急地喘着气，好一会，这才复了原状，平静下去了。
>
> "父亲！！！"我还叫他，一直到他咽了气。
>
> 我现在还听到那时的自己的这声音，每听到，就觉得这却是我对于父亲的最大的错处。

周作人《父亲的病》则是这样写的：

> ……未几即入于弥留状态，是时照例有临终前的一套不必要的仪式，如给病人换衣服，烧了经卷把纸灰给他拿着之类，临了也叫了两声，听见他不答应，大家就哭起来了。这里所说都是平凡的事实……没有"衍太太"的登场……因为这是习俗的限制，民间俗言，凡是"送终"的人到"转熬"当夜必须到场，因此凡人临终的时节，只是限于平辈以及后辈的亲人，上辈的人决没有在场的。"衍太太"于伯宜公是同曾祖的叔母，况且又在夜间，自然更无特地光临的道理，《朝花夕拾》里请她出台，鼓励作者大声叫唤，使得病人不得安稳，无非想当她做小说里的恶人，写出她阴险的行为来罢了。

鲁迅以小说的手法写散文，反过来是否可以这样说，散文也可以像小说那样虚构？比如，鲁迅就把以后在《琐记》里扮演角色的衍太太抓来为他父亲送终了。也许读者要说，长辈不能为晚辈送终，这是很多地方都有的风俗，衍太太来送终，这不是不真实了吗？可是，鲁迅并没有写衍太太是他父亲的长辈呀！衍太太的辈分和年龄都是模糊的。衍太太是鲁迅作品中的艺术形象，而不仅仅是"于伯宜公是同曾祖的叔母"。这样一想，就无所谓"不真实"的问题了。事实上，在真实的基础上作适当的虚构，是散文和其他艺术形式的共同点之一，甚至可以说也是散文自身的要素之一。

　　周作人落入了"实"的误区，这种误区为他所独有。如果一切小说散文都像他这样去"查实"、"落实"，那不是小说、散文，而是传记文学或是报告文学。这是小说和散文的消亡。如果像周作人这样一切都要坐实，那绝对是进入了文学研究的歧途。《伤逝》怎么会是什么"伤悼弟兄的丧失"呢？这明明是一男一女的故事嘛。离开了小说本身对小说素材的来源作一些考证，也不是说就不行了，但得承认小说首先是小说本身，就好像一个人的行为做派可以从他爹娘身上找到一点性格遗传方面的原因，但首先要面对的是他自己这一客观存在。不过，话说回来，周作人的思路也有其可以理解的地方，他是鲁迅的弟弟，因而，他对鲁迅的故乡生活、鲁迅的私人生活特别熟悉，他自然而然地就朝他所特有的积累所在去挖掘了。

注释

　　（1）《鲁迅全集·集外集拾遗补编》。

　　（2）陈漱渝：《东有启明，西有长庚》，《鲁迅研究动态》1985 年第 5 期。

（3）《苦茶》，《周作人回想录（第三卷）.不辩解说（下）》，敦煌文艺出版社 1995 年 3 月版。

（4）俞芳：《我所知道的芳子》，《鲁迅研究动态》1987 年第 7 期。

（5）（23）川岛：《和鲁迅相处的日子》，四川人民出版社 1979 年 9 月版。

（6）何满子：《反"好汉奸论"说周作人》，《光明日报》2002 年 9 月 18 日。

（7）人民文学出版社 1953 年 6 月版。

（8）《鲁迅回忆录》，北京出版社 1999 年 1 月版。

（9）转引自陈漱渝：《东有启明，西有长庚》，《鲁迅研究动态》1985 年第 5 期。

（10）《鲁迅研究月刊》1998 年第 4 期。

（11）倪墨炎：《中国的叛徒与隐士周作人》，上海文艺出版社 1990 年版。

（12）《许广平文集》，江苏文艺出版社 1998 年 1 月版。

（13）《鲁迅全集·野草·颓败线的颤动》。

（14）许广平：《略谈鲁迅先生的笔名》，见文物出版社《鲁迅研究资料》三。

（15）袁良骏：《"二周失和"与现代文坛》，《鲁迅研究月刊》1998 年第 4 期。

（16）王元化：《思辨随笔》，上海文艺出版社 1994 年

10 月版。

（17）龚明德：《昨日书香》，东南大学出版社 2002 年 5 月版。

（18）周作人：《看云集》，岳麓书社 1988 年 9 月版。

（19）《鲁迅全集·南腔北调集·小品文的危机》。

（20）《鲁迅全集·而已集·革命时代的文学》。

（21）（26）（27）（28）周作人：《瓜豆集》，岳麓书社 1989 年 10 月版。

（22）《鲁迅全集·花边文学》。

（23）《鲁迅全集（十二卷）》。

（24）原信载《鲁迅研究资料》第 12 期。

（25）《鲁迅研究》，上海生活出版社 1937 年 7 月版。

（29）《周·曹通信集》，香港南天书业公司 1973 年 8 月版。

（30）转引自李惠贞的《台港文学界对鲁迅的部分评论》，《鲁迅研究年刊：1980》，陕西人民出版社出版。

（31）《大先生鲁迅》，四川文艺出版社，1977 年版。

相得复疏离，仍是老朋友
——鲁迅与林语堂

一

　　林语堂（1895—1976），原名林和乐、林玉堂，笔名毛驴、宰我、萨天师等。福建漳州龙溪人。1916 年毕业于上海圣约翰大学，曾在清华大学任教。1919 年赴美国哈佛大学留学，后转赴德国莱比锡大学研究语言学，获哲学博士学位。1922 年回国，任北京大学英文教授。曾参加鲁迅支持的"语丝社"，为《语丝》杂志撰稿人之一。1926 年 8 月赴厦门大学任文科主任兼国学研究院秘书。1931 年参加中国民权保障同盟。1932 年起先后创办《论语》、《人间世》、《宇宙风》等刊物，提倡"闲适幽默"的小品文，成为"论语派"代表人物。1936年去美国执教，并继续从事创作。1966年至台湾。病逝于香港。有《剪拂集》、《苏东坡传》、《京华烟云》等数十部著作行世。

鲁迅和林语堂，曾经是朋友，有了争论，因而在某一时期疏离，甚至绝交，但后来又重修旧好。即使到了最后，彼此都持理性态度，以朋友视之。林语堂说："鲁迅与我相得者二次，疏离者二次，其即其离，皆出自然，非吾于鲁迅有轩轾于其间也……大凡以所见相左相同，而为离合之迹，绝无私人意气存焉……《人间世》出，左派不谅吾之文学见解，吾亦不肯牺牲吾之见解以阿附初闻鸡叫自为得道之左派，鲁迅不乐，我亦无可如何。鲁迅诚老而愈辣，而吾则向慕儒家之明性达理，鲁迅党见愈深，我愈不知党见为何物，宜其刺刺不相入也。"（1）

1934年8月13日鲁迅致曹聚仁的信中说：

> 语堂是我的老朋友，我应以朋友待之，当《人间世》还未出世，《论语》已很无聊时，曾经竭了我的诚意，写一封信，劝他放弃这玩意儿，我并不主张他去革命，拼死，只劝他译些英国文学名作，以他的英文程度，不但译本于今有用，在将来恐怕也有用的。他回我的信是说，这些事等他老了再说。这时我才悟到我的意见在语堂看来是暮气，但我至今还自信是良言，要他于中国有

益，要他在中国存留，并非要他消灭。他能更激进，那当然很好，但我看是决不会的，我决不出难题给别人做。不过另外也无话可说了。

看近来的《论语》之类，语堂在牛角尖里，虽愤愤不平，却更钻得滋滋有味，以我的微力，是拉他不出来的……

综观鲁迅与林语堂的交往史，他们的争论确非个人意气，而是文学见解上的分歧。有的分歧得到弥合，有的则一直存在着。他们最主要的矛盾，一是20世纪20年代的"费厄泼赖"问题，一是30年代的提倡幽默、闲适、抒写性灵的小品文的问题。此外，还有一些小纠纷。

二

鲁迅与林语堂"相得"，是有一定的思想和感情基础的。林语堂在当时不但大量撰稿，放谈政治，而且亲身参加了政治斗争。1925年11月28日和29日，他走上街头，拿竹竿和砖石，与学生一起，直接和军警搏斗，把他投掷垒球的技术都用上了。这一次搏斗，给林语堂的眉头留下一个伤疤。每当他讲起这件事时，总是眉飞色舞，感到自豪。后来，他干脆做起《祝土匪》的文章，以生于草莽、死于草莽的"土匪"自居。他说："言论界，依中国今日此刻此地情形，非有些土匪傻子来说话不可。"学者只要脸面，"而去真理一万八千里之遥。说不定将来学者反得让我们土匪做。"鲁迅后来称自己的书屋为"绿林书屋"，"土匪"遇到"绿林"，自然"相得"。

1925 年前后，鲁迅、林语堂往来较为密切，他们对一些大是大非问题的看法也比较一致。围绕着"女师大风潮"，"语丝派"与"现代评论派"之间的斗争，林语堂毅然站在女师大学生和"语丝派"一边。鲁迅与林语堂等语丝同人在反对章士钊等等的斗争中，并肩携手，相互支援，共同形成了"任意而谈，无所顾忌，要催促新的产生，对于有害于新的旧物，则竭力加以排击"的"语丝文体"。（2）在斗争中，林语堂的激烈程度也不下于鲁迅，他在文章中反对"倚门卖笑，双方讨好"的"学者"风度，赞扬"揭竿而起"，"少作揖让"的"土匪"精神，抨击腐败政府把"中华民国"变成了"中华官国"。这些，都反映了林语堂当时作为进步知识分子所具有的正义感，可见他与鲁迅所取的是同一步调。

不过，当斗争取得一定程度的胜利的时候，当章士钊在革命群众的巨大压力之下，不得不宣布辞职，逃往天津的时候，林语堂却赞同周作人倡导的"费厄泼赖"精神和"不打落水狗"的主张，为段祺瑞、章士钊开脱。最早提出"费厄泼赖"，提出"不打落水狗"的是周作人 1925 年 11 月 30 日所作、载 12 月 7 日《语丝》第 56 期上的《失题》。这篇文章以嘲笑的口吻讽刺了段祺瑞、章士钊之流。它指出章士钊"是一个代表无耻的政客,很值得努力攻击"。但鉴于段、章"下野之兆"已见,文章又提出"打落水狗""是不大好的事","况且在平地上追赶胡狲,也有点无聊,卑劣,我虽然不是绅士,却也有失我的体统与身份"。紧接着林语堂便在《语丝》第 57 期上发表《插论"语丝"文体——稳健、骂人,及费厄泼赖》,他说:"此种'费厄泼赖'精神在中国最不易得,我们只好努力鼓励,中国'泼赖'的精神就很少,更谈不到'费厄',惟有时不肯'下井投石'即带有此义。骂人的人却不可没有这样的条件,能骂人,也须能挨骂。且对于失败者不应再施攻击,因为我们所攻击的在于思想非在人,以今日之段祺瑞、章士钊为例,我们便不应再攻击其人。""此种健全的作战精神,是'人'应有的与暗放冷箭的魑魅伎俩完全不同,大概是健全民族的一种天然现象,不可不积极提倡。"他把这种敌我不分的唐僧式的宽容,称之为健全的民族精神,可见,他这个"土匪",也有了绅士的习气了。

所谓"费厄泼赖",乃英语 Fair Play 的音译,原为体育比赛和其他竞技所用的术语,意思是光明正大的比赛,不用不正当的手段。英国资产阶级中曾有人提倡将这种精神用于社会生活和党派斗争中,认为这是每一个资产阶级绅士应有的涵养和品德，并自称英国是一个费厄泼赖的国度。面对林语堂等人的言论，鲁迅写下了《论"费厄泼赖"应该缓行》（3）这一名文。鲁迅根据他从辛亥革命以来长期斗争的经验，强调现在还不能一味"费厄"，要实行"费厄"为时尚早，当前则"应该缓行"，并要使用请君入瓮法，"以其人之道还治其人之身"，只有到了"落水狗"们有了人气之后，也知道讲"费厄"了，到那时再讲也不为迟，而万不可先"以己律人"、"以德报怨"，必须"抽刃而起，以血偿血"、"以牙还牙"。鲁迅感慨良深地写道："反改革者对于改革者的毒害，向来就并未放松过，手段的厉害也已经无以复加了。只有改革者却还在睡梦里，总是吃亏，因而中国也总是没有改革。"鲁迅提出，今后的革命"是应该改换些态度和方法的"，什么方法呢？方法很多，首先应该痛打落水狗。鲁迅在《坟》里《写在〈坟〉后面》一文中说："最末的论'费厄泼赖'这一篇，也许可供参考罢，因为这虽然不是我的血所写，却是见了我的同辈和比我年幼的青年们的血而写的。"如此看来，鲁迅的打落水狗的精神是用鲜血换来的，是血写的教训。

打落水狗精神，即不宽恕精神，即彻底的大无畏的斗争精神，是鲁迅的基本精神之一，贯穿着他的战斗的一生。直到临终前，鲁迅还在《死》（4）一文中告诫后人："损着别人的牙眼，却反对报复，主张宽容的人，万勿和他接近。""让他们怨恨去，我也一个都不宽恕。"

经过鲁迅的批评，在"三一八惨案"的事实面前，是非界限已十分清楚，林语堂对鲁迅的观点已表示理解并接受。"三一八惨案"发生后的第三天，林语堂就写下了《悼刘和珍杨德群女士》，赞扬她们是"全国女革命之先烈"，"死得光荣"。在《讨狗檄文》中，他深刻地认识到段祺瑞之流之所以胆敢镇压进步的学生运动，正是知识界内有一部分人为他助长声势。他称这部分人为"叭儿狗"，揭露他们"一方面做老虎的间谍，一方面扰乱知识界自身之团结"，"依此下去，要打倒军阀、打倒官僚，是绝对的空想"。他呼唤："先除文妖再打军阀，必使文妖销声匿迹而后已，至少亦使得他挂出'狼'的招牌来，要做他们的狗事亦得偷偷摸摸的去做，不能像现在那么舒服，白天在晨报或现代评论或九校联席会公然干他们的鬼勾当……我们打狗运动自今日后，使北京的叭儿狗、老黄狗、螺狮狗、笨狗及一切的狗，及一切大人所豢养的家禽、家畜能全数歼灭。"这篇文章与鲁迅对痛打"落水狗"的看法十分接近。在《打狗释疑》中，他说："事实之经过使我益发信仰鲁迅先生'凡是狗必先打落水里又从而打之'的话。"在《"发微"与"告密"》中，以十分钦佩之心情说："鲁迅先生以其神异之照妖镜一照，照得各种的丑态都照出来。"他还在《泛论赤化与丧家之狗》、《闲话与谣言》、《一封通信》等文中，明确赞同鲁迅先生提出的痛打"落水狗"的主张。1926 年 1 月 23 日，林语堂在《京报副刊》上登出自己绘制的《鲁迅先生打叭儿狗图》。漫画上的鲁迅，长袍八字胡，手持竹竿，猛击落水狗的头，那狗在水中挣扎着。

"三一八惨案"发生后，段祺瑞执政府从3月19日到3月26日，接连开了两次通缉名单，共48人，林语堂也在其内。

三

20世纪30年代，林语堂在上海主编《论语》、《人间世》、《宇宙风》等杂志，以自由主义者的姿态，提倡"幽默"、"闲适"，抒写"性灵"。这实际上是把小品文引向何处去的问题，是以其为武器向社会黑暗抗争，还是以此为象牙之塔，来躲避现实的风风雨雨。

五四运动以后，"散文小品的成功，几乎在小说戏曲和诗歌之上"。其中本来就有两个流派：一是以鲁迅为代表，以"挣扎和战斗"为特色的杂文，一是抒写闲情逸致、追求"漂亮和缜密"的小品。后者虽不是向旧世界正面开战，但也是向旧文学示威，说明旧文学以为特长者，新文学同样也办得到。所以，这两种作品当时似乎并行不悖。

事实上，鲁迅对于幽默小品并非一概否定，而是具体问题具体分析。对于五四时期出现的散文小品，鲁迅是肯定的。因为当时它是作为新文学的一种文体出现的，"含着挣扎和战斗"。虽然它也带点幽默和雍容，有的还写得相当漂亮和缜密，所有这些，都并非过错，因为这样做"是为了对旧文学的示威，在表示旧文学之自以为特长者，白话文学也并非做不到"（5）到了后来，大家都来骂幽默和小品，把幽默和小品骂得一无是处，鲁迅有感于"人间世事，恨和尚往往就恨袈裟"，于是又站出来讲话，为小品、幽默正名。鲁迅指出，幽默小品作为一种文体，它的本身是无所谓功过的，"小品文大约在将来也还可以存在于文坛"，"只要并不是靠这来解决国政，布置战争，在朋友之间，说几句幽默，彼此莞尔而笑，我看是无关大体的"。这就是说，在一定的条件下，幽默小品仍有它存在的权利。

问题在于，20世纪30年代，东北沦陷，华北告急，日寇步步进逼，亡国灭种，是客观存在的危机。国内内战不断，灾祸频仍，民不聊生。在黄河决口之后，灾民在淹得仅仅露出水面的树梢头上栖身，还有谁闲适得起来，来读所谓的幽默小品呢？灭种与救亡，革命与反动，人民正在进行着拼死的斗争，人民需要的是匕首和投枪，去和自己一同杀出一条生存的血路。正是在这样的时代背景下，林语堂在1933年下半年，特别是1934年后，在政治上转为消极退缩，越来越向右倾斜。

林语堂在文艺上提倡"幽默"、"闲适"，"谈谈笑笑"，要使小品文成为"供雅人摩挲"的"小摆设"，沉醉于谈"宇宙之大，苍蝇之小"，酒宴的味道，明星舞女的风流逸事。林语堂写了《论裸体运动》等文章，津津乐道于"性的吸引力"；还写了《茶与交友》，称"人类历史中的杰出新发明……莫过于吸烟、饮酒、饮茶的发明"。鼓吹尽情享受生活。

　　鲁迅与林语堂的观点是对立的。林语堂是周作人的追随者，鲁迅关于小品文问题的见解，既是批评周作人，也是批评林语堂的。这一点，我在鲁迅与周作人一文中已有介绍。针对林语堂等人的观点，鲁迅写了《从讽刺到幽默》、《"论语一年"——借此又谈萧伯纳》、《小品文的危机》、《小品文的生机》等文章，阐述自己的观点，批判林语堂的错误。鲁迅尖锐地指出："我们现在的国情，我们的国人都不允许幽默长久下去。"林语堂等人的幽默小品，讲讲笑话，谈谈"性灵"，玲珑剔透，超然物外，是一种"麻醉品"，只会"将屠户的凶残，使大家化为一笑，收场大吉"。事实上，幽默小品只有不愁吃穿、生活安闲、心如古井的人，才能去摩挲赏鉴。但在那"风沙扑面，狼虎成群的时候"，"炸弹满空，河水漫野之处"，谁还有闲工夫来赏玩这"小摆设"？在内忧外患的背景下，林语堂鼓吹这一套，岂不是缺乏起码的民族责任心？

　　我们只要把争论放在当时特定的历史背景下去考察，就不难弄清是非问题。这场原则性的争论，鲁迅的意见无疑是正确的。应该指出的是，倘在今天这样的社会条件下，搞一点林语堂式的闲适、幽默之类，也无可厚非。然而，昨天并不是今天，今天也不是昨天。这是不容混淆的历史界限。

20世纪20年代的林语堂和30年代的林语堂判若两人。它反映了林语堂的人格矛盾。周作人在《两个鬼》中说他的心头住着两个鬼，"……其一是绅士鬼，其二是流氓鬼"。绅士鬼和流氓鬼缠于一身，用来评价林语堂，也是颇为合适的。

首先要明确的是，这里的"流氓"，不是一般意义上调戏妇女之类的流氓，而是一种对正统社会的叛逆精神，是一种好打抱不平的侠气。具体地说，就是《语丝》时期，林语堂讽名流、斥文妖，比章士钊于李彦青；揭穿丁在君说的"中国弄到这步田地完全是知识阶级的责任"，乃是迎合官僚与军阀的高调。唐弢在《林语堂论》（6）一文中说，那时的林语堂，"蔑视世道，破口便骂，真可谓'流气'十足。那时候的林先生如初生之犊，无所惧惮，实在有点可爱。他被人目为土匪（和流氓差不多），自信'生于草莽，死于草莽'，名其所著为《剪拂集》，老老实实地'以土匪自居'了。"唐弢在肯定前期的林语堂的同时，也指出林语堂"生于草莽"是实，"死于草莽"呢，可还得打个疑问号。20世纪30年代的林语堂就由"土匪"而变为"绅士"了。此后，他便一直"绅士"下去，他的自我矛盾基本上自行解决了，没了匪气，而成了一个标准的绅士，这是很让人遗憾的。

四

　　鲁迅和林语堂还有其他一些不大不小的纠纷，这里介绍一下西崽问题、文人相轻问题、南云楼风波，以为备忘。

　　鲁迅骂林语堂为"西崽"，这是为人们熟悉的。不少人为林语堂抱不平时，就搬出这段往事，比如，1988 年月 1 月 15 日上海的《联合时报》上就发表了"全国政协委员、新闻界知名人士"徐铸成对记者的谈话，他说："难道三十多年前鲁迅的一句'西崽'就能把林语堂的一生概括吗？何况林语堂并不是什么'西崽'，按其生平，也可以说是没有一点媚骨的文学大师。"

　　倘若我们细究起来，首先骂人"西崽"的，不是鲁迅，而是林语堂。他在《人间世》第 28 期（1935 年 5 月）发表《今文八弊》，攻击别人译介波兰、捷克等被压迫民族的文学，以及在文章中吸收外国语法，是"事人以颜色"，"其弊在奴"，"谈文学虽不足，当西崽颇有才"。还说："有食洋不化之洋场孽少，也必有自欺欺人之迂腐故老。"我们知道，介绍波兰等被压迫民族的文学，始于鲁迅的《摩罗诗力说》，五四以后文学研究会也曾大力提倡。那不是"事人以颜色"，而是由于中国人同样处于被压迫的境地，译介这类作品易于心心相印之故。林语堂的肆意批判，不能不激起鲁迅的反击，鲁迅发表了《"题未定"草（二）》（7），予以有力的批驳。

鲁迅以牙还牙，说："要研究西崽，只能用自己做标本，虽不过'颇'，也够合用了。"林语堂从小吮吸着洋人和教会的乳汁，是个"西化"程度很深的知识分子，在处理中西文化、华人与洋人的关系上也有不少可议之处。鲁迅指出，他所懂得的大抵是"英文"，这是他们的吃饭家伙，专事服侍洋东家的。鲁迅说："西崽之可厌不在他的职业，而在他的'西崽相'。这里之所谓'相'，非说相貌，乃是'诚于中而形于外'的，包括着'形式'和'内容'而言。这'相'，是觉得洋人势力，高于群华人，自己懂洋话，近洋人，所以也高于群华人；但自己又系出黄帝，有古文明，深通华情，胜洋鬼子，所以也胜于势力高于群华人的洋人，因此也更胜于还在洋人之下的群华人。"最后，鲁迅归纳道："倚徙华洋之间，往来主奴之界，这就是现在洋场上的'西崽相'。"

1976 年 9 月，陈望道在《文艺论丛》第 1 期发表《关于鲁迅先生的片断回忆》一文，其中谈了 1934 年 9 月 13 日在曹聚仁招饮的家宴上发生的一件事："有一次……曹聚仁先生请客"，不仅有鲁迅，而且林语堂也去了。他说，"席间，林语堂夸夸其谈，得意地说……有一次在香港"，发现"几个广东人讲广东话，像讲'国语'似的，讲得很起劲"；也许是林语堂看他们"很起劲"的模样而有意要压他们一压，于是他"就同他们讲英语"，这"就把他们吓住了"。陈望道说，"鲁迅先生听到这里，怒不可遏，他拍着桌子站起来指斥林语堂："你是什么东西！你想借外国话来压我们自己同胞吗？'"其结果是，"弄得林语堂当众出丑"。

陈望道的文章，不免留下当时时代的印痕。我以为，鲁迅讲话的口气不会这样生硬，但我想，基本的事实是不会错的。林语堂以一身洋气、满嘴英语而沾沾自得，这一细节，倒是让鲁迅关于"西崽相"的议论得以坐实。

林语堂骂别人"西崽"，因为品题不切，所以粘不到别人身上；鲁迅以子之矛，攻子之盾，稍稍勾勒一下"西崽相"，他可就难以脱掉干系。这是一场遭遇战。林语堂搬起石头砸了自己的脚，只能埋怨他自己，并非鲁迅存心给他"戴帽子"。

林语堂曾在《做人与做文》一文中写道："文人好相轻，与女子互相评头品足相同。文人相轻也是女子入宫见妒的心理……白话派骂文言派，文言派骂白话派，民族文学骂普罗，普罗骂第三种人，大家争营夺垒……互相臭骂。"有的人甚至把斗争双方一股脑儿定为"丑角"，说"两边都不是好东西"。

这种所谓"文人相轻"论，和"唯无是非观"一样，是一种唯心论和形而上学的诡辩。鲁迅一针见血地指出："所谓'文人相轻'，不但是混淆黑白的口号，掩护着文坛的昏暗，也在给有一些人'挂着羊头卖狗肉'的。"（8）上述林语堂这段话，用了对等的"相"字，白话派与文言派，新文学与旧文学，无产阶级革命文艺与民族主义文学等等，它们的本质区别被抹杀了，它们的原则界限消融了，谁是谁非，谁对谁错，统统没有了！有的只是"互相臭骂"，混战一场！然而，真的无是非吗？显然不是。鲁迅指出："文人还是人，既然还是人，他心里就仍然有是非，有爱憎；但又因为是文人，他的是非就愈分明，爱憎也愈热烈。从圣贤一直敬到骗子屠夫，从美人香草一直爱到麻疯病菌的文人，在这世界上是找不到的，遇见所是和所爱的，他就拥抱，遇见所非和所憎的，他就反拨。如果第三者不以为难了，可以指出他所非的其实是'是'，他所憎的其实该爱来，单用了笼统的'文人相轻'这一句空话，是不能抹杀的，世间还没有这种便宜事。"（9）林语堂观点的要害，在于把 20 世纪 30 年代的文坛斗争，把无产阶级反对资产阶级的文艺观的冲突，混如一般意义上的文人相轻，都不是好东西，两边应该各打五十大板。这种论调，显然是不符合实际的。先不说无产阶级文学的对立面，就普罗文学而言，左联等的行动，都是有组织、有计划、有目的，绝不是文人相轻，意气用事。鲁迅批评了林语堂的观点的同时，也指出了争论双方有倾向问题、是非问题、爱憎问题——爱什么憎什么，这也是立场问题。

所谓"南云楼风波"，乃指 1929 年 8 月 28 日，北新书局老板李小峰因拖欠不付鲁迅稿酬事，在上海南云楼设宴与鲁迅讲和。鲁迅因版税问题长期得不到解决，又听说李小峰将钱拿去开纱厂了，故委托律师杨铿代为交涉。李小峰得知后，要求和解，并电请杭州郁达夫参与调停，郁达夫又请章廷谦来沪一同调解。8 月 25 日，在杨律师处调解达成协议，免于诉讼，李小峰此后慢慢拨还。8 月 28 日的晚宴上，参加的有郁达夫、林语堂、章廷谦等人。据当时席上者章廷谦说，那天李小峰请客，意在与鲁迅和解，席间谈及有关北新开纱厂的传闻是"奸人"造谣，鲁迅受了挑拨。林语堂也说"奸人"在跟他捣乱，暗指张友松传播他在汉口发了笔洋财一事。鲁迅当即予以抗议，两人争吵激烈。据《鲁迅日记》记载："席将终，林语堂语含讥刺，直斥之，彼亦争持，鄙相悉视。"《鲁迅全集》对"语含讥刺"是这样注释的："林语堂说鲁迅因第三者挑拨而与北新书局涉讼，鲁迅予以驳斥。"另一个当事人林语堂，40 年后，在《忆鲁迅》一文中说："有一回，我几乎跟他闹翻了。事情是小之又小。是鲁迅神经过敏所至。那时有一位青年作家……他是大不满于北新书店的老板李小峰，说他对作者欠帐不还等等。他自己要好好的做。我也说了附合的话，不想鲁迅疑心我在说他。……他是多心，我是无猜。两人对视像一对雄鸡一样，对了足足两分钟。幸亏郁达夫作和事佬。几位在座女人都觉得'无趣'。这样一场小风波，也就安然流过了。"郁达夫 1929 年 9 月 19 日致周作人的信中则是这样说的："近事之足资谈助者，是鲁迅与北新算版税，与鲁迅和语堂反目两事，前者是鲁迅应有的要求，后者是出于鲁迅的误解。"过了若干年，"和事佬"郁达夫在《回忆鲁迅》（10）中再提此事，明确指出，这是"因误解而起了正面的冲突"。当时，鲁迅有了酒意，"脸色发青，从座位里站了起来"，"一半也疑心语堂在责备这第三者的话，是对鲁迅的讥刺"。林语堂也起身申辩，空气十分紧张，郁达夫一面按鲁迅坐下，一面拉林语堂夫妇走下楼去。郁达夫的结论说："这事当然是两方的误解，后来鲁迅原也明白了，他和语堂之间，是有过一次和解的。"概而言之，李小峰拖欠版税、稿费，是为私人打算，而当时调解者又将责任推到了张友松身上，林语堂偏又补上对张友松的不满之词，引起鲁迅误解，认为林语堂是针对自己的，在指责他听信了张友松的挑拨。此是小事。此后鲁迅、林语堂关系恶化，但没有断交。

五

鲁迅逝世后，林语堂对鲁迅基本上能持客观评价的态度。在《悼鲁迅》（11）一文中，他说："吾始终敬鲁迅；鲁迅顾我，我喜其相知，鲁迅弃我，我亦无悔"，"然吾私心终以长辈事之，至于硁硁小人之捕风捉影挑拨离间，早已置之度外矣"。1961年1月16日在美国国会图书馆演讲《五四以来的中国作家》时，他说："谈到散文，我不能不提出周氏兄弟，周作人和周树人。"他认为，鲁迅在"20世纪二三十年代对青年一代极具影响"，"鲁迅既写批评当前事物的杂文，也写短篇小说，两者都写的不坏。他今日在共产中国的地位，犹如高尔基在苏联，都是已闭了嘴的死偶像"。林语堂还认为，在短篇小说作家中，鲁迅是最好的。

注释

(1)（11）林语堂：《悼鲁迅》，原载1937年1月1日上海《宇宙风》第32期，《1913—1983鲁迅研究学术论著资料汇编》第2卷，中国文联出版公司1986年8月版。

(2)《鲁迅全集·三闲集·我和〈语丝〉的始终》。

(3)《鲁迅全集·坟》。

(4)《鲁迅全集·且介亭杂文末编》。

(5)《鲁迅全集·南腔北调集·小品文的危机》。

(6)《鲁迅研究月刊》1988年第7期。

(7)《鲁迅全集·且介亭杂文二集》。

(8)(9)《鲁迅全集·且介亭杂文二集·再论"文人相轻"》。

(10) 原载1940年宇宙风社月书第一册《回忆鲁迅及其他》，《大先生鲁迅》转载，四川文艺出版社1997年1月版。

"女师大风潮"与"寡妇主义"

——鲁迅与杨荫榆

人的秉性是很难改的。外在因素的影响也只能让其将固有的与生俱来的东西埋藏得更深，粉饰得更不露痕迹。比如说《雷雨》中的周朴园，留过洋，接受过现代文明的熏陶，照理应该有一点民主意识，然而，他除了套一身西装以外，骨子里封建性的东西有多少改变呢？杨荫榆也是这样一种人，她留学美国，又是中国入掌女子大学（国立北京女子师范大学号称当时中国女界的最高学府）的头一个女性，照理应该有一套西式管理，照理应该更理解中国女性的心声。然而，事实上她采用的还是单调而古老的、延续了几千年的极有中国特色的婆婆管媳妇的那一套。周建人在《回忆鲁迅·谈谈鲁迅关于解放妇女的问题》一文中是这么说的："杨一到校，就拿出婆婆对待媳妇的一手，压迫学生，因此激起了学生的公愤，群起驱杨。"

一

杨荫榆（1884—1938），江苏无锡人。早年留学美国，据说"学识渊博"（周简段语），但性格孤僻、古怪。她曾经缠过足，却偏穿高跟鞋，黑大氅，一身中西结合，走起路来歪歪扭扭，样子非常滑稽。由于她沉默寡言，不苟言笑，在学生印象中绝无亲切感。

1924年2月，继许寿裳出任女师大校长，上任后，她推行极富封建色彩的奴化教育，搞家长式统治，把她和学生的关系看成婆媳关系，禁止学生参加课外活动，尤其是政治活动，该校师生对她深为不满。

1924年11月，杨荫榆无理勒令国文系预科三名学生退学，并辱骂为三名学生交涉的学生代表，激起全校公愤，酝酿已久的女师大风潮爆发了。许广平回忆说："风潮最初发动，是因为去年江浙战后回南的同学受战事影响迟到，后来杨氏整顿校规，把迟到的从严处治，按章是改为特别旁听的，而杨氏连座位也不给她们设立，自然更不给她们补考，按法律、规则成立在事情之后，自然不能约束以前发生的事，而况同是迟回的人，而对于她的同乡，她的同乡的好友，就一点也不妨碍，别人就严格对待，这如何能服众？于是风潮勃起……"（1）三个因战事交通阻隔而未能按时返校的学生，被勒令退学显然是不合理的。而对于同乡之类的"不妨碍"，则是典型的有中国特色的"老子说了算"的风格。

女师大风潮扩大的又一原因，是公祭孙中山的活动引起的。1925年3月12日，孙中山在北京病逝。北京各界人士将在中央公园举行公祭。女师大学生自治会决定参加公祭，但杨荫榆突然跳出来阻挠。她说："孙中山是实行共产共妻的，你们学了他没有好处，不准去！"这显然是有违民心的倒行逆施。女师大学生冲破了她设置的障碍，不仅前往中央公园参加了孙中山的追悼会，而且公推学生自治会总干事许广平向杨荫榆提出关于要求她立即去职的决定，发起了"驱杨运动"。

二

1925年4月，段祺瑞任命司法总长章士钊兼任教育总长。章士钊声言"整顿学风"，这就更助长了杨荫榆的气焰。为了配合章士钊的行动，仰承他的意旨，杨荫榆在1925年5月7日布置一个演讲会，请校外名人演讲，想借此巩固她的校长地位。当天上午演讲会举行时，她登台为主席，但即为全场学生的嘘声所赶走。许广平在《女师大风潮与"三一八"

惨案》一文中写道：

> 1925 年……5 月 7 日是日本军国主义强迫中国反动政府签定二十一条的一天，杨荫榆利用人们必然踊跃参加国耻纪念大会的爱国热情，企图偷梁换柱，把国耻纪念大会，变为替她洗涤污垢的场所，从而达到回校办事的目的。同学们有所违抗，即加以捣乱国耻纪念会的罪名，于是着令其私党历史教员（亦在教育部供职）威胁刘和珍和我代表大家向杨认错，否则有几个人要被开除学籍。我们秉全体同学之命，且以手加颈表示：宁死不屈，决不认错。这个毒计未能使坚持正义的学生屈服，于是杨荫榆躲在校外写出开除六个学生的布告，清晨挂在墙上。大众看见，知是预为布置的阴谋，更加愤不可遏。学生会决定不承认这个非法开除，就把这个布告牌取下来丢在教室讲台的地板内。……我们便照样上课。

许广平提到的开除 6 个学生事，是指 5 月 7 日下午，演讲会后，杨荫榆便在西安饭店召集若干教员宴饮，计划迫害学生。到了 9 日，假借评议会名义开除学生自治会的蒲振声、张平江、郑德音、刘和珍、许广平、姜伯谛 6 名学生。这就激起了学生更强烈的反抗。11 日，发展到学生轮流把守校门，坚决阻止杨荫榆入校的地步。

鲁迅原是受老友许寿裳之邀，于 1923 年 7 月应聘担任女师大"国文系小说史科兼任教员"的。鲁迅与杨荫榆本无往来，她当校长后，曾到西三条鲁迅住处送过聘书，据鲁迅母亲对俞芳说，鲁迅先是婉言谢绝，后来又收下了。鲁迅是受许寿裳之聘，现在换了一个校长，当然要表示婉拒；新校长恳留，继而接受了聘请，这是一般的人情世故。除此以外，鲁迅与杨似无恩怨了。

　　鲁迅的最初卷入女师大风潮，便是因为 5 月 7 日演讲会上发生冲突，杨荫榆即"厉声呼曰'叫警察'，同是总务长吴沆，掠袖擦掌，势欲饱生等以老拳"。（2）学生闹事，先不说有理无理，立即就要"叫警察"，至少显示了杨荫榆应变能力很差。面对一群女学生，"掠袖擦掌"，不论在东方的高校，还是在西方的高校，都只会引起公愤。

　　鲁迅对杨荫榆及其帮凶进行了怒不可遏的斥责："我还记得中国的女人是怎样的被压制，有时简直并羊而不如。现在托了洋鬼子学说的福（按：杨荫榆是美国留学生），似乎有些解放了。但她一得到可以逞威的地位如校长之类，不就雇用了'掠袖擦掌'的打手似的男人，来威吓毫无武力的同性的学生们么？不是利用了外面正有别的学潮的时候（3），和一些狐群狗党趁势来开除她私意所不喜的学生们么？而几个在'男尊女卑'的社会生长的男人们，此时却在异性的饭碗化身的面前摇尾，简直并羊而不如。"鲁迅进而分析道："我想，要中国得救，也不必添什么东西进去，只要青年们将这两种性质的古传用法，反过来一用就够了：对手如凶兽时就如凶兽，对手如羊时就如羊！那么，无论什么魔鬼，就都只能回到他自己的地狱里去。"（4）

三

杨荫榆 1925 年 7 月 31 日写信给京师警察厅："此次因解决风潮，改组各班学生，诚恐某校男生来校援助，恳请于 8 月 1 日照派保安警察三四十名来校，借资防护。"经过杨荫榆的周密布置，在章士钊的支持下，8 月 1 日清晨，警察打手百余名包围了女师大，"全校突布满武装军警，各室封锁，截断电话线，停止饮食，断绝交通。同学相顾失色。继而杨氏率打手及其私党……凶拥入校，旋即张贴解散四班学生之布告。"（5）强令解散国文系三年级等四个班，驱赶学生出校，殴打学生，同时还剪断电线，停止伙食供应。

处理学校事务而叫警察——她甚至不晓得让警察穿上便装——随意解散学生，而且是女生，我觉得，这不应该是受过美式教育的弱女子杨荫榆干的事，而应该是军阀的勾当，或是"文革"中工宣队、军宣队的作为。

入夜之后，被锁在校内的 30 多个又饥又困的学生，在烛光下相对饮泣。大门被紧锁着，学生们在学生会总干事许广平的带领下，打开了铁门。在这个紧张的夜晚，鲁迅应学生的请求，住在女师大教务处，给她们以有力支持，并为被困的学生的品行作证，撕破杨荫榆辈制造的女师大"男女学生混杂"的流言。

杨荫榆原想用"警管"解决问题，事与愿违，却把"女师大风潮"推向高潮。8月4日，《京报》同时出现三个启事，一是《女师大学生自治会启事》，是女师大学生揭露杨荫榆迫害学生的罪行的；二是《杨荫榆启事》，是杨荫榆为自己辩护的；三是《国立女子师范大学启事》，是杨荫榆利用学校名义掩饰其罪行的。8月6日北京《晨报》又刊出杨荫榆致学生家长书，要求学生再填入学志愿书，"不交者以不愿再入学校论"。鲁迅于8月5日和6日接连写了《流言和谎话》（6）和《女校长的男女的梦》（7），对杨荫榆的丑恶行径和卑鄙心理进行揭发与抨击。

鲁迅通过对三个启事的分析，从杨荫榆的自相矛盾中，揭露她的"撒谎造谣"。

由于杨荫榆下令"停止饮食茶水"，学生的启事才说："既感饥荒之苦，复虑生命之危。"可是，杨荫榆假借女师大名义发的启事却说"全属子虚"。而杨荫榆自己的启事又不打自招地说："本校原望该生等及早觉悟，自动出校，并不愿意其在生活上种种不便也。"既然学生"在校受生活上种种之不便"，当然已"停止饮食茶水"，并非"全属子虚"。

所谓"全属子虚",是杨荫榆"撒谎造谣"。

学生的启事说:"杨荫榆突以武装入校,勒令同学全校即刻离校,嗣复命令军警肆意毒打侮辱……"杨荫榆的启事则说:"暴劣学生肆行滋扰……故不能不请求警署,拨派巡警保护……"而她自己所假借的女师大启事又公开承认:"不料该生等非特不肯遵命,竟敢任情谩骂,极端侮辱……幸先经内右二区派拨警士在校防护……"这就从矛盾中戳穿了她的谎言,并非临时叫来警察,而是先期准备了"武装入校"。

鲁迅还揭露了杨荫榆的卑鄙、下流。杨在 7 月 31 日函请警察厅于 8 月 1 日派警察来校,"诚恐某校男生来校援助"女师大学生。鲁迅指出:警察"入校在八月初,而她已经在七月底做着'男生来帮女生'的梦,并且将如此梦话,叙入公文,倘非脑里有些什么贵恙,大概总该不至于此的罢……自己先设立一个梦境,而即以这梦境来诬人,倘是无意的,未免可笑,倘是有意,便是可恶,卑劣……"鲁迅又说:"我真不解何以一定是男生来帮女生。因为同类么?那么,请男巡警来帮的,莫非是女巡警?给女校长代笔的,莫非是男校长么?"这里,鲁迅对她的抨击,深刻到尖刻的程度。

好比将一个皮球硬按到水底,压力愈大,反抗力也愈大。女师大学生对杨荫榆及北洋军阀政府教育部施加的压力无所畏惧,并且很快得到北京、上海等地学生界的声援。8 月 4 日,《京报》刊出《学联会援助女师大》、《沪学生界电慰女师大》

等消息。女师大学生深受鼓舞。8月6日《京报》刊出了《女师大学生请撤章、杨》的消息。由于女师大学生坚持斗争，并得到各地的声援，北洋军阀政府被迫撤去包围女师大的军警，恢复水电，批准杨荫榆辞职。

四

也许是"男女混杂"之类，激怒了鲁迅，也激发了他的灵感。后来，他在1925年11月2日写的著名的《寡妇主义》(8)一文中，对杨荫榆推行的封建教育的种种措施，极其干脆地称为"寡妇主义"。鲁迅指出杨荫榆和秦竹平是"寡妇"或"拟寡妇"。她们分别任女师大的校长和舍监，实行"寡妇主义"教育，对于广大学生，"始终用了她多年炼就的眼光，观察一切，见一封信，疑心是情书了，闻一声笑，以为是怀春了；只要男人来访，就是情夫……所以在寡妇或拟寡妇所办的学校里，正当的青年是不能生活的……"鲁迅对病态人格进行描述，勾勒了寡妇的心态，确实是十分精彩的，对杨荫榆在女师大实行封建家长式的统治，作了形象生动的概括。

鲁迅的这些议论，都是不确定的推测，与杨荫榆有涉但所涉无多。我们应该跳出具体，将其看作是对一种历史文化现象的分析。其实，杨荫榆虽然独身，但她也和鲁迅一样，也是封建婚姻的受害者。据杨绛在《回忆我的姑母》（9）一文介绍，她是奉祖母之命定亲结婚的。她的夫家姓蒋。虽然门当户对，然蒋少爷却是一个"傻爷"，"老嘻着嘴，露出一颗颗紫红的牙肉，嘴角流着哈拉子"。成亲时，她把"傻爷"的脸皮都抓破了，后来逃回娘家，出外求学。当然，鲁迅当时并不知道她的这一身世，倘知道，接受过母亲"礼物"、与朱安有过不幸婚姻的鲁迅，在下笔讨伐"寡妇主义"时，以杨荫榆为话头，也许会有所踌躇？

我以为，鲁迅关于"寡妇主义"的这种深切感受，可以说是郁积于长久，得之于偶然。他之所以如此不无刻薄地骂杨荫榆，只不过是找到了一个灵感的触发点，借题发挥而已。心灵中有思想，总是要喷发的。若不是杨荫榆的种种作为，在此后的某日，碰上了牛荫榆、马荫榆，或者别的什么荫榆，一有机会，鲁迅的这一思想肯定也要表露的。杨荫榆被骂为"寡妇"之类，既冤枉也不冤枉。

我还觉得，寡妇，或者独身者，固然有许多他们所特有的弱点、怪癖，但以现代观念来看，对于他们的弱点、怪癖，也只能就事论事，最好不把政治斗争、思想斗争与具体人的独身身份相联系。如此，才公允，才理性，这也是现代人应有的宽容品格。以今天的眼光看，"寡妇主义"是颇有一点人身攻击和辱骂的成分的。杨荫榆是不是敌人呢？在我看来，她只是一个有弱点、有污点、有劣迹的人，据说她后来还做过一些有益于社会的好事。即使是敌人吧，也不宜采用这样的战术，鲁迅自己后来也说过，"辱骂和恐吓决不是战斗"。

有意思的是，1987 年，85 岁的梁实秋也说鲁迅因"婚姻非常不幸"，独身，所以变态（鲁迅与原配夫人朱安是名义夫妻），因而才喜欢骂人的。（10）我提及这一点，要表达的意思是，以寡妇、独身之类的来判断人的行为，虽然不无片面之理，但往往情绪化。

女师大风潮，在中国现代教育史或文化史上应该占有什么地位呢？是无足轻重的吗？我心中没有结论。我以为，它至少有某种牵引力，由此牵引出了鲁迅的"骂"章士钊，以及陈西滢、李四光等等。女师大风潮的其他一些情况，还要在介绍章士钊等人的文章中才显分晓。

五．

杨荫榆是著名作家、翻译家杨绛的姑母。杨绛有篇散文《回忆我的姑母》介绍杨荫榆的生平。杨绛只是对鲁迅说了一两句很"艺术"的话，以似乎无意评论是非的口气道："1924 年，她做了北京师范大学的校长，从此打落下水，成了一条'落水狗'。"这句话既表明了她的倾向，又让人抓不着把柄。话能说到这种水平，一般是外交部的新闻发言人才办得到的。这话虽然让人不好多说什么，但细细咬嚼，其中的潜台词却是相当丰富的。这是题外话，不提也罢。

杨荫榆在学术上没有什么造诣，她只是一个学校的行政负责人而已，若非与鲁迅的这场纠纷，我们也用不着为她花费精神了。

风潮过后，杨荫榆无法立足京城，挥泪离别了女师大，来到苏州。

杨绛在《回忆我的姑母》一文中，谈到杨荫榆1929年后，在苏州东吴大学任教时，因学校开除学生而辞职的事："有个大学四年级的学生自称'怪物'，有意干些怪事招人注意。他穿上戏里纨绔少爷的花缎子袍子，镶边马褂，戴着个红结子的瓜皮帽，跑到街上去挑粪；或者叫洋车夫坐在洋车上，他拉着车在闹市跑。然后又招出一个'大怪物'。'大怪物'和大学的门房交了朋友，一同拉胡琴唱戏。他违犯校规，经常夜里溜出校门，半夜门房偷偷放他进校。学校就把'大怪物'连同门房一起开除。三姑母很可能吃了'怪物'灌给她的'米汤'而对这'怪物'有好感，她认为年轻人胡闹不足怪，四年级开除学籍就影响这个青年的一辈子。她和学校意见不合，就此辞职了。"

此一杨荫榆，彼一杨荫榆。女师大时期的杨荫榆与学生为敌，此时的杨荫榆却为学生而辞职，其间所包含的内容也许有所不同，但应该说此时的杨荫榆多了恻隐之心。这种对学生的宽容，与女师大时期的影响是否有一定的关系呢？是否包含了杨荫榆对先前粗暴言行的某种悔意呢？

据杨绛回忆，日本入侵后，杨荫榆与虎谋皮，"三姑母住在盘门，四邻是小户人家，都深受敌军的蹂躏。据那里的传闻，三姑母不止一次跑去见日本军官，责备他纵容部下奸淫掳掠。军官就勒令他部下的兵退还他们从三姑母四邻抢到的财物。街坊上的妇女怕日本兵挨户找'花姑娘'，都躲到三姑母家里去。1938 年 6 月 1 日，两个日本兵到三姑母家去，不知用什么话哄她出门，走到一座桥顶上，一个兵就向她开一枪，另一个就把她抛入河里。他们发现三姑母还在游泳，就连发几枪，看见河水泛红，才扬长而去。"

　　杨荫榆，这个"依附北洋军阀，肆意压迫学生，是当时推行帝国主义和封建主义奴化教育的代表人物"，也有抗日壮举。每一个人都有他所特有的丰富性，足见评价一个人是多么不容易！无论如何,她毕竟为自己画下了一个光荣的句号。

注释

（1）《许广平忆鲁迅》，广东人民出版社 1979 年 4 月版。

（2）（4）《鲁迅全集·华盖集·忽然想到（七）》。

（3）当时南京的东南大学也在闹"易长"的学潮。

（5）晚愚：《女师风潮纪事》，《妇女周刊》1925 年 8 月第 36、37 期。

(6)《鲁迅全集·集外集》。

(7)《鲁迅全集·集外集拾遗》。

(8)《鲁迅全集·坟》。

(9) 杨绛:《将饮茶》,中国社会科学出版社1992年2月版。

(10)《梁实秋今日谈鲁迅》,《鲁迅研究动态》1988年第7期。

从"女师大风潮"到"三一八惨案"

——鲁迅与陈西滢

陈西滢（1896—1973），字通伯，江苏无锡人，现代评论派的主要成员。1911 年，15 岁时即留学英国，他的中学、大学教育全部在英国完成，1922 年获博士学位，回国后被聘为北京大学外文系教授。陈西滢全身心地接受了西方文化和政治的熏陶，极力推崇西方文明，主张在中国建立英美式的资产阶级社会。

陈西滢与鲁迅的论战，主要是围绕"女师大风潮"、"五卅运动"和"三一八惨案"展开的。当然，此外还牵涉某些枝节之争。

一

　　陈西滢骂鲁迅的文章大多是通过《现代评论》发表的。陈西滢是现代评论派主要成员。鲁迅的"骂"现代评论派，也主要是骂陈西滢。在一些人看来，陈西滢是和现代评论派画等号的。因此，我们有必要首先搞清楚陈西滢与现代评论派的关系，也要对现代评论派有一个粗略的了解。

　　《鲁迅全集》对"现代评论派"的注释是这样写的：

　　　　《现代评论》周刊是当时一部分资产阶级大学教授所办的一种同人杂志，1924 年 12 月创刊于北京，1927 年 7 月移至上海出版，至 1928 年 12 月停刊。主要撰稿人是王世杰、高一涵、胡适、陈西滢、徐志摩、唐有壬等，也采用一些外来投稿。其中胡适虽没有参加实际编辑，但事实上是这个刊物的首领。这派人物和帝国主义——特别是美英帝国主义、北洋军阀以及后来的国民党反动派有密切的关系。他们以自由主义的面目出现，积极充当帝国主义及其买办资产阶级的代言人；他们办的这个刊物的主要特色，就是时而曲折时而露骨地反对当时在共产党领导下的人民群众的革命斗争。如五卅运动发生后，胡适、陈西滢和其他一些人都曾先后在该刊发表文章，诬蔑在共产党领导下由工人、学生和市民所形成的广泛的反帝运动。1926年3月18日段祺瑞在北京屠杀爱国人民时，该刊公然诬蔑被杀的爱国群众，替段祺瑞辩护。1927年4月蒋介石举行反革命政变以后，该刊逐步投靠蒋介石政权，成为赤裸裸的反共反人民的刊物。

笔者无意对这一注释进行评论，照录于此，只是便于读者阅读，提供一种参照而已。

我们也应该看一看另一方面的事实。现代评论社成立于1924年6月，由太平洋社和创造社合并而成。两社的合并，最初由太平洋社提出，他们建议停办《太平洋》杂志、扩大《创造周报》，政论和文艺各占一半，太平洋社负责编辑政论，创造社负责编辑文艺。创造社骨干郭沫若和成仿吾赴广东，5月，《创造周报》准备停刊，郁达夫赶赴上海处理该刊善后事宜，在该刊的终刊号内预告了两社合并的消息，6月，现代评论社成立。郭沫若没有参与该社的活动，仅在《现代评论》上发表过一篇小说和一篇悼念孙中山的散文，并没有成为陈西滢所要拥戴的"天成领袖"，也没有实现陈西滢要他掌管《现代评论》编辑全权的许诺。郁达夫为筹创期创造社的代表人物，两社合并不久，他也只好在自己的小说《十一月初三日》中，发泄自己做了"登场的傀儡"，"为增加人家的美处而存在的小丑"的不满情绪。由此可见，现代评论社虽由太平洋社和创造社合并而成，但实际上太平洋社起着决定作用。

1927 年 7 月前，现代评论派活跃在北京文坛。其成员和主要撰稿人有中间偏"左"或中间人物。有后来逐步成长为无产阶级革命的拥护者、支持者和战士的，如创造社部分成员和李四光、丁西林、陈翰笙等。有当时就是共产党人，或革命的或倾向进步的文人，如陈启修、杜国庠、田汉、胡也频等。也有当时确实偏右的人，如胡适、陈西滢，甚至后来的王世杰、唐有壬等。该社成员和主要撰稿人的复杂，必然决定其政治立场、思想倾向和文艺观点的迥异。郭沫若曾说现代评论派"构成分子大部分还是有点相当学识的自由主义者，所发表的政论，公开地说，也还比较开明"。（1）的确，现代评论派刊物的政治思想倾向比较开明。该刊发表了大量反帝、反封建、反军阀、支持正义、有进步思想倾向的文章，在"五卅运动"和"三一八惨案"中，发表了一系列抗议帝国主义和军阀政府的暴行、声援爱国群众运动、悼念烈士的文章。如《上海租界的杀气》、《上海租界的惨剧》、《论上海英雄枪杀中国人的事》、《英国侵略中国的概况》、《要纠正政府的外交步骤》、《段政府的高压手段》、《人权的保障在哪里》、《示威运动与警察》、《持久的爱国运动》、《对爱国运动的谣言》、《悼三月十八日的牺牲者》、《论三月十八日惨剧》、《三月十八日惨案目击记》等。刊发了不少共产党人和进步人士宣传介绍马克思主义理论，拥护支持苏联和中国共产党的文章，如《唯物论的警钟响了》、《什么是帝国主义》、《劳动阶级政党组织上之二种见解》、《苏联事情的研究与对苏政策之研究》、《一个月在苏联的所见所闻》等。但是，现代评论派中也有不少人在该刊发表了一系列维护帝国主义、封建军阀政府利益，为他们的罪行开脱，向革命群众运动泼冷水，反对马克思主义、攻击苏联和中国共产党的反动文章，如陈西滢发表的许多《闲话》。

现代评论派没有像其他文学社团那样发表过文艺方面的宣言、宗旨或声明，但从刊物发表的作品看，他们的文艺观点也是比较复杂的。该社支持拥护五四新文化运动和文学革命，热情肯定新文学运动中出现的作家作品，批判反击封建复古派和国粹派，甚至连陈西滢也极力推荐过鲁迅的《呐喊》等新文学作品。他们刊发文章时，没有宗派门户之见，注重发现和培养青年作者，如胡也频、沈从文、凌叔华、李健吾、吴伯箫、施蛰存等。由此可见，现代评论派无论在政治立场、思想倾向和文艺观点方面都是复杂矛盾的，具有浓厚的自由主义色彩。

总之，现代评论派是复杂的，它既宣传过马克思主义，也反对过共产党。在今天，我们已经有了这样的环境，可以历史地、全面地、实事求是地来评论现代评论派的具体人物、具体文章。或敌或友，或上天堂或下地狱，没有中间状态的机械单一的思维方式，已被淘汰。此外，我以为，陈西滢就是陈西滢，鲁迅骂陈西滢，不应该不加分析地推论是骂现代评论派的其他人。某一个人固然与某一个团体有某种联系，但以文章而言，它首先代表的只是作者自己。鲁迅说过，《新青年》中有的人高升，有的人退隐。那么，高升者或退隐者的任何言论，便都可以代表《新青年》吗？假设当年有人骂高长虹，那么，可否这样推论，这便是骂《莽原》，便是骂鲁迅呢？鲁迅和高长虹在一个时期内不是同属于《莽原》吗？

二

"女师大风潮"之初，鲁迅并未卷入。我们知道，风潮始于 1924 年秋，而鲁迅对于风潮的第一次公开表态文章是《忽然想到（七）》（2），写于 1925 年 5 月 10 日，发表于 5 月 12 日的《京报副刊》。是在杨荫榆变本加厉镇压学生运动，大闹国耻纪念日，并于 5 月 9 日肆意开除 6 名学生的背景下，鲁迅才忍无可忍，撰文指出了他们身上"凶兽和羊"的两重性：他们是羊，同时也是凶兽；但遇见比他更凶的凶兽时，便现羊相，遇见比他更弱的羊时，但现凶兽样。鲁迅认为，对付他们的办法是：对手如凶兽时就如凶兽，对手如羊时就如羊。

相比之下，陈西滢则是较早地卷入风潮，并且，披着"公允"的绅士外衣，实际上是站在章士钊、杨荫榆一边。早在 1925 年 2 月 7 日，陈西滢就在《现代评论》第 9 期的"时事短评"栏中，发表《北京的学潮》一文，蒙蔽世人，嘲讽女师大学生，指责学生运动。他说："不过我们觉得那宣言中所举的校长的劣迹，大都不值一笑。至于用'欲饱私囊'的字眼，加杨氏以'莫须有'之罪，我们实在为'全国女界的最高学府'的学生不取。"

3月21日，《现代评论》第15期以"一个女读者"来信的形式，刊登《女师大的学潮》一文，重申陈西滢的观点，不仅为杨荫榆开脱罪责，而且居然把矛头指向支持女师大学生运动的进步人士。文章写道："那些宣言中所列举杨氏的罪名，大都不能成立。""女师大中攻击杨氏的学生，不过是极少数的学生；而这回风潮的产生和发展，校内外尚别有人在那里主使。"

"校内外尚别有人"是指谁呢？

当然，这个"女读者"确实道出了一个客观事实，"女师大风潮"确实受到了校内外许多人士的支持，这在本书中鲁迅与杨荫榆一文里已有介绍。但有一点是应该明确的，学潮始于自发，后有鲁迅等文化界及京沪学界的支持，是声援，而不是"主使"。

1925年5月20日《晨报》发表了杨荫榆开除学生自治会职员6人后所作《对于暴烈学生之感言》，其中说："若夫拉杂谰言，齿奇龁笔舌，与此曹子勃谿相向，憎口纵极鼓簧，自待不宜过薄……梦中多曹社文谋，心上有杞天之虑；然而人纪一日犹存，公理百年自在。"杨荫榆以婆婆自居，把学生当作"一群童养媳"，大造压迫有理、造反有罪的舆论。

5月27日，针对杨荫榆的"感言"，鲁迅联合马裕藻、沈尹默、钱玄同、沈兼士、周作人、李泰棻6人，发表了七教授《对于北京女子师范大学风潮宣言》，"证明杨氏之诬妄"，坚定地站在学生一边，表明了支持女师大学潮的鲜明态度。

5月30日，陈西滢在《现代评论》第25期上发表《粉刷毛厕》（3）一文。他说："以前学校闹风潮，学生几乎没有对的，现在学校闹风潮，学生几乎没有错的。这可以说是今昔言论界的一种信条。在我这种喜欢怀疑的人看来，这两种观念都无非是迷信。"在表白一番他的"公允"之后，陈西滢针对七教授宣言，以颇似关切爱惜的口吻说："以前我们常常听说女师大的风潮，有在北京教育界占最大势力的某籍某系的人在暗中鼓动，可是我们总不敢相信。这个宣言语气措词，我们看来，未免过于偏袒一方，不大公允，看文中最精彩的几句就知道了……这是很可惜的。我们自然还是不信我们平素所尊敬的人会暗中挑剔风潮，但是这篇宣言一出，免不了流言传布得厉害了。"陈西滢还说："我们只觉得这次闹得太不像样了。到了这种时期，实在旁观的人也不能再让它酝酿下去，好像一个臭毛厕，人人都有扫除的义务……我们以为教育当局应当切实的调查这次风潮的内容……万不可再敷衍姑息下去。"

陈西滢把女师大比作"臭毛厕"，其倾向性是再明确不过了，他如果干脆亮明旗帜，站在章、杨一边，也算汉子，何必又有一副假绅士的嘴脸呢？5月30日，鲁迅在给许广平的信中说："所谓西滢也者，对于我们的宣言出来说话了，装作局外人的样子，真会玩把戏。"鲁迅又说："西滢文托之'流言'，以为此次风潮是'某系某籍教员所鼓动'，那明明是说'国文系浙籍教员'了，别人我不知道，至于我之骂杨荫榆，却在此次风潮之后，而'杨家将'偏偏来诬赖，可谓卑劣万分。但浙籍也好夷籍也好，既然骂起，就要骂下去，杨荫榆尚无割舌之权，总还要被骂几回的。"

　　鲁迅几乎是立即就对陈西滢施之以反击。陈西滢的文章发表于5月30日，6月1日《京报副刊》就发表了鲁迅的《并非闲话》(4)。鲁迅首先以他惯有的方式，表明"我就是这样，并不想以骑墙或阴柔来买人尊敬"，又说："假使一个人还有是非之心，倒不如直说的好，否则，虽然吞吞吐吐，明眼人也会看出他暗中'偏袒'那一方，所表白的不过是自己的阴险和卑劣。"

　　关于七教授的籍贯等问题，照理不应该成为是否偏袒一方的根据，而要看七教授是否掌握事实，持论公允。倘持有事实，由事实得出的结论又是正确的，同籍同系，又有何妨？若非如此，也不会因为是不同籍不同系的人说了，非事实便成了事实，无理便成了有理。

不过，既然陈西滢提出了籍和系的问题，鲁迅便以其人之道还治其人之身。由于陈西滢和杨荫榆同是江苏无锡人，所以，鲁迅挖苦道："'流言'本是畜类的武器，鬼蜮的手段，实在应该不信它。又如一查籍贯，则即使装作公允，也容易启人疑窦，总不如'不敢相信'的好，否则同籍的人固然惮于在一纸上宣言，而别一某籍的人也不便在暗中给同籍的人帮忙了。这些'流言'和'听说'，当然都只配当作狗屁！"鲁迅还说："凡是自己善于在暗中播弄鼓动的，一看见别人明白质直的言动，便往往反噬他是播弄和鼓动，是某党，是某系；正如偷汉的女人的丈夫，总愿意说世人全是忘八，和他相同，他心里才觉舒畅。"（5）言语辛辣，嬉笑怒骂，可谓入木三分。

后来，陈西滢在《致志摩》（6）一文中，以颇为无奈的口吻说："他说我同杨荫榆女士有亲戚朋友的关系，并且吃了她许多的酒饭。实在呢，我同杨女士非但不是亲戚，简直就完全不认识。直到前年在女师大代课的时候，才在开会的时候见过她五六面。从去年2月起我就没有去代课。我从那时起直到今天，也就没有在任何地方碰到杨女士。"我们现在难以考证陈、杨是否有"亲戚朋友的关系"，有和没有又有什么关系呢？我宁可相信他们不是这种关系。这里，有两点是要搞清楚的：一是鲁迅并没有说他们是"亲戚朋友的关系"，只说他们是同籍；二是这也怪不得鲁迅，先以"籍"

和"系"为武器的是陈西滢，而不是鲁迅。

"籍"的问题之外，还有一个"系"的问题。鲁迅在《我的"籍"和"系"》（《鲁迅全集·华盖集》）一文中说："我确有一个'籍'，也是各人各有的一个籍，不足为奇。但我是什么'系'呢？自己想想，既非'研究系'，也非'交通系'，真不知怎么一回事。"这里的"研究系"和"交通系"乃反唇相讥，有弦外之音，实际上是对现代评论派的有力抨击。

1916年袁世凯死后，在黎元洪任北洋政府总统、段祺瑞任国务总理期间，原进步党首领梁启超、汤化龙等组织的"宪法研究会"，依附段祺瑞，并勾结西南军阀，进行政治投机活动，这个政客集团被称为"研究系"。袁世凯的秘书长兼交通银行总理梁士诒曾奉命组织他的部属为"公民党"，充当袁世凯当选总统和复辟帝制的工具，这个政客集团被称为"交通系"。鲁迅认为"研究系比狐狸还坏，而国民党则太老实，你看将来实力一大，他们转过来拉拢，民国便会觉得他们也并不坏……"（7）这里，鲁迅点出了"研究系"趋炎附势、投机善变的本领。"研究系"的成员不少是过去的保皇党人。既然过去的保皇党人可以一个筋斗翻到民国里来，成为北洋军阀政府谋士和帮凶，那么，北伐一旦成功，国民党的"实力一大，他们转过来拉拢"，"这时他们自然也将故态隐藏起来"。"研究系"就是这样的团体，而现代评论派的一些主要成员，跟"研究系"的政客、学者都有关系，有的关系还相当密切。

陈西滢言外之意说鲁迅搞派系，鲁迅则由"系"的问题
生发开去，点出了"研究系""比狐狸还坏"，而陈西滢及
现代评论派与"研究系"却有着难以挣脱的瓜葛。是谁在搞
派系呢？当然不言自明。陈西滢以"籍"和"系"为工具，
结果并没有占到便宜，却是搬起石头砸了自己的脚。

<h1 style="text-align:center">三</h1>

从"女师大风潮"中，我们似乎可以看到陈西滢与章士
钊是同气相投的。那么，陈西滢与章士钊私人交情怎样？我
一时查不到这方面的材料，但他们在"女师大风潮"以前是
有来往的——我不是说他们的来往也应该受到非议，而是说，
陈西滢相对地比较了解章士钊，因为是熟人，他在叙说到章
士钊时，也比较自然而不生分。他在《现代评论第一周年纪
念增刊》发表的《做学问的工具》一文中说："孤桐先生在
英国德国买的书我是亲自看见的。他柏林寓中两间房，几乎
满床满架满桌满地，都是关于社会主义的德文书。我不知道
这些书都在北京否。从《寒家再毁记》看来，好像他们夫妇
两位的藏书都散失了。这真是很可惜的。"可见，在柏林的
时候，他们就已有交往了。

章宅被毁是怎么回事呢？

1925 年 11 月 28 日，北京民众为要求关税自主和反对段祺瑞政府举行示威游行。群众对于段祺瑞和平日依附他的一些政客如章士钊者流，深为痛恨，游行时曾到他们的住宅示威；事后，章士钊即写了一篇《寒家再毁记》(8)，说他"家中所有，以中西书籍为第一项……西籍为愚历年续续购办。哲学政计诸门差完……最后一批，乃两年前在柏林所得，堪称富有"。又说当日群众"一拥而入，遇物即毁……自插架以至案陈。凡书之属无完者"。章士钊的叙述若是事实，让人想起了红卫兵运动，革命既不是今日才有的，红卫兵式的破坏也不是始于"文革"；"好得很"、"糟得很"的争论，也因了人的地位不同而有了不同的角度和不同的看法。

　　鲁迅没有纠缠于书要毁还是不要毁，而是别开一个思路，探究书的来源。鲁迅说："据说北京'三十多个大学，不论国立私立，还不及我们私人的书多'云。这'我们'里面……第二大概是'孤桐先生'即章士钊，因为在德国柏林时候，陈西滢教授就亲眼看见他两间屋里'几乎满床满架满桌满地，都是关于社会主义的德文书'。现在呢。想来一定更多的了。这真教我欣羡佩服。记得自己留学时候，官费每月三十六元，支付衣食学费之外，简直没有赢余，混了几年，所有的书连一壁也遮不满，而且还是杂书，并非专而又专，如'都是关于社会主义的德文书'之类。"如果说以上这段话只是带有一种暗示的话，接下来，鲁迅在《杂论管闲事·做学问·灰色等》（9）一文中干脆把话说明了："……这回之'散失'了'孤桐先生'夫妇的藏书，其加于中国的损失，就在毁坏了30多个国立及私立图书馆之上。和这一比较，刘百昭司长的失少了家藏的公款八千元，要算小事件了，但我们所引为遗憾的是偏是章士钊、刘百昭有这么多的储藏，而这些储藏偏又全遭了劫。"我想，章士钊书多，但未必多到比30多家大学图书馆的还要多。大约是指"关于社会主义的德文书"，比30多家大学图书馆这一类书还要多吧？鲁迅这里的责问不免刻薄。据我所知，有的清贫书生，一穷二白，省吃俭用，却也购得许多书的。不过，章士钊既是官员，百姓对政府官员的财产来源有疑问，如此问问，也还算情理中的事。

四

这里有一个插曲，就是所谓鲁迅的"剽窃案"。

1936年11月，曾经对鲁迅表示过某种敬意，认为"鲁迅是新文学界的老资格，过去十年内曾执过文坛牛耳"（10）的苏雪林，给胡适、蔡元培写了一封很长的信，一方面对胡适、蔡元培献媚讨好，肉麻吹捧，另一方面对鲁迅歪曲谩骂，嘲讽丑化。20世纪30年代的胡适，已与五四时期不同，他与鲁迅的关系已疏远，甚至到了不相往来的程度。胡适多次被鲁迅"骂"过，且自身的思想也日益西化，但是，即使在这样的时候，胡适不仅不同意苏雪林那种粗暴卑劣的做法，而且为鲁迅与陈西滢论争中遭受的冤案鸣不平。胡适说：陈西滢"先生当日误信一个小人张凤举之言，说鲁迅之小说史是抄袭盐谷温的……现今盐谷温的文学史已由孙工译出了，其书是未见我和鲁迅之小说研究以前的作品，其考据部分浅陋可笑。说鲁迅抄盐谷温，真是万分的冤枉。盐谷一案，我们应该为鲁迅洗刷明白"。（11）

胡适要为鲁迅"洗刷明白"的所谓"剽窃案"，就是关于鲁迅的《中国小说史略》一书。

不过，话还得先从陈西滢说起。

1925 年底至 1926 年初，北京又发生了后来是陈西滢夫人的凌叔华女士的"剽窃"事件。事情的经过是这样的：一是凌叔华剽窃小说图画的问题。《晨报副刊》自 1925 年 10 月 1 日起由徐志摩主编，报头用了一幅敞胸半裸的西洋女人黑白画像，无署名，徐志摩在开场白《我为什么来办我想怎么办》中也未声明画的来源，只是在同日刊载的凌叔华所作小说《中秋晚》后的附记中，顺便说"副刊篇首广告的图案也都是凌女士的"。10 月 8 日，《京报副刊》上登载了署名重余（陈学昭）的《似曾相识的〈晨报副刊〉篇首图案》，指出该画是剽窃英国画家琵亚词侣（又译毕亚兹莱）的。二是《现代评论》第 2 卷第 48 期（1925 年 11 月 7 日）发表了凌叔华的小说《花之寺》，11 月 14 日《京报副刊》又发表了署名晨牧的《零零碎碎》一则，暗指凌叔华的《花之寺》说："挽近文学界抄袭手段日益发达……现在某女士竟把柴霍甫的《在消夏别墅》抄窜来了……这样换汤不换药的小说，瞒得过世人吗？"刘半农等也撰文揭发凌叔华的抄袭行为。

当时，陈西滢正与凌叔华热恋。陈西滢不是批评抄袭，或者至少保持沉默，反而疑心这两篇文章都是鲁迅所作，故意与他为难，使他们难堪。陈西滢在1925年11月21日的《现代评论》第2卷第50期的"闲话"专栏发表《剽窃与抄袭》(12)一文，先是为凌叔华开脱和辩解："至于文学，界限就不能这样的分明了。许多情感是人类所共有的，他们情之所至，发为诗歌，也免不了有许多共同之点……难道一定要说谁抄袭了谁才称心吗？"因为有共同的情感，那么就可以像流水线生产产品一样，生产大同小异的作品了？难道一定要对抄袭不说是抄袭才称心吗？陈西滢接着说："'剽窃''抄袭'的罪名，在文学里，我以为只可以压倒一般蠢才，却不能损伤天才作家的……至于伟大的天才，有几个不偶然的剽窃？不用说广义的他们心灵受了过去大作家的陶养，头脑里充满了过去大作家的思想，就狭义的说，举起例来也举不胜举。"我搞不懂，什么是偶然的剽窃，又什么是必然的剽窃？我也搞不懂，天才是否因为剽窃因而伟大的。爱情冲昏了陈西滢的头脑，使他丧失理性，甚至不惜以对伟大作家的诋毁，来证明剽窃似乎是有理的。接着，陈西滢把矛头指向了鲁迅（他的文章写着写着，仿佛重余和晨牧真的成了鲁迅了，他甚至不想搞清事实，而是迫切地要予以声讨），他含沙射影地诬蔑鲁迅说："很不平的，我们中国的批评家有时实在太宏博了。他们俯伏了身躯，张大了眼睛，在地面上寻找窃贼，以致整大本的剽窃，他们倒往往视而不见。要举个例么？还是不说吧，我实在不敢开罪'思想界的权威'。总之这些批评家不见大处，只见小处；不见小处，只见他们自己的宏博处。"接着，陈西滢又在1926年1月30日的《晨报副刊》上发表《闲话的闲话之闲话引出的几封信》（13）。这几封信是两封《致岂明》，一封《致志摩》。在《致志摩》中，他又一次公开诬蔑鲁迅的《中国小说史略》是"日本人盐谷温的《支那文学概论讲话》里面的'小说'的一部分。其实拿人家的著述做你自己的蓝本，本可以原谅，只要你书中有那样的声明。可是鲁迅先生就没有那样的声明。在我们看来，你自己做了不正当的事也就罢了，何苦再挖苦一个可怜的学生，可是他还尽量的把人家刻薄。'窃钩者诛，窃国者侯'，本是自古已有的道理"。如上所述，陈西滢说，"许多情感是人类所共有的"，所以不算剽窃；那么，文学史上的许多客观材料，不也是人类所共有的吗？那也不算剽窃了。为凌叔华而出击的昏头昏脑的陈西滢充满了矛盾。什么是剽窃呢？什么不是剽窃呢？此时他已无理性标准，而只有自我感觉了。更何况，他所说的鲁迅剽窃盐谷温一事，根本就是子虚乌有的，我甚至都怀疑，他究竟是否读过鲁迅和盐谷温的书？

鲁迅是怎样回敬陈西滢的呢？

首先，鲁迅告诉陈西滢，揭发凌叔华剽窃案的文章并非他所作。鲁迅说："……我才悟到陈西滢教授大概是以为揭发叔华女士的剽窃小说图画的文章，也是我做的，所以早就将'大盗'两字挂在'冷箭'上，射向'思想界的权威者'。殊不知这也不是我做的，我并不看这些小说。'琵亚词侣'的画，我是爱看的，但是没有书，直到那'剽窃'问题发生后，才刺激我去买了一本 Art of A. Beardsley 来，化钱一元七。可怜教授的心目中所看见的并不是我的影，叫跳竟都白费了。遇见的'粪车'，也是境由心造的，正是自己脑子里的货色，要吐的唾沫，还是静静的咽下去罢。"（14）鲁迅的言语不无刻薄之处，然而又不能说是刻薄得无理。"境由心造"，胡乱猜疑，无名之火肆意发泄，想糟蹋别人，结果反糟蹋了自己。

其次，鲁迅将自己的《中国小说史略》和盐谷温的《支那文学概论讲话》进行比较，为自己作了必要的辩解。他写道："盐谷氏的书，确是我的参考书之一，我的《小说史略》二十八篇的第二篇，是根据它的，还有论《红楼梦》的几点和一张《贾氏系图》，也是根据它的，但不过是大意，次序和意见就很不同。其他二十六篇，我都有我独立的准备，证据是和他的所说还时常相反。例如现有的汉人小说，他以为真，我以为假，唐人小说的分类他据森槐南，我却用我法。六朝小说他据《汉魏丛书》，我据别本及自己的辑本，这工夫曾经费去两年多，稿本有十册在这里；唐人小说他据谬误最多的《唐人说荟》，我是用《太平广记》的，此外还一本一本搜起来……其余分量，取舍，考证的不同，尤难枚举。自然，大致是不能不同的，例如他说汉后有唐，唐后有宋，我也这样说，因为都以中国史实为'蓝本'。"这里，我们可以看到，鲁迅是摆事实，讲科学，有力地批驳了陈西滢。

鲁迅还告诉陈西滢："好在盐谷氏的书听说（！）已有人译成（？）中文，两书的异点如何，怎样'整大本的剽窃'，还是做'蓝本'，不久（？）就可以明白了。在这以前，我以为恐怕连陈西滢教授自己也不知道这些底细，因为不过是听来的'耳食之言'。不知道对不对？"（15）

其实，陈西滢的着眼点并不在于鲁迅的抄袭不抄袭，而在于证明凌叔华抄袭得有理，在于说明在抄袭的也不只是凌叔华，甚而至于鲁迅也是这么干的。自己剽窃，倒打一耙，"和尚摸得，我也摸得"，洋教授也有了阿Q心态。不管和尚摸了没摸，总摸不得，更何况和尚并不曾摸呢？

十年以后，终于真相大白。鲁迅在《且介亭杂文二集·后记》中说：

现在盐谷教授的书早有中译，我的书也有了日译，两国的读者，有目共见，有谁指出我的"剽窃"来呢？呜呼，"男盗女娼"，是人间大可耻事，我负了十年"剽窃"的恶名，现在总算可以卸下，并且将"谎狗"的旗子，回敬自称"正人君子"的陈源教授，倘他无法洗刷，就只好插着生活，一直带进坟墓里去了。

所谓"剽窃案"，结果搞得陈西滢自己十分狼狈。从这一事件中，我们可以看到陈西滢的"骂"鲁迅，掺杂了不少个人的情绪，仿佛十分公正和理性的绅士，也不过尔尔。陈西滢的心目中，似乎并无明确的是非界限，他喜爱的人，即使真的剽窃了，也有一大堆的理由可以为其开脱；他厌恶的人，他甚至没有耐心搞清楚基本事实，便把所谓的"窃国"之类的大帽扣上。有人说，鲁迅多猜疑，爱骂人。现在看来，这顶帽子给绅士有如陈西滢者戴上，倒是不大不小，颇为合适的。

五

陈西滢和胡适是一个阵营的。他们都是现代评论派的要员，都留学西洋，热衷于西式的民主和自由，也开口闭口讲西式的实证和科学。

为了更好地了解陈西滢与鲁迅之间因所谓"喊打"问题

而引出的"这样的中国人,呸!"以及"这样的中国人,呸!呸!!!"的谩骂,我以为,在这里有必要首先回顾一下胡适对"喊打"——宣战问题的态度。

在胡适口述、唐德刚整理的《胡适的自传》(16)一书中"青年期的政治训练"一节,集中体现了胡适对宣战问题的态度。

1915年,日本以战争威胁中国政府接受"二十一条"。当时,中国留学生为此热烈讨论,通过《中国学生月报》主张对日宣战。"对日本立刻开战"便是当时的口号。有的同学主张:"对日作战!必要的话,就战至亡国灭种!"也有的说:"纵使对日作战不幸战败而至于亡国,纵使这是命中注定不可避免的后果,我们也只有对日作战,被日本征服,作比利时第二!"还有的说:"中国人如今只有对日作战(毫不迟疑的对日作战),除此之外再没有第二条路可走!"

面对如此激动的情绪,狂热的宣传,胡适"甚为焦虑"!因此,他写了一封致全国留学生的公开信,陈述了他的"忠告":

> 这些在我看来简直是不折不扣的疯癫。我们都情感冲动,神经紧张——不是的,简直是发了"爱国癫"!弟兄们,在这种紧要的关头,冲动是毫无用处的。情感的冲动,慷慨激昂的爱国呼号,和充满情绪的建议条陈,

未尝有助于任何国家的危难。谈兵"纸上"对我辈自称为"留学生"和"干材"的人们来说，实在是肤浅之极。

……

我敢说，在目前的条件下，对日作战，简直是发疯。我们拿什么去作战呢？我们的总编辑说，我们有百万雄师。说我们正视现实：我们至多只有十二万部队可以称为"训练有素"，但是装备则甚为窳劣。我们压根儿没有海军。我们最大的兵船只是一艘排水量不过四千三百吨的第三级的巡洋舰。再看我们有多少军火罢？！我们拿什么来作战呢？

所以出诸至诚和报国之心我要说对日用兵论是胡说和愚昧。我们在战争中将毫无所获，剩下的只是一连串的毁灭、毁灭和再毁灭。

这里，我们在过去了八九十年后，可以隔着一段遥远的距离来看问题。我以为，胡适表现了一种"知其不可为则不为"的务实态度。虽然，他只强调了实力对比的悬殊，没有说明当时的中国政府不足以领导这样一场战争，没有说明当时"没有先进政党领导"状态下的人民的觉悟程度，然而，这仍不失为一种知己并勇于直面的理性态度。即使当年中国有足够实力可以因"二十一条"问题与日作战，从国家意志而言，选择战争，也是最后的手段。打不过的情况下不打，或者暂时不打，积极备战，忍辱负重，卧薪尝胆，从而争取最后的胜利，这既是古代的也是现代的战略原则，中西皆然。就说毛泽东吧，也有打不过就跑、敌进我退的战略思想，他甚至认为王明之流打不过硬干的蛮干是"机会主义"。所以，胡适说："用只手来推挽大海的狂澜，算不得勇敢；以卵击石，更不算英雄。"

那么，怎么办呢？在胡适看来，要利用英美等国制约日本（是否也可以说是利用帝国主义之间的矛盾），要开展外交努力，至少要推迟战争爆发的时间。"落后就要挨打"，不落后就要人人力争上游。在胡适看来，救国要强国，强国是一个历史过程，不仅需要鼓动家和宣传家，还需要各种各样的人才。胡适说："救国的事件需要各式各样的人才；真正的救国的预备在于把自己造成一个有用的人才。"（17）胡适又说："在我个人看来，我辈留学生如今与祖国远隔重洋；值此时机，我们的当务之急，实在应该是保持冷静。让我们各就本分，尽我们自己的责任；我们的责任便是读书学习。我们不要让报章上所传的纠纷耽误了我们神圣的任务。我们要严肃冷静、不惊、不慌的继续我们的学业。充实自己，为祖国力争上游，如果祖国能渡此大难的话——这点我想是绝无问题的，或者去为祖国起死回生，如果祖国真有此需要的话！"（18）总之，打不打仗，是政府的事，是士兵的事，学生固然要爱国，爱国的最切实的办法就是岗位爱国，加倍努力地学习，成为于国家有用之才。

胡适这样的表述，在某些国人看来，完全可以给他戴上一顶"不抵抗主义者"的帽子，说他是"卖国贼"也不是全无道理。其实不然，抗日战争爆发后，胡适以北京大学文学院长的身份到欧美各国开展国民外交，宣传中国人民团结抗战的决心，并争取各国政府与民众的同情和支持。此后，胡适出使美国，在大使任内，不辞辛苦，为国难奔走呼号，赢得国内外一片赞扬声。

言归正传。我们再来看看陈西滢的"喊打"问题。有了胡适的铺垫，也许更有益于对这一历史公案的理解。

1925 年，上海爆发了五卅运动。这一年的 5 月 14 日，上海日商内外棉纱厂工人，为抗议资方无理开除工人，举行罢工。次日，日本资本家枪杀工人顾正红（共产党员），激起上海各界人民的公愤。30 日，上海学生 2000 余人，在租界进行宣传，声援工人，号召收回租界，被英帝国主义逮捕 100 余人。随后群众万余人集中在英租界南京路捕房前，要求释放被捕者，高呼"打倒帝国主义"等口号，英巡捕开枪射击，当即伤亡数十人。

事件发生后，陈西滢写了《五卅惨案》（19）一文，从中我们可以看出他这个"在国外的时候，事事处于旁观的地位"的人也走上了街头，对镇压学生的执政府的官员和警察表示了强烈的厌恶之情。"当初我们立在执政府门前的时候，看看出出进进的执事人们，不禁得到一个奇异的印象，中国人本是一个丑陋的民族，可是像那些其貌不扬的人们，一时也不容易找出这许多来。难道物以类聚，不那样便不会进那个门了呢？还是进了那个门便连相貌都变了呢？"而且认识到这惨案是英、日的侵略行为，极力主张除"应当竭力反抗"日、英外，还应联合"主持正义、自由、人道的外国人"，尽快组织起与国外交换新闻的组织，把"事实的真相"传播到世界各国去，以争取世界正义人民的同情和支持。另外，考虑到各阶层人民经济状况的不同，对国内募捐支援上海同胞的工作提出自己的看法，他说："希望捐助愈多愈好，却并不赞成高限度的划一征收办法。"在《干着急》（20）中，他指出，梁任公等只知叹息痛恨"干着急"，要求"杀人抵命"。"他们看见了目前的土壤便看不见远处的山丘，他们看见了两三个斑点便忘记了全豹。5 月 30 日的惨杀可以说是租界使役人们个人的暴行，可是事前的禁止游行，滥捕学生，是个人的行为么？后几天的'戒严令'，是个人的行为么？中国外交当局虽然提出抗议，租界军警还是天天惨杀，天天查封学校，天天施行种种高压强暴手段，也是个人的行为么？""沪案是一个政治问题，北京大学教职员同人在他们所宣布的关于沪案性质的辩证一篇文章里已经说得明明白白。"从以上文字，我们可以感受到陈西滢明白的是非之心和爱国热情。

但是，陈西滢在表示了反帝爱国的思想的同时，也发表了反对以武力抵御日、英的"闲话"。他对学生悲愤填胸、置生死于度外与段祺瑞执政府的军警决一死斗的行动大呼"真不值得"。在《多数与少数》（21）一文中，他主张："我是不赞成高唱宣战的。中国的大兵，叫他们残杀同胞虽然力量有余，叫他们打外国人就非但没有充分的训练，并且没有至少限度的设备。如果许多热心的军民人等自己投效去作战，那么，以血肉之躯去和机关枪，毒气炮相拼，就完全牺牲完了也得不到什么。""我们虽然打不过人家，我们不妨据理力争"，"要求英国撤回公使，派兵到租界去保护人民并不就是宣战。英国政府也一定不会因此就与中国宣战，因为他们是以民意为向背的，中国政府这样的态度正可以告诉英国民众，这次的运动不是暴动，而是全国的义愤。"又说：许多中国人"一听见外国人就头痛，一看见外国人就胆战。这与拳匪的一味强蛮通是一样的不得当。如果一个孔武有力的大汉打你一个耳光，你虽然不能与他决斗，你尽可理直气壮地与他评一评理，不能因为恐怕他再打你一顿便缩缩颈跑了，你如缩缩颈跑了，或是对他作一个揖，说他打得不大得当，他非但不见得看得起你，还许要骂你一声'死猪'呢"。在《知识阶级》（22）一文中，他又重弹"宣战我是不赞成的"。"我们现在应当在宣战一途之外想在种种方面来抵抗英国人。如果不让步而避免战事，终要设法避免战事。可是如果英国人与我们宣战，或是逼得我们到不得不作战的一步，那么我们也只好作战。我们明明知道作战是牺牲，作战是不会赢的。但是我们替这几千年的老大古国究竟争了一点面子。""战争是苦事"，"战争是恐怖，战争是地狱。"

以上列举陈西滢的观点，归纳起来有两条：一是反对学生赤手空拳地与军警搏斗，这样的牺牲"真不值得"；二是不到万不得已，中国政府不应参战。

对于五卅惨案问题，鲁迅是否明确表示过要"宣战"，我至少目前没有看到过这方面的材料；至于学生与军警冲突，实际上鲁迅与陈西滢的观点是一致的——反对学生与虎谋皮。"三一八惨案"发生后，《华盖集续编》里为惨案而写的几篇战斗杂文，几乎每篇都提到请愿问题，他反复指出："但我却恳切地希望：'请愿'的事，从此可以停止了。"（《"死地"》）"请愿的事，我一向就不以为然的。""但愿这样的请愿，从此停止就好。"（《空谈》）

许广平后来回忆说：

　　我还记得"三一八"那天清早，我把手头抄完的《小说旧闻钞》送到鲁迅先生寓所去。我知道鲁迅的脾气，是要用最短的时间做好预定的工作的，在大队集合前还有些许时间，所以就赶着给他送去。放下了抄稿，连忙转身要走。鲁迅问我："为什么这样匆促？"我说："要去请愿！"鲁迅听了以后就说："请愿请愿，天天请愿，我还有些东西等着要抄呢。"那明明是先生挽留的话，学生不好执拗，于是我只得在故居的南屋里抄起来。写着写着，到十点多钟的时候，就有人来报讯，说铁狮子胡同段执政命令军警关起两扇铁门拿机关枪向群众扫射，死伤多少还不知道。我立刻放下笔，跑回学校。（23）

明知"三一八"那天北京学生要举行请愿，而把许广平留下抄东西，不让她去参加，这就更具体反映了鲁迅对请愿的态度。对于段祺瑞镇压学生游行请愿的罪恶历史，鲁迅是历历在目的，因而他对北洋军阀反动本质的认识是极其深刻的，认为"他们麻木，没有良心，不足与言，而况是请愿，而况又是徒手"。（24）鲁迅对"三一八惨案"的态度如此，对"五卅惨案"的态度也是如此。

反对学生与军警冲突的问题，鲁迅与陈西滢认识的深度不一，但一样怀有深厚的爱心，希望他们不白白送死。那么，我们的话题似乎可以再回到"参战"上来。陈西滢在上述反对"参战"的思想指导下，在《现代评论》第 2 卷第 38 期发表了《参战》（25）一文。文章是讲张歆海（浙江海盐人，曾任华盛顿会议中国代表团随员，当时是清华大学教授）先生某天晚上行走在王府井大街上，忽闻呐喊声，便上前探个究竟。原来是一个黄包车夫拉了一个喝醉酒的美国兵，他不但没收到车钱，反而被美国兵打了一顿，一名黄衣巡警也倒在烂泥里，挣扎着起不来。三四名中国人跟在两个美国兵后面叫嚷着："打！打！"两个美国兵若无其事，不慌不忙地慢慢走着，不时还停下转身看看后面的中国人。中国人总是与美国兵隔着六七丈的距离，喊着："打！打！"美国兵走，他们便跟着走，美国兵停住，他们也停住。（这让我想起了某些电影中枯瘦如柴的印度人或黑人，跟在洋人后头，又奔又跳的"抗议"场面。——作者）一会儿中国人越来越多，有百余人，还有几个警察，但仍只是远隔着美国兵，口喊："打！打！"当两个美国兵到东交民巷口时，返身笑嚷道："来呀！来呀！"此时，百余人不到两分钟居然走散得无影无踪了。陈西滢在文末愤恨骂道："打！打！宣战！宣战！这样的中国人，呸！"

《参战》当然不是一篇就事论事的文章，它借题发挥，反映了陈西滢一贯的和胡适同气相投的思想：不要妄言"参战"，参战不只是宣传，要有诸种的准备，参战是迫不得已的最后的手段。陈西滢还认为，如此愚弱和麻木的国民，参战了也必败。

陈西滢在于证明这样的中国人以及领导这样的中国人的中国政府，是不能赢得战争的。只喊打，最终的结果是毁灭。陈西滢是理性的，但他的理性带有浓烈的失败主义的色彩。

当然，若论美国兵打人这一具体事件，陈西滢对美国兵没有表示义愤，对向肇事者示威的同胞，不仅不表示同情、支持，反而辱骂，这很不近情理。一个"呸"字，留洋绅士高高在上的可憎面目，暴露无遗。对此，鲁迅在《并非闲话（二）》（26）中评价道：

> 　　这样的中国人真应该受"呸！"他们为什么不打的呢，虽然打了也许又有人来说是"拳匪"。但人们那里顾忌得许多，终于不打，"怯"是无疑的。他们所有的不是拳头么？
>
> 　　但不知道他们可曾等候美国兵走进了东交民巷之后，远远地吐了唾沫？（若真如鲁迅所想象的，吐了唾沫，那不是活生生的一群阿 Q 吗？——作者）《现代评论》上没有记载，或者虽然"怯"，还不至于"卑劣"到那样罢。
>
> 　　然而美国兵终于走进东交民巷口了，毫无损伤，还笑嚷着"来呀来呀"哩！你们还不怕么？你们还敢说"打！打！宣战！宣战！"么？这百余人，就证明着中国人该被打而不作声！
>
> 　　"这样的中国人，呸！呸！！！"

　　显然，鲁迅老夫子动了感情了，以牙还牙，以呸还呸。不过，这里的"呸！！！"若说有什么不雅，那首先是先呸起来的那个人，而鲁迅此"呸"，却有一点毛泽东的"不须放屁"一样的磅礴大气。

我以为，陈西滢这里的意思不是、至少不只是"证明着中国人该被打而不作声"，而是对中国人卑怯心理的一种痛恨，痛之深，故言之也苛。实际上，它与鲁迅的改造国民性的思想，很大程度上是一致的。

我们不妨回顾一下《呐喊·自序》中的那件影响鲁迅思想的事情。鲁迅在仙台医专学习时，正值日俄战争时期，日俄以我国东北为主要战场，进行了一场分赃战争。鲁迅在微生物学的课堂上，经常看到老师在课间放映关于日俄战争的画片。他说：

> 有一回，我竟在画片上忽然会见我久违的许多中国人了，一个绑在中间，许多站在左右，一样是强壮的体格，而显出麻木的神情。据解说，则绑着的是替俄国做了军事上的侦探，正要被日军砍下头颅来示众，而围着的便是来赏鉴这示众盛举的人们。

由此，鲁迅感悟道："凡是愚弱的国民，即使体格如何健全，如何茁壮，也只能做毫无意义的示众的材料和看客，病死多少是不必以为不幸的。"哀其不幸，痛其不争，这末一句话"不必以为不幸"，道尽了鲁迅对中国人的绝望。他对麻木、卑怯的中国人的痛恨程度，比陈西滢有过之而无不及。我们在阅读《药》、《阿 Q 正传》、《示众》等作品时，小说中直接间接反映的民众围观革命志士牺牲的场面，和他们将烈士的血当药吃等情节，让读者不能不为作品所反映的民众的"厚重的麻木相"和低沉的政治气氛而感到压得透不过气来。此外，鲁迅的许多有关论述，就显得更为直截了当了，有的甚至就仿佛对"喊打"事件的直接评说。鲁迅说："胜了，我是一群中的人，自然也胜了：若败了时，一群中有许多人，未必是我受亏……他们举动，看似猛烈，其实却很卑怯。"（27）鲁迅又说："中国人不但'不为戎首'，'不为祸始'……既是'不为最先'，自然也不敢'不耻最后'，所以虽是一大堆群众，略见危机，便'纷纷作鸟兽散'了。如果偶有几个不肯退转，因而受害的，公论家便异口同声，称之曰傻子。对于'锲而不舍'的人们也一样。"（28）

鲁迅可以批评国民性问题，陈西滢当然也可以。从鲁迅留学时期见到的看客，到陈西滢的《参战》，如果说中国人有什么长进的话，那也只是从观看到喊打。

一般说来，五卅惨案这一具体事件，在当时历史条件下，不可能促使爆发中日、中英之间的战争。我除了看到鲁迅的"骂"陈西滢的观点外，也看不出他对中国是否参战有如对请愿问题那样明确的态度。概而言之，关于病态中国人的问题，鲁迅与陈西滢的思想客观上是相近的，至于对要否"宣战"问题，鲁迅并没有发表意见。

喊打问题，参战问题，似乎犯不着呸来呸去。以我而言，我很难否认胡适、陈西滢的理性态度，一样的，也很难否认鲁迅的激愤，毕竟，那是一个可激愤的时代。不过，我还是要说，胡适、陈西滢的理性，科学到了"冷"的程度，说到底，他们是绅士和学者；而鲁迅，他总是激愤，总是澎湃着激情，鲁迅和他们不是一路人，鲁迅首先是战士，其次才是作家、学者，等等。

六

"女师大风潮"不久，"三一八惨案"发生了。

首先应该肯定，在这一重大的历史事件中，陈西滢写过一些斥责封建军阀屠杀尤辜学生，悼念死难学生的进步文章。在《文化的交流》（29）一文中，他痛切地说："'我中华物质虽不及他国，而文化优异有足多者。'这句话引起了我们的注意后，不到几天，就有了很好的证明。真的，像3月18日那样的惨杀爱国民众，只有在文化优异的中国才看得到。""要是我们的'文化'就是这样的'优异'，我还是觉得越不'足多'越好些了。要是我们的'精神文明'就是这么一回事，我情愿还是不要我们原有的精神文明吧。"鲁迅关于传统文化的"吃人"的思想，关于"不读中国书"的思想，与陈西滢此处所言，有似曾相似之处，不谋而合之妙。

但是，陈西滢在谴责军阀的同时，胡说惨案也应该由群众领袖负责，诬蔑杨德群烈士的惨死，是受女师大教员所驱使。他在《现代评论》第3卷第68期上写道："当时一些人"本不打算再到执政府。因为他们听见宣布执政府的卫队已经解除了武装，又偏信了李鸣钟（此人据说为负有治安责任者）所言，"对于这一天的运动，军警当妥当保护"。陈西滢因此说："我们不能不相信，至少有一部分人的死，是由主席的那几句话。要是主席明明知道卫队没有解除武装，他故意那样说，他的罪孽当然不下于开枪杀人者；要是他误听流言，不思索调查，便信以为真，公然宣布，也未免太不负民众领袖的责任。""要是李氏并没有信去，那么宣读的信，出于捏造，那捏造的人，又犯了故意引人去死的嫌疑。"尽管在这则"闲话"中，陈西滢有了一个前提，他用愤怒的语言责问道："这主谋的谁，下令的谁，行凶的谁，他们都负有杀人的罪，一个都不能轻轻放过。我们希望特别法庭即日成立，彻底的调查案情，严重的执行各罪犯应得的惩罚。"在当时军阀统治下的北平，有此言论，殊属不易！然而，就像我们将要介绍梁实秋的"与抗战无关论"的完整意思是——写抗战有关的尤为欢迎，写与抗战无关的，只要不是八股，也应允许——被省去前提只剩下"与抗战无关"一样，陈西滢为正义呐喊的一面被有意无意地忽略了，在一些文章中，陈西滢仿佛成了执政府的戈培尔，这自然是不公正的。

鲁迅是不主张请愿的，他认为"正无需乎震骇一时的牺牲，不如深沉的韧性的战斗"。（30）如前所述，许广平要去请愿，鲁迅请她安坐勿躁，埋头抄稿。鲁迅认为请愿之类，实际上是与虎谋皮，这与陈西滢所惋惜的，学生白白送死，有什么区别呢？陈西滢说："对于未成年的男女孩童"，"对理性没有充分发展的幼童，勉强灌输种种武断的政治的或宗教的信条，在我们看来，已经当得起虐待的名字，何况叫他们去参加种种他们还莫名其妙的运动，甚而至于像这次一样，叫他们去冒枪林弹雨的险，受践踏死伤的苦！"这里，陈西滢虽然有一点悲天悯人的做作，但也不能说有什么大不对。在历次学生运动中，鼓动别人去死，自己却逃之夭夭的人，不管他是哪党哪派的"领袖"，是应该负有道义责任的。难道谴责儿句这样的煽动者，就有什么大不敬的吗？就可以和刽子手相提并论了吗？

　　鲁迅在《"死地"》（31）中对陈西滢指责"学生们本不应该蹈死地"的言论，感到"比刀枪更可以惊心动魄"。仿佛陈西滢比段祺瑞及其刽子手还要坏了。在《空谈》中，鲁迅谴责陈西滢道："群众领袖应负道义的责任。这些东西仿佛就承认了对徒手群众应该开枪，执政府前原是'死地'，死者不如同自投罗网一般。群众领袖本没有和段祺瑞等辈心心相印，也未曾互相沟通，怎么能够料到这阴险的辣手。这样的辣手，只要略有人气者，是万万豫想不到的。"鲁迅又说："这次用了四十七条性命，只购得一种见识：本国的执政府前是'枪林弹雨'的地方，要去送死，应该待到成年，出于自愿才是。我以为'女志士'和'未成年的男女孩童'，参加学校运动会，大概倒还不至于有很大的危险的。至于'枪林弹雨'中的请愿，则虽是成年的男志士们，也应该切切记住，从此罢休！"在这里，鲁迅则主张"真的猛士"，应该是"敢于直面惨淡的人生，敢于正视淋漓的鲜血"。（32）鲁迅是不错的，"三一八惨案"以后，首先，也是最重要的，是声讨刽子手，而不是"群众领袖"。陈西滢在这样的时候，仍不忘他的"公允"，从历史的眼光看固然公允，而在当时，难免会激起人们的愤恨。

尽管如此，我仍然要说，陈西滢和段祺瑞等刽子手不是一路人，段是杀人犯，陈不是为段抹去血迹的人。陈西滢和鲁迅一样，都旗帜鲜明地谴责了杀人者。陈西滢和鲁迅不同的是对待"群众领袖"的问题。

指出这一点，不是没有必要的，我们要是不看陈西滢的原文，只从鲁迅的文章看，我们完全可以把他当作杀人者一路的人，只不过他是用笔杆子杀人。

当然，也不是只有鲁迅对陈西滢愤恨，也还有别人。当时在北大英语系读书并旁听鲁迅课程的学生董秋芳写了一篇杂文，题为《可怕与可杀》，发表于《京报副刊》第454号。文章斥骂陈西滢"逍遥法外，说几句风凉话"，"真聪明到万万分，却也阴狠到万万分"，"简直是畜生的畜生，这种畜生，这种畜生的畜生，生殖在人类里面，早就可怕，而且早就可杀人了"。这篇文章没有太多的说理。读了不说理的文章，陈西滢也不说理了。陈西滢恼羞成怒，滥用他担任北大英语系主任的职权，以不发给英文练习本为报复，使董秋芳没有翻译成绩，不能毕业。事后，董秋芳写了三张申诉启事，张贴在北河沿北大三院门口，当众揭发陈西滢的丑行。他又向鲁迅陈述这一事件经过，请求鲁迅声援。凡是陈西滢反对的，鲁迅就要支持。鲁迅不但鼓励董秋芳把他翻译的高尔基等人的小说、散文整理出版，而且亲自推荐到书店印行。这本书，就是后来出版的《争自由的波浪》。1926 年 6 月 9 日，鲁迅在《通信（复未名）》中，又揭露了陈西滢迫害董秋芳的劣迹。

鲁迅的支持不是无足轻重的，董秋芳后来成了一个著名的翻译家。

七

1927 年，陈西滢发表《新文学运动以来的十部著作》一文。陈西滢所列 10 部著作包括：胡适的《胡适文存》、吴稚晖的《一个新信仰的宇宙观与人生观》、顾颉刚的《古史辨》、郁达夫的小说《沉沦》、鲁迅的小说集《呐喊》、郭沫若的诗集

《女神》，徐志摩的《志摩的诗》、西林的戏剧《一只马蜂》、杨振声的长篇小说《玉君》以及冰心的小说集《超人》。其中，对鲁迅的评价是这样的：陈西滢认为《孔乙己》、《风波》、《故乡》是鲁迅"描写他回忆中的故乡的人们风物，都是好作品"，但又说，小说里的"乡下人"，"虽然口吻举止，惟妙惟肖，还是一种外表的观察，皮毛的描写。"即使只肯定了这些小说的描写风土人情的好处，也不忘大打折扣。他同时又认为《阿Q正传》要高出一筹，但也不过认为阿Q是同李逵、鲁智深、刘姥姥等"同样生动，同样有趣的人物，将来大约会同样的不朽的"。只承认在艺术上的生动有趣，并不谈及鲁迅的思想深度，以陈西滢留英博士的训练，这种评价绝不是眼光问题。他同时更不忘表示对鲁迅杂文的不恭。在文后的说明中，陈西滢说了一段别有意味的话："我不能因为我不尊敬鲁迅先生的人格，就不说他的小说好，我也不能因为佩服他的小说，就称赞他其余的文章。我觉得他的杂感,除了《热风》中二三篇外,实在没有一读的价值。"——后面这几句话可以说是点睛之笔：恭维鲁迅的小说写得好，是为了给自己挂上"公正"的招牌，然后，再以此"公正"的面目，来彻底否定鲁迅的杂文——欲取姑予，此之谓也！

陈西滢1946年任国民党驻巴黎联合国教科文组织首任常驻代表。1965年中法建交，台湾当局"大使"降旗返台，而陈西滢奉命以联合国中国代表名义驻馆看守，顶着冬寒和断炊之苦，犹自顽守，最终被法国军警强行架出，尚拼命挣扎，以致血压升高，心脏衰竭，当场晕厥。此后他便宣布"引咎辞职"，于1966年退休，长住伦敦养病。

注释

（1）郭沫若：《创造十年续编》，《创造社资料》，福建人民出版社1985年1月版。

（2）（4）（26）《鲁迅全集·华盖集》。

（3）（12）（19）（20）（21）（22）（25）（29）《西滢闲话》，"中国现代散文名家名作原版库"，中国文联出版公司1993年版。

（5）《鲁迅全集·华盖集·并非闲话》。

（6）《六十年来鲁迅研究论文选》，中国社会科学出版社1982年9月版。

（7）《鲁迅致许广平书简》，第109页，河北人民出版社1980年1月版。

（8）1925年12月5日《甲寅》周刊第1卷第21号。同年5月7日，因章士钊禁止学生纪念国耻，学生曾赴章宅质问，发生冲突，因此章称这次为"再毁"。

（9）（31）《鲁迅全集·华盖集续编》。

（10）苏雪林：《〈阿Q正传〉及鲁迅创作的艺术》，《六十年来鲁迅研究论文选》，中国社会科学出版社1982年9月版。

（11）《胡适来往书信选》中册，中华书局1979年版。

（13）《恩怨录·鲁迅和他的论敌文选》，今日中国出版社1996年11月版。

（14）（15）《鲁迅全集·华盖集续编·不是信》。

（16）（18）《胡适的自传》，华东师范大学出版社1981年2月版。

（17）《胡适哲学思想研究资料》，华东师范大学出版社1981年2月版。

（23）《鲁迅回忆录》，《许广平文集》第2卷，江苏文艺出版社1998年1月版。

（24）《鲁迅全集·华盖集续编·空谈》。

（27）《鲁迅全集·热风·随感录之三十八》。

（28）《鲁迅全集·华盖集·这个与那个》。

（30）《鲁迅全集·坟·娜拉走后怎样》。

（32）《鲁迅全集·华盖集续编·记念刘和珍君》。

复古与学潮

——鲁迅与章士钊

一

鲁迅与章士钊的关系，可以从这几方面加以考察：《甲寅》与复古；"女师大风潮"与鲁迅的被免职；"三一八惨案"；鲁迅对章士钊人品的评价；章士钊晚年对鲁迅的议论。

为了相对全面地了解鲁迅的"骂"章士钊，有必要对章的一生作简略的介绍。

章士钊（1881—1973），字行严，笔名秋桐、孤桐、青桐、无卯等，湖南长沙白茅铺何家冲人。与鲁迅同岁。他是跨越中国近现代史上清王朝、民国和新中国三个时代的历史人物。1901 年，章考入南京陆师学堂，这时，被称为是"壮志毅魂，呼啸风云，吞长江而饮歇湖"的人物。1902 年上海南洋公学闹学潮，章积极响应，率领 30 多个同学赶赴沪上，推波助澜。辛亥革命前，章士钊曾参加反清斗争，策划过暗杀清廷要员的活动。章士钊早期与章太炎、黄兴、孙中山过从甚密；他资助过毛泽东，与陈独秀是超越政见的亲密朋友；他接近过袁世凯，投靠了段祺瑞，同蒋介石的关系也不错，还当上了杜月笙的法律顾问；新中国成立后，这位老乡，成了毛泽东的挚友。与章士钊复杂的人生经历一样，章士钊的思想倾向也是色彩斑驳的。他鼓吹过旧民主主义革命，又主张复古倒退，恢复旧礼教；他赞成过资产阶级代议制，又宣传基尔特社会主义……

　　章士钊一度是新文化运动的"公敌"，高一涵、成仿吾、徐志摩、郁达夫、林语堂、周作人、胡适等都曾与其论战。章士钊也是鲁迅一生中骂得最多最狠的人物之一。鲁迅写了《评心雕龙》、《十四年的"读经"》、《古书与白话》、《再来一次》、《答KS君》等十余篇文章，对章士钊的人品、学问、文化观点、政治倾向都进行了批判。

二

　　对以章士钊为代表的"甲寅"派的斗争，是现代文学史上三次反对封建复古派的斗争之一。《甲寅》杂志原为月刊，

1914 年创刊于东京，两年后出至 10 期停刊。该刊本有进步倾向，支持过孙中山领导的辛亥革命。1925 年 7 月他主持《甲寅》周刊复刊，这个封面上印有黄斑虎标志的所谓"老虎报"，就成了专门反对爱国学生运动、反对新思潮和新文学的"半官报"。《甲寅》周刊上接连发表了《评新文化运动》和《评新文学运动》，集中攻击新文化运动和白话文，企图从逻辑学、语言学、文化史等角度来证明文言文的优越，说什么"吾之国性群德，悉存文言，国苟不亡，理不可弃"。"甲寅"派这次反扑与以往几次复古思潮不同，它直接由章士钊这样的封建文化机构的掌权人物发起，得到北洋军阀政府支持，与反动当局镇压学生运动，屠杀爱国群众的政治行动紧密配合，所以斗争实际上超出了文化界。正如当时《京报》副刊所披露的："新文化……到了现在，平地一声雷，遇着一只纸老虎，章总长劈头反对白话，进而评新文化运动。纸张洁白，印刷精致，一望而知为'总长'之出版物。惟狗能诛联，谬话百出，斯为憾耳。'颂扬执政，恭维自己'，这八字铁证，即可见我总长之厚脸矣！"于是，"章士钊之名"，为"儒林所不齿"了。

鲁迅对章士钊的"甲寅"派展开了批判。

《甲寅》出刊不久，鲁迅就写了《答 KS 君》（1）一文。在这篇文章里，鲁迅辛辣地讽刺"甲寅"派是"连成语都用不清楚"的古文家。原来，章士钊在《孤桐杂记》中，把出于《庄子·知北游》中的"每下愈况"写成"每况愈下"了。鲁迅抓住以后，大做文章，对他们表示了极大的轻蔑。鲁迅说："倘说这是复古运动的代表，那可是只见得复古派的可怜，不过以此当作讣闻，公布文言文的气绝罢了。"鲁迅接着分析道："所以，即使……将有文言白话之争，我以为也该是争的终结，而非争的开头，因为《甲寅》不足称为敌手，也无所谓战斗。倘要开头，他们还得有一个更通古学，更长古文的人，才能胜对垒之任，单是现在似的每周印一回公牍和游谈的堆积，纸张虽白，圈点虽多，是毫无用处的。"鲁迅还揭露了"甲寅"派提出"读经救国"，其实也并非真的要"读经"和"救国"，只不过是"耍些把戏"，作为"阔人"愚弄、统治大众"偶尔用到的工具"。鲁迅的攻击，确如讣闻，公布了《甲寅》的气绝。

在鲁迅为代表的新文学战线的回击之下，随着北洋军阀段祺瑞政府的倒台，"甲寅"派也很快销声匿迹了。新文学和白话文更加站稳了脚跟，此后虽也不时有复古的沉渣泛起，但终究成不了什么气候。

三

虽然如前所述，章士钊青年时代曾参与学生运动，可是时过境迁，一旦坐上"教育总长"的宝座，自然又是另一番情形了。此一是非，彼一是非。章士钊的女儿章含之说："父亲当时想用'读书救国'来办教育，因此企图整顿学风，严格考核。他反对学生参加政治，主张闭门读经书，因此他禁令学生不得上街游行，从而激怒了爱国进步学生。"

　　章士钊到任以后，以整顿教育自命，当然要支持杨荫榆。当杨荫榆制造事端，迫害学生的时候，章士钊在 1925 年 8 月 6 日的国务会议上提请停办女师大，当即被通过，10 日由教育部下令执行。章士钊亲自草拟的《停办北京女子师范大学呈文》也在 8 月 8 日出版的《甲寅》周刊第 1 卷第 4 号上发表。呈文说，女师大学生"不受检制，竟体忘形，啸聚男生，蔑视长上……谨愿者丧其所守，狡黠者毫无忌惮，学纪大紊，礼教全荒"。随后章士钊又决定在女师大校址另立女子大学，派他的亲信、教育部专门教育司司长刘百昭负责筹备。8 月 22 日，刘百昭雇用流氓女丐殴拽女师大学生出校，这样就算是把女师大彻底摧毁了。

　　女师大学生闻讯，坚决反对教育部停办女师大的命令，开会决定由学生公举 11 人，教员公举 9 人（包括鲁迅在内），组成维持会，在《京报》上刊出了《国立北京女子师范大学教育维持会成立启事》。鲁迅等向女师大全体教员发出成立女师大校务维持委员会的倡议信，并且和一些教员组成了校务维持会，在西城宗帽胡同租赁房屋作为临时校舍，义务给被赶出学校的学生授课，表示支持。

这时，章士钊向段祺瑞写了免去鲁迅教育部"佥事"的呈文：

> 敬祈呈者，窃查官吏服务，首先恪守本份，服从命令。兹有本部佥事周树人，兼任国立女子师范大学教员，于本部下令停办该校以后，结合党徒，附合女生，倡设校务维持会，充任委员。似此违法抗令，殊属不合，应请明令免去本职，以示惩戒（并请补交高等文官惩戒委员会核议，以完法律手续）。是否有当，理合呈请，鉴核施行。谨呈临时执政

> 十二日

这个呈文第二天即获批准。就这样，在教育部担任14年"佥事"的鲁迅，因"女师大风潮"而被免职了。

鲁迅被免职后，据说，当部员们在教育部的牌告上看到这一消息以后，曾经出现了一阵哗乱。一部分追随章士钊的人表示高兴，但另外为数不少的人表示反对，还有一部分人虽然心里反对，但不敢说。（2）蔡元培先生在回忆这一段往事时说："先生在教育部时，同事中有高阳齐君寿山，对他非常崇拜，教育部免先生职后，齐君就声明辞职，与先生同退。齐君为人豪爽，与先生的沉毅不同；留德习法政，并不喜欢

文学，但崇拜先生如此，这是先生人格的影响。"(3)与齐寿山一起辞职的，还有鲁迅的终生挚友许寿裳先生。

女师大学生于 1925 年 5 月 9 日向北洋政府临时执政段祺瑞提出罢免章士钊的要求。章士钊采用了以退为进的手段，于 5 月 11 日向段祺瑞提出辞呈。首先斥责女师大学生，"夫束发小生，千百成群，至以本营长官之进退，形诸条件"，然后说他的辞职不是为他个人，而是怕影响段祺瑞的健康和时局的安宁，"钊诚举措失当，众怒齐攖，一人之祸福安危，自不足计，万一钧座因而减膳，时局为之不宁……钊有百身，亦何能赎。"（4）软绵绵的语气，活脱脱一只驯服的羔羊！正在这时，鲁迅看到报上有化名"武者"的师大学生写的一篇文章，说他"发现了两样东西：凶兽和羊，践踏者和奴隶"。（5）鲁迅立即指出章士钊、杨荫榆"是凶兽样的羊，羊样的凶兽"，"他们是羊，同时也是凶兽：但遇见比他更凶的凶兽时，便现羊样，遇见比他更弱的羊时便现凶兽样。因此，武者君误认为两样东西了。"（6）在段祺瑞面前是羊，在学生面前是狼，这就是鲁迅眼里的章士钊。

为了抗争，鲁迅决定与章士钊进行一次合法斗争。鲁迅于 8 月 22 日向北平政院提起行政诉讼，控告章士钊违法。1926 年初，易培基接替章士钊出任教育总长，他没有兴趣维护章的决定，结果鲁迅胜诉了，于 1926 年 1 月回教育部工作。女师大也在同时恢复了，风潮始告平息。

四

　　中国人对"三一八惨案"并不陌生。1926年3月，在冯玉祥国民军与奉系军阀张作霖、李景林等作战期间，日本帝国主义因见奉军战事失利，便公开出面援助，于12日以军舰两艘驶进大沽口，炮击国民军守军，国民军亦开炮还击，于是日本便向段祺瑞政府提出抗议，并联合英、美、法、意、荷、比、西等国，借口维护《辛丑条约》，于3月16日以八国名义提出最后通牒，要求停止津沽间的军事行动和撤除防务等等，并限于48小时内予以答复。北京各界为反对日本帝国主义这种侵犯中国主权的行为，于3月18日在天安门集会抗议，会后结队赴段祺瑞执政府请愿；不料段祺瑞竟命令卫队开枪射击，并用大刀铁棍追打砍杀，死47人，伤150余人。

　　那么，"三一八惨案"与章士钊有什么关系呢？我以为，由于1925年的"女师大风潮"与"三一八惨案"相距太近的缘故（很多鲁迅传记是把两者并在一节里叙述的），由于死难的刘和珍、杨德群等人都曾是"女师大风潮"的积极参与者（刘和珍是六个学生自治会成员之一），还由于惨案发生时章士钊是段祺瑞临时政府的秘书长，而"严拿"李大钊等"暴徒"的通缉令亦是章士钊起草的诸种原因，人们似乎习惯于把章士钊当作与段祺瑞一样的刽子手。

　　章士钊的女儿章含之说："在我中学时代，我们的语文课文里选进了两篇鲁迅先生的文章:《论'费厄泼赖'应该缓行》和《记念刘和珍君》。鲁迅先生在这两篇文章中用愤怒的语言斥责父亲参与制造'三一八惨案',是一只必须穷追猛打的'落水狗'。"(7)我重读了章含之提到的鲁迅的两篇名文,事实上,鲁迅并没有用愤怒的语言斥责章士钊,也不曾说章士钊参与制造"三一八惨案"。鲁迅斥责的是段祺瑞的军阀政府。如果说鲁迅间接斥责了章士钊的话,如果说鲁迅的文章客观上给人的感觉是斥责了章士钊的话,那也只是因为章士钊事实上是段执政的一名宠臣。

应该说,"三一八惨案"发生时,章士钊是站在与大众对立的段政府一边的;鲁迅也是认为章士钊与段祺瑞政府其他要员一样,是有间接责任的。在《可惨与可笑》(8)一文中,鲁迅把"三一八惨案"与章士钊任教育总长时的局势联系起来。鲁迅说:"其实,去年有些'正人君子'们称别人为'学棍''学匪'的时候,就有杀机存在,因为这类诨号,和'臭绅士''文士'之类不同,在'棍''匪'字里,就藏着可死之道的。"又说:"去年,为'整顿学风'计,大传播学风怎样不良的流言,学匪怎样可恶的流言,居然很奏了效。今年,为'整顿学风'计,又大传播共产党怎样活动,怎样可恶的流言,又居然很奏了效。"骂鲁迅等人为"学匪",以及"整顿学风",都是章士钊任教育总长时的"仁政"。鲁迅旧事重提,不会一无用心罢!"三一八惨案"以后,段政府通缉严拿"暴徒"，鲁迅也认为这可能是章士钊的计划。鲁迅说："同日就又有一种谣言。便是说还要通缉 50 多人；但那姓名的一部分，却至今日才见于《京报》。这种计划，在目下的段祺瑞政府的秘书长章士钊之流的脑子里，是确实会有的。"这里，鲁迅对章士钊"脑子里""会有"的东西进行推论。鲁迅不是章士钊肚子里的蛔虫，这种无根据或者说根据不充分的推论，当然只是表现了鲁迅对章士钊的恶感。

章士钊毕竟不是军阀，倘认为是章直接下令枪杀学生，确实不符合历史事实。这一点，章士钊不仅当年就发表声明，为自己辩白；到了晚年，章士钊在与章含之的谈话中也一再强调。他说："'三一八惨案'与我并无直接关系。"章含之补充道，惨案发生时，章士钊已不是教育总长。不过，章也承认"作为段祺瑞政府的秘书长，惨案之后他曾奉命草拟过一份通缉令"。

我手头有林志浩、朱正、曾庆瑞、林非与刘再复著的四部鲁迅传记，都没有说章士钊是"三一八惨案"的制造者。章含之似乎对鲁迅原文记忆有误，是凭感觉归纳出了她父亲的冤枉——鲁迅并没有冤枉章士钊。

五

章含之的回忆录《我的父亲章士钊》为我们提供了晚年

章士钊对鲁迅的评价。章士钊除了对自己进行必要的辩护外，还一厢情愿地做了某种假设，他说："鲁迅要是活到解放，我和他可能是朋友呢！"他以为的"和鲁迅硬是有缘"，有什么根据呢？他说自 20 世纪 50 年代初起，他同许广平都是历届人大代表，每次开大会又都是主席团成员，后来又都是常委会委员。"章"和"許"两个姓氏笔画相同，因此每次上主席台，章士钊同许广平都是毗邻而坐。章说："我们很客气嘛，谁都不提几十年前的事了。"有一次服务员上茶先送许广平，许广平把茶让给章士钊说："您是我的师长，您先用。"章士钊说："我和鲁迅的夫人都和解了，坐在一起开会，鲁迅如果活着，当然也无事了。"

若是活到了新中国成立后，鲁迅和章士钊有可能成为朋友吗？我以为，鲁迅与章士钊毕竟有本质的不同，也有气质上的区别。章含之在回忆乔冠华的时候还提到，乔冠华最爱读鲁迅的书，而章士钊是不读鲁迅的书的。因而，我可以断定，章士钊至死，也未必了解鲁迅，所以才把鲁迅引以为可能的"朋友"了。

鲁迅一生中有许多的论敌和怨敌，在他的《死》（9）一文中，有一段著名的文字："只还记得在发热时，又曾想到欧洲人临死时，往往有一种仪式，是请别人宽恕，自己也宽恕了别人。我的怨敌可谓多矣，倘有新式的人问起我来，怎么回答呢？我想了一想，决定的是：让他们怨恨去，我也一个都不宽恕。"鲁迅至死也不会"宽恕"的，这与鲁迅的"打落水狗"精神、"硬骨头"精神一致，是鲁迅的基本品格之一。倘若章士钊懂得一点鲁迅，大约也不会发以上轻飘飘的"风趣"的谈话吧。

鲁迅的"骂"章士钊，亦多有蔑视的。鲁迅在致许广平的信中私议了章士钊："至于今之教育当局，则我不知其人。但看他挽孙中山对联中之自夸，与对于完全'道不同'之段祺瑞之密切，为人亦可想而知。所闻的历来的言行，盖是一大言无实，欺善怕恶之流而已。要之，能在这昏浊的政局中，居然出为高官，清流大约无这种手段。"（10）章士钊挽孙中山的对联是："景行有二十余年，著录纪兴中，掩迹郑洪题字大；立义以三五为号，生平无党籍，追怀蜀洛泪痕多。"郑、洪指郑成功和洪秀全；三五，指三民主义和五权宪法；蜀、洛，指北宋时期以苏轼为首的蜀党和以程颐为首的洛党。章士钊在这副对联中，吹嘘了他和孙中山的关系。至于段祺瑞，章士钊曾先后任他的政府的司法总长、教育总长、秘书长等职，"段执政"的雅号，亦是章士钊移植的结果。章、段是不是真如鲁迅所说"道不同"呢？我以为这个结论似乎有失偏颇。章士钊在"昏浊的政局中，居然出为高官"，这是鲁迅所佩服的，遗憾的是，鲁迅没能多活一些日子，否则，大约也可以看到他和蒋介石、杜月笙者流的种种合作吧！

此外，1925年8月20日，在章士钊将鲁迅免职后，鲁迅写的《答 KS 君》一文，怀着平静的心情，以历史观照现实，用颇带沧桑感的口气说："我们看历史，能够据过去以推知未来，看一个人的已往的经历，也有一样的效用。你先有了一种无端的迷信，将章士钊当作学者或知识阶级的领袖看，于是从他的行为上感到失望，发生不平，其实是作茧自缚；他这人本来就只能这样，有着更好的期望倒是你自己的误谬。""因为我本来就没有预期章士钊能做出比现在更好的事情来"。鲁迅的这些话，平和中透出某种沉痛，"他这人本来就只能这样"，话说绝了。正确与否不敢妄论，暮年章士钊若读了或者重温了鲁迅的这些话，该不会那么轻松自在地对章含之笑谈鲁迅了吧？我想。

虽然鲁迅赞赏的人——比如胡风、冯雪峰——新中国成立以后，并不能因鲁迅的赏识而免遭厄运。然而，一般情况下，鲁迅"骂"过的人，大多是在劫难逃，殃及妻儿的。不过，有一个人却是例外，这就是章士钊。

很多未必有劣迹的人，都受到了各种各样运动的冲击，而凭着章士钊的劣迹，他的劣迹又是压制学生运动，鼓吹复古，居然能在"文革"中不受冲击，这虽不敢说是绝无仅有的，如此特例，大约也不会太多吧！

这全因为了他的同乡、老友或晚辈毛泽东的周到安排。在全国都取消了稿费制度的情况下，从 1962 年起，毛还借故从自己的稿费中抽取，每年"还"章士钊 2000 元钱。在万马齐暗的"文革"时期，毛特为他开绿灯，于 1971 年出版了章士钊的四大卷逾百万字的《柳文指要》。毛章之间，还有许多哑谜，比如，毛曾让警卫员突然给章送去一只鸡等，连毛的身边人员也百思不得其解。正如李育中所说，章士钊"一生最大幸运，是后半生遇上一个……最得力的保护人。不然的话，就很难堪了"。（11）

注释

（1）《鲁迅全集·华盖集》。

（2）孙瑛：《鲁迅在教育部》，天津人民出版社 1979 年 8 月版。

（3）蔡元培：《记鲁迅先生轶事》，湖南人民出版社《我心中的鲁迅》1979 年 10 月版。

（4）转引自吴奔星：《鲁迅和"女师大风潮"》。

（5）1925 年 5 月 9 日《京报副刊》。

（6）《鲁迅全集·华盖集·忽然想到（七）》。

（7）章含之：《我的父亲章士钊》，《新华文摘》1988 年第 7 期。

（8）《鲁迅全集·华盖集续编》。

（9）《鲁迅全集·且介亭杂文末编》。

（10）《鲁迅全集·两地书·一五》。

（11）李育中：《两个社会的人物》，《随笔》1994 年第 6 期。

气质和气质之外的冲突

——鲁迅与徐志摩

　　徐志摩（1896—1931），原名徐章垿，笔名南湖、诗哲、仙鹤等。浙江海宁人。诗人、散文家。先后在上海沪江大学、天津北洋大学、北京大学读书。1918年夏离开北京大学，先后入美国克拉克大学社会学系、纽约哥伦比亚大学研究院、英国剑桥大学研究院读书。在美国结识了胡适。1921年开始写诗，1922年底回国，一面从事教育工作，一面写诗。1923年，新月社在北京成立，徐志摩是主要成员之一。1927年春，与胡适等于上海筹建新月书店，并任《新月》月刊总编辑。有《徐志摩全集》等行世。

　　鲁迅对留学西洋的洋绅士有一种本能的反感，反感他们对劳苦大众的冷漠，反感他们以高等华人自居的派头。鲁迅说："梁实秋有一个白璧德，徐志摩有一个泰戈尔，胡适之有一个杜威，——是的，徐志摩还有一个曼殊斐儿，他到她坟上去哭过。"（1）其实，梁实秋、陈西滢、徐志摩等人后面还有一个莎士比亚，鲁迅不是讨厌莎士比亚，而是讨厌徐志摩把莎士比亚据为己有、并将其当作洋绅士的徽章的作态。

徐志摩1925年10月26日在《晨报副刊》发表的《汉姆雷德与留学生》一文中说："我们是去过大英国，莎士比亚是英国人，他写英文的，我们懂英文的，在学堂里研究过他的戏……英国留学生难得高兴时讲他的莎士比亚，多体面多够根儿的事情，你们没到过外国看不完全原文的当然不配插嘴，你们就配扁着耳朵悉心的听……没有我们是不成的，信不信？"陈西滢同月21日在《晨报副刊》发表的《听琴》一文中也说："不爱莎士比亚你就是傻子。"鲁迅是一个实在人，看了这样别扭、轻飘的文字，不作呕，至少也是皱眉头的。所以，当有人劝鲁迅少做一些短评，争取去写一些莎士比亚似的伟大著作时，鲁迅在感激了人们的好意之后说："……我以为如果艺术之宫里有这么麻烦的禁令，倒不如不进去；还是站在沙漠上，看看飞沙走石，乐则大笑，悲则大叫，愤则大骂，即使被沙砾打得遍身粗糙，头破血流，而时时抚摩自己的凝血，觉得若有花纹，也未必不及跟着中国的文士们去陪莎士比亚吃黄油面包之有趣。"（2）这里的"文士们"，就是徐志摩等人。

1924 年，印度诗人泰戈尔到中国旅行，徐志摩追随泰戈尔左右。当时有人称泰戈尔是"诗圣"，也有人称徐志摩为"诗哲"。鲁迅认为，徐志摩他们把泰戈尔"捧杀"了，在《骂杀和捧杀》（3）一文中，当谈及"捧杀"时，鲁迅就引了泰戈尔的例："人近而事古的，我记起了泰戈尔。他到中国来了，开坛讲演，人给他摆出一张琴，烧上一炉香，左有林长民，右有徐志摩，各各头戴印度帽。徐诗人开始介绍了：'唵！叽哩咕噜，白云清风，银磬……当！'说得他好像活神仙一样，于是我们的地上的青年们失望，离开了。神仙和凡人，怎能不离开呢？"当然，泰戈尔毕竟不是那么嫩、那么好"杀"的。

　　徐志摩是怎么"捧"泰戈尔的呢？1924 年 5 月 19 日《晨报副刊》曾刊登了徐志摩的一份演讲词，他以诗人特有的方式称赞泰戈尔说："他的人格我们只能到历史上搜寻比拟，他的博大的温柔的灵魂我敢说永远是人类记忆里的一次灵迹。他的无边际的想象与辽阔的同情使我们想起惠德曼；他的博爱的福音与宣传的热心使我们记起托尔斯泰；他的坚韧的意志与艺术的天才使我们想起造摩西像的密仡郎其罗；他的诙谐与智慧使我们想象当年的苏格拉底与老聃；他的人格的和谐与优美使我们想念暮年的葛德；他的慈祥的纯爱的抚摩，他的为人道不厌的努力，他的磅礴的大声，有时竟使我们唤起救主的心像；他的光彩，他的音乐，他的雄伟，使我们想念奥林必克山顶的大神。他是不可侵凌的，不可逾越的，他是自然界的一个神秘的现象。"泰戈尔是伟大的，但在徐志摩眼里，他近乎是神了，所以鲁迅说："大约他到中国来的时候，决不至于还胡涂，如果我们的诗人诸公不将他制成一个活神仙，青年们对于他是不至于如此隔膜的。现在可是老大的晦气。"（4）鲁迅似乎觉得，徐志摩捧"诗圣"，是为了沾点光，使自己也成为"诗哲"。所以，鲁迅在若干文章或书信中，都以挖苦的口吻称徐志摩为"诗哲"。徐志摩也有趣，他干脆取笔名为"诗哲"。

　　鲁迅在《集外集》的《序言》中，回顾了他跟徐志摩发生纠葛的一件往事："我更不喜欢徐志摩那样的诗，而他偏爱到各处投稿，《语丝》一出版，他也就来了，有人赞成他，登了出来，我就做了一篇杂感，和他开一通玩笑，使他不能来，他也果然不来了。这是我和后来的'新月派'积仇的第一步；语丝社同人中有几位也因此很不高兴我。"《语丝》1924年12月1日第3期刊登了徐志摩译的法国波德莱尔《恶之花》诗集中《死尸》一诗，诗前还有徐志摩的长篇议论，把诗人的主观感受渲染到了神秘的程度。他说："我不仅会听有音的乐，我也会听无音的乐（其实也有音就是你听不见），我直认为我是一个干脆的 Mystis（按即神秘主义者）……你听不着就该怨你自己的耳轮太笨，或是皮粗，别怨我。"他认为："诗的真妙处不在他的字义里，却在他的不可捉摸的音节里；他刺戟着也不是你的皮肤（那本来就太粗太厚！）

却是你自己一样不可捉摸的魂灵。"徐志摩所说的这一套并非他的发明，而是借波特莱尔介绍象征主义文艺思潮。象征主义是 19 世纪 80 年代从文学波及其他艺术的一种思潮。象征主义不承认正常的五官感觉而承认官能交错现象，在艺术上就是混淆诗、音乐、绘画和雕塑的界限和区别。他们的名言是"一切的一切，音乐为先"，"象征唤起灵魂的音乐"。徐志摩在 20 世纪 20 年代，是着意而认真地要介绍西方这种新的文艺流派的。针对徐志摩的观点，鲁迅在《语丝》第 5 期发表《"音乐"？》（5）一文，加以嘲讽。鲁迅认为，此后"他也果然不来了"。一年后，当周作人要徐志摩给《语丝》写点东西时，徐就说他"不敢随口答应"，原因之一是，"我如其投稿不致再遭《语丝》同人的嫌（上回的耳朵！）"（1926 年 1 月 26 日致周作人信）他对鲁迅的《"音乐"？》一文，一直耿耿于怀的。

此外，鲁迅在杂文里多次直接或间接地嘲讽过徐志摩，如：《十四年的"读经"》里所谓"被卢币换去了良心"；《评心雕龙》里模拟徐志摩的文字；《并非闲话（三）》里对"文士"充当托尔斯泰"侍卫"的讽刺；以及《有趣的消息》里讥评徐志摩对陈西滢的吹捧。这些文章中，鲁迅都没有点名，只是顺笔"刺"了一下。不了解有关背景的读者，有可能忽略过去。但是，如鱼饮水，冷暖自知，徐志摩自己却有切肤之感。

鲁迅与陈西滢"闲话"问题论争持续半年之后，徐志摩介入了，他于1926年初相继发表了几篇文章：1926年1月13日的《"闲话"引出来的闲话》，1月20日的《再添几句闲话的闲话乘便妄想解围》，2月3日又以《结束闲话，结束废话》为题，发表了他与李四光的通信等文章。他的这些文章配合了陈西滢等人的言论，客观上代表了"现代评论派"祖护北洋军阀和帝国主义的政治立场。最让鲁迅不满的是，在鲁迅和陈西滢的冲突中，徐志摩和陈西滢合伙在《晨报副刊》炮制了"攻周专号"，鲁迅还没有还击，他就对着"混斗的双方"高喊"带住"。对鲁迅放了一顿排炮，不等别人回击，自己就装作局外人要求双方"休战"。这好比甲看着乙把丙揍了一顿，丙一还击，甲便挤在彼此间，打着公正的腔调说："你们不要打了。"事实上，甲是偏袒了另一方的。关于这一段旧事，我在鲁迅与陈西滢以及李四光部分，已详加介绍，有兴趣的读者可以参阅，此处就略去不表了。

　　在"攻周专号"发表的第二天，徐志摩在致周作人的信中，一面假惺惺地表示自己"十三分懊怅，前晚不该付印那一大束通信"，一面要求周作人劝说鲁迅"休战"。他说："只有令兄鲁迅先生脾气不易捉摸，怕不易调和，我们又不易与他接近，听说我与他虽则素昧平生，并且他似乎嘲弄我几回我并不曾还口，但他对我还像是有什么过不去似的，我真不懂，惶惑极了。我极愿意知道开罪所在，要我怎样改过我都可以，此意有机会时希为转致。"

确实，鲁迅与徐志摩的冲突，表面上看都是鸡毛蒜皮的小事情，但唯其没有大事件又令鲁迅如此反感，正说明了他们是气质的冲突，是徐志摩身上的西洋气让鲁迅闻了不舒服。生活中不是有这样一种现象吗？有的人，虽是敌人，却让人敬慕；有的人，虽然一无冲突，却让人讨厌，甚至多看一眼也觉得难受。所谓"心有灵犀一点通，话不投机半句多"，多少也表达了这一层意思。我以为，这种难以言传的矛盾，就是气质的冲突。当然，这种气质背后还有立场问题。

此后，鲁迅继续对徐志摩的其他一些言行作了揭露。如《无花的蔷薇》（6）中有三处。一是针对徐志摩在《罗曼罗兰》一文中说的"……但如其有人拿一些时行的口号，什么打倒帝国主义等等，或是分裂与猜忌的现象，去报告罗兰先生说这是新中国，我再也不能预料他的感想了"。在当时，遭受入侵的中国人要"打倒帝国主义"，竟成了徐志摩攻击的目标。鲁迅气愤地反驳道："莫非从'诗哲'的眼光看来，罗兰先生的意思，是以为新中国应该欢迎帝国主义的么？"鲁迅对徐志摩只即兴来了点并非咬牙切齿的轻度的讽刺，并未大张挞伐。鲁迅之不爱徐志摩，绝非单纯的对其种作品的爱憎，而是立足于民族命运和历史责任感的方向性的理性取舍。二是针对徐志摩吹捧陈西滢是"有根"的"学者"，和陈西滢声称"尤其"徐志摩"非但在思想方面，就是在体制方面，他的诗和散文，都已经有一种中国文学里从来不曾有过的风格"，鲁迅加以讥讽道 : "但中国现今'有根'的'学者'和'尤其'的思想家及文人，总算已经互相选出了。"三是针对徐志摩和陈西滢一唱一和地否定鲁迅著作的言论，鲁迅表示"但我总算已经被中国现在'有根'的'学者'和'尤其'的思想家及文人协力踏倒了"。又如《马上日记之二》（7）中，鲁迅指出，泰戈尔 1924 年访华，"可惜被戴印度帽子的震旦人（按：指徐志摩）弄得一榻胡涂，终于莫名其妙而去"等等。

注释

(1)《鲁迅全集·三闲集·现今的新文学的概观》。

(2)《鲁迅全集·华盖集·题记》。

(3)《鲁迅全集·花边文学》。

(4)《鲁迅全集·花边文学·杀与捧杀》。

(5)《鲁迅全集·集外集》。

(6)(7)《鲁迅全集·华盖集续编》。

"丧走狗"与"丧牛"
——鲁迅与梁实秋

梁实秋（1902—1987），原名梁治华，笔名秋郎、子佳、希腊人。浙江余杭人。文艺理论家、散文家、翻译家。著译有《雅舍小品》、《莎士比亚全集》、《远东英汉大辞典》等。

在当今大陆许多人的印象中，梁实秋的名字是和"丧家的资本家的'丧'走狗"胶结在一起的。在那场发生于20世纪20年代末期和30年代初期的关于文学阶级性的论争之后，梁实秋在革命阵营中的名声不好。1940年初，梁实秋准备随"国民参政会华北慰问视察团"赴延安，毛泽东明确表示他是不受欢迎的人；1942年5月，毛泽东在《在延安文艺座谈会上的讲话》中，将他定为资产阶级文学的代表。那么，那场争论的来龙去脉究竟怎样呢？问题似乎并不是"丧走狗"

几个字这么简单。

一

梁实秋与鲁迅的冲突，最主要的内容是关于文学的阶级性问题。鲁迅对居于社会下层的劳苦大众有着深厚的爱心，支持描写民间疾苦的现实主义文学，因而也就自然而然地支持无产阶级的普罗文学；而梁实秋反对文学的阶级性，其主要目的是在于否认普罗文学，他认为无产阶级没有文学，大众也不配鉴赏文学，因而，他的文学观是缺乏人民性思想的贵族的文学观。

五四运动以后，随着中国革命形势的发展，在苏联的影响下，许多作家积极倡导无产阶级革命文学，文学与革命、文学的阶级性等问题，被广大作家所瞩目。梁实秋立刻把矛头对准了无产阶级文学。他认为，不应该特别地提倡什么无产阶级的文学，因为文学是没有阶级性的。他说：

> 文学的国土是最宽泛的，在根本上和在理论上没有国界，更没有阶级的界限。一个资本家和一个劳动者，他们的不同的地方是有的，遗传不同，教育不同，经济的环境不同，因之生活状态也不同，但是他们还有同的地方。他们的人性并没有两样，他们都感到生老病死的

无常，他们都有爱的要求，他们都有怜悯与恐怖的情绪，他们都有伦常的观念，他们都企求身心的愉快。文学就是表现这最基本的人性的艺术。无产阶级的生活苦痛固然值得描写，但是这苦痛如其真是深刻的必定不是属于一阶级的。人生现象有许多方面都是超于阶级的。例如，恋爱（我说的是恋爱的本身，不是恋爱的方式）的表现，可有阶级的分别吗？例如，歌咏山水花草的美丽，可有阶级的分别吗？没有的。如其文学只是生活现象的外表的描写，那么，我们可以承认文学是有阶级性的，我们也可以了解无产阶级文学是有它的理论根据；但是文学不是这样肤浅的东西，文学是从人心中最深处发出来的声音。如其"烟囱呀"！"汽笛呀"！"机轮呀"！"列宁呀"！便是无产文学，那么无产文学就用不着什么理论，由它自生自灭罢。我以为把文学的题材限于一个阶级的生活现象的范围之内，实在是把文学看得太肤浅太狭隘了。（1）

梁实秋的话是抽象的，也是笼统的。"人的生活状态不同"，就是说人的阶层不同、阶级地位不同，那么，在许许多多的言行方面是会有大不同的。抽象地说、笼统地说，穷人富人都有爱情。可是阿 Q 爱起来，只会说要和吴妈困觉（倘若他们结合了，如梁实秋所言，对国家的贡献也"只是靠了生孩子"。要是在今天，生孩子不仅不是贡献，反而增加了国家的负担），全然不同于贾宝玉和林黛玉的缠绵悱恻。再说花吧，富人有赏梅花之雅兴，穷人则往往蹲在菜地上，盯着油菜花，梦想着有个好收成。至于梁实秋说的，题材的广泛，原是不错的。可是，事实是，很长一个时期以来，文坛上的题材只局限于才子佳人、鸳鸯蝴蝶、帝王将相、达官贵人，然而，他不吭气，他不抨击。文坛上才刚刚有了无产者的作品、无产者的形象，他便如此按捺不住，这不是太性急了吗？一向被誉为温柔敦厚的梁实秋，为什么一碰到无产者的文学，就既不温柔也不敦厚了呢？怎么就这样的武断和粗暴呢？

对于梁实秋的上述言论，鲁迅认为"这些话是矛盾而空虚的"。鲁迅认为，文学是有阶级性的。他在《"硬译"与"文学的阶级性"》（2）一文中说："文学不借人，也无以表示'性'，一用人，而且还在阶级社会里，即断不能免掉所属的阶级性，无需加以'束缚'，实乃出于必然。自然，'喜怒哀乐，人之情也'，然而穷人决无开交易所折本的懊恼，煤油大王那会知道北京检煤渣老婆子身受的酸辛，饥区的灾民，大约总不去种兰花，像阔人的老太爷一样，贾府上的焦大，也不爱林妹妹的。"鲁迅在《文学和出汗》（3）一文中也说："譬如出汗罢，我想，似乎于古有之，于今也有，将来一定暂时也还有，该可以算得较为'永久不变的人性'了。然而'弱不禁风'的小姐出的是香汗，'蠢笨如牛'的工人出的是臭汗。不知道倘要做长留世上的文字，要充长留世上的文学家，是描写香汗好呢，还是描写臭汗好？这问题倘不先行解决，则在将来文学史上的位置，委实是'岌岌乎殆哉'。"鲁迅还批评了"表现最普通的人性的文学为至高"的观点，倘是如此，鲁迅认为"则表现最普遍的动物性——营养，呼吸，运动，生殖——的文学，或者除去'运动'，表现生物性的文学，必当更在其上"。鲁迅认为："倘说，因为我们是人，所以以表现人性为限，那么，无产者就因为是无产阶级，所以要做无产文学。"旗帜鲜明地亮出了无产者文学的大旗。

关于文学的阶级性问题，鲁迅还有过许多论述。鲁迅一以贯之的观点是："世界上有两种人：压迫者和被压迫者！"（4）"地球上不只一个世界，实际上的不同，比人们空想中的阴阳两界还利害。这一世界中人，会轻蔑，憎恶，压迫，恐怖，杀戮别一世界中人……"（5）鲁迅的阶级性观点，与他的人民性是紧紧联系在一起，是密不可分的。他憎恨上层社会，至于什么阶级倒是在其次的；他同情下层人民的不幸，不论他是工人、农民，还是孔乙己之类的穷酸的读书人。

关于阶级性问题，梁实秋还有一个见解，认为文学作品与作者的阶级无关。他说："文学家就是一个比别人感情丰富感觉敏锐想象发达艺术完美的人。他是属于资产阶级或无产阶级，这于他的作品有什么关系？托尔斯泰是出身贵族，但是他对于平民的同情真可说是无限量的，然而他并不主张阶级斗争；许多人奉为神明的马克斯，他自己并不是什么无产阶级中的人物；终身穷苦的约翰孙博士，他的志行高洁吐属文雅比贵族还有过无不及。我们估量文学的性质与价值，是只就文学作品本身立论，不能连累到作者的阶级和身份。"(6)

对此，鲁迅驳斥说："这些例子，也全不足以证明文学的无阶级性的。托尔斯泰正因为出身贵族，旧性荡涤不尽，所以只同情于贫民而不主张阶级斗争。马克思原先诚非无产阶级中的人物，但也并无文学作品，我们不能悬拟他如果动笔，所表现的一定是不用方式的恋爱本身。至于约翰孙博士终身穷苦，而志行吐属，过于王侯者，我却实在不明白那缘故，因为我不知道英国文学和他的传记。也许，他原想'辛辛苦苦诚诚实实的工作一生，多少必定可以得到相当的资产'，然后再爬上贵族阶级去，不料终于'劣败'，连相当的资产也积不起来，所以只落得摆空架子，'爽快'了罢。"（7）

我以为梁实秋与鲁迅的这些话，都是不错的。文学家与作品是既有关系，又无关系，应该具体问题具体对待。马克思背叛了本阶级，鲁迅是地主阶级的"逆子贰臣"，梁实秋、胡适的个人生活也许（至少是某一时期）是清贫的，是"无产"的。然而，这一切都不能改变他们本身的思想倾向和阶级属性。关于这一点，我在以下谈到梁实秋是不是"资本家的走狗"时，还要涉及，也可作为反证。

往下，鲁迅还驳斥了梁实秋攻击"无产阶级文学理论以文艺为斗争的武器，就是当作宣传品"的观点。关于这个问题，鲁迅的基本观点是：一切的文艺都是宣传，但不是所有的宣传品都是文艺。鲁迅的这一基本立场，我在本书的其他文章中已有涉及，这里就不赘述了。

梁实秋也是一个死不改悔的"走资派"，他的公子梁文骐曾说："……我父亲晚年提到过关于文学阶级性的那场论争，但他的见解没有变，还是老样子。"（8）

我是赞成鲁迅的观点的。梁实秋抱着他的小媳妇韩菁清上床时，带着绅士的幽默说"我是举人了"（参见他的情书），再看他那些谈吃谈穿的"雅舍小品"，较之鲁迅对祥林嫂、对阿Q、对孔乙己的深切同情，以及鲁迅字里行间的深广忧愤，梁实秋属于什么阶级的文学，鲁迅又属于什么阶级的文学，这不是不言而喻吗？今天，虽不好多说什么"资产阶级"和"无产阶级"，但说梁实秋折腾的是"贵族文学"，鲁迅推崇的是"平民文学"，应该还是切合实际的。当然了，身为真正贵族的列夫·托尔斯泰却有着平民情怀，而不过是一个教书匠的梁实秋却很有"贵族作派"，这倒是另外一个问题了。

人性论与阶级论之争，不能视为鲁迅和梁实秋两人的私斗，也不能只简单看作文学观念的学术之争，在新月社乃至自由主义作家与左翼作家之间，这是一场必然要爆发的论争。鲁迅参加这场论争也是必然的，因为从根本上讲，鲁迅是一个极具人道主义思想的平民作家，他对下层人的深广同情，使得他必定也只能站在劳苦大众一边，站在无产阶级文学一边。

二

1930 年 2 月，《拓荒者》第 2 期刊载了冯乃超的《文艺理论讲座（第二回）·阶级社会的艺术》（9）它批驳了梁实秋的《文学是有阶级性的吗？》一文中的某些观点，其中说："无产阶级既然从其斗争经验中已经意识到自己阶级的存在，更进一步意识其历史的使命。然而，梁实秋却来说教——所谓'正当的生活斗争手段'。'一个无产者假如他是有出息的，只消辛辛苦苦诚诚实实的工作一生（！），多少必定可以得到相当的资产'。那末，这样一来，资本家更能够安稳的加紧其榨取的手段，天下便太平。对于这样的说教人，我们要送'资本家的走狗'这样的称号的。"

也许，梁实秋的观点包含了某种主观合理性，即希望大众能劳动致富。由劳动而获得一定数量的资产，这当然是人道的。但是，梁实秋并不懂得资本主义，特别是不懂得中国的资本主义。资本主义，在我看来就是资本操纵一切，以钱生钱，有钱的就越有钱。这种金钱万能的社会状况，实际上是对人的尊严的蔑视，是对人的劳动价值的否定，是不人道的。我们在千百万辛辛苦苦、诚诚实实的劳动者当中——

虽然是他们创造了世界——几乎看不到他们成为资产的拥有者。倒是擅长于坑蒙拐骗、烧杀奸淫之皮厚心黑之人，成了巨额资产的掠夺者和占有者。此外，梁实秋说"有出息的"，就"必定可以得到相当的资产"，那么，没有得到相当资产的，便是没有出息的。处于社会下层的人，总是大多数，大多数人是没出息的——高高在上的梁实秋，因为他高入云端了，所以见芸芸众生如见蝼蚁。

冯乃超的文章显然让梁实秋生气了，所以特别声明"我不生气"！梁实秋在 1929 年 11 月 10 日出版的《新月》第 2 卷第 9 期发表《"资本家的走狗"》（10）一文，他"觉得我自己便有点像是无产阶级里的一个"，他认为"大凡做走狗的都是想讨主子的欢心因而得到一点恩惠"，于是，他反问道：

> 《拓荒者》说我是资本家的走狗，是那一个资本家，还是所有的资本家？我还不知道我的主子是谁，我若知道，我一定要带着几份杂志去到主子面前表功，或者还许得到几个金镑和卢布的赏赉呢……我只知道不断的劳动下去，便可以赚到钱来维持生计，至于如何可以做走狗，如何可以到资本家的帐房去领金镑，如何可以到 ×× 党去领卢布，这一套本领，我可怎么能知道呢？

梁实秋在为自己开脱，认为自己不是资本家的走狗的同时，却反唇相讥，隐指领卢布的那些人才是××党即共产党的走狗。在同一期上，还刊载了梁实秋的《答鲁迅先生》（11）一文，同样暗含杀机地说："在电线杆上写'武装保护苏联'，到报馆门前敲碎一两块价值五六百元大块玻璃，我是不干的。"

鲁迅立即加入了对梁实秋的批判。冯雪峰回忆说：

> 梁实秋因为左联机关刊之一的《拓荒者》某期上骂他为"资本家的走狗"，而写了一篇文章表示他的着急和伤心的时候，鲁迅先生愉快地说："有趣！还没有怎样打中了他的命脉就这么叫了起来，可见是一只没有什么用的走狗！……乃超这人真是忠厚人……我来写它一点。"鲁迅就写了题叫《"丧家的""资本家的乏走狗"》，不仅替冯乃超同志回答了梁实秋，而且真还击中了梁实秋的要害了。当鲁迅先生写好这篇杂文交给我去编进《萌芽月刊》的时候，他自己高兴得笑起来说："你看，比起乃超来，我真要'刻薄'得多了。"接着又说："可是，对付梁实秋这类人，就得这样……我帮乃超一手，以助他不足。"（12）

结合鲁迅的文章，接下来，我们要搞清楚的，一个是"走狗"问题，一个是"卢布"问题。

我们先来看看鲁迅的名文《"丧家的""资本家的乏走狗"》。鲁迅的回答是肯定的，梁实秋是资本家的走狗，只不过加了两条定语，即是"丧家的"，是"乏"的走狗。鲁迅说：

> 凡走狗，虽或为一个资本家所豢养，其实是属于所有的资本家的，所以它遇见所有的阔人都驯良，遇见所有的穷人都狂吠。不知道谁是它的主子，正是它遇见所有阔人都驯良的原因，也就是属于所有的资本家的证据。即使无人豢养，饿的精瘦，变成野狗了，但还是遇见所有的阔人都驯良，遇见所有的穷人都狂吠的，不过这时它就愈不明白谁是主子了。

鲁迅接着对"乏"字作了阐释，所谓乏者，即文艺评论的贫乏。因为是走狗，所以就不讲道理了，所以贫乏。鲁迅说：

> 我还记得，"国共合作"时代，通信和演说，称赞苏联，是极时髦的，现在可不同了，报章所载，则电杆上写字和"××党"，捕房正在捉得非常起劲，那么，为将自己的论敌指为"拥护苏联"或"××党"，自然

也就时髦得合时，或者还许会得到主子的"一点恩惠"了。但倘说梁先生意在要得"恩惠"或"金镑"，是冤枉的，决没有这回事，不过想借此助一臂之力，以济其"文艺批评"之穷罢了。所以从"文艺批评"方面看来，就还得在"走狗"之上，加上一个形容字："乏。"

梁实秋在论争中总是极力把他和鲁迅的思想分歧引向国民党政权白色恐怖下的政治层面，妄图把鲁迅的生命遣送到国民党政权的屠刀之下。梁实秋骂别人领卢布，鲁迅则认为梁实秋绝没有领金镑的事。魔高一尺，道高一丈，这表明了鲁迅在道义上的优越感。然而，虽是不领金镑，但歹毒却是够歹毒的，把论敌推到当局正捕得起劲的那方面去，这是要致人于死地的。这一点，在关于"卢布"问题时，还要继续谈到。

鲁迅骂梁实秋是"乏走狗"，梁实秋反击鲁迅为"瘦牛"。他在《新月》第 3 卷第 11 期上发表《鲁迅与牛》（13）一文。鲁迅在《阿 Q 正传的成因》中，曾自比为"一匹乏牛"，表示自己虽然力量微弱，便也要尽微薄之力，"有时不免呐喊几声，想给人们去添点热闹"。梁实秋故意曲解，嘲讽鲁迅把自己比作一匹瘦牛太巧妙了，他历数鲁迅在军阀政府做佥事，在思想界做权威，在文学界做左翼作家后，要鲁迅也该想想自己"吃了几家的草，当过几回'乏牛'"！进而质问"究竟要吃哪一家的草，属于哪一个党"。他恶毒地说，鲁迅将旧礼教否定了，将国家主义骂了，"然而偏偏只留下一种主义和一个政党没有嘲笑过一个字，不但没有嘲笑过，分明还在从旁支持着她"。鲁迅做佥事，这是职业；鲁迅做"权威"，这是别人送的纸冠；鲁迅做左翼作家，这是鲁迅对劳苦大众的同情使然。何罪之有？梁实秋的反击是没有说服力的，但目的却是明确的，即把鲁迅推到"共匪"一边去。

梁实秋的个人生活也许是清贫的，他无非爱读书，是个书呆子。从某种意义上说，也许确实像"无产阶级里的一个"。但是，这并不能否认他的观念体系是资产阶级的，他是绅士、贵族、资本家和一切高高在上的人们的代言人。任继愈在《老子新译》的"绪论"中说："一个阶级的代言人，他自己不一定参加那个阶级的直接的经济活动。资产阶级大学教授并不是大资本的拥有者，墨子后来也不靠当木匠维持生活，孔子、孟子已失去贵族的身份，老子也不是氏族公社的成员。但他们都分别代表着各自所代表的阶级利益。"任继愈的观点，对于我们正确理解梁实秋，是颇有启迪意义的。

我们再来看看"卢布"问题。鲁迅把历史和现实结合起来考察。他说：

> 在《答鲁迅先生》那一篇里，很巧妙地插进电杆上写"武装保护苏联"，敲碎报馆玻璃那些句子去，在上

文所引的一段里又写出"到××党去领卢布"字样来，那故意暗藏的两个×，是令人立刻可以悟出的"共产"这两字，指示着凡主张"文学有阶级性"，得罪了梁先生的人，都是在做"拥护苏联"，或"去领卢布"的勾当，和段祺瑞的卫兵枪杀学生，《晨报》却道学生为了几个卢布送命，自由大同盟上有我的名字，《革命日报》的通信上便说为"金光灿烂的卢布所买收"，都是同一手段。在梁先生，也许以为给主子嗅出匪类（学匪），也就是一种"批评"，然而这职业，比起"刽子手"来，也就是更加下贱了。

在《造谣的艺术》（14）一文中，梁实秋明确地把鲁迅与共产党捆在一起："我不知道马克思列宁斯丹林鲍罗庭卢拿卡尔斯基蒲力汗诺夫以至于鲁迅先生他们自己有没有汽车，不过，我在外国会到过的共产党人社会主义者的确很有些是有汽车的。"这哪里是严肃的学术和思想论争，分明是用心险恶的检举和弹劾。实际情况是，在大革命失败后的这段时间里，鲁迅和共产党并没有什么具体的接触。共产党人以组织名义正式同鲁迅接触，由冯雪峰、夏衍、冯乃超三人和鲁迅谈话，传达党要求创造社、太阳社停止对鲁迅的围攻的指示，并希望联合起来，成立中国左翼作家联盟，则是梁实秋写这篇文章一年之后的1929年底了。当然，鲁迅在

1928年确实已表现出向"左"转的思想倾向，这表现在他的文章中，特别是他对马克思主义文艺理论及苏共文艺政策的翻译介绍中。梁实秋说鲁迅"和某颜色的党接近"，也就是从鲁迅这一时期的文字中感觉出来的。

《剖视人生》的作者廖超慧指出，梁实秋和一些反无产阶级革命和无产阶级文学运动的论者不同，"……还没有谁像梁实秋那样对鲁迅等人进行政治陷害，公开进谗诬蔑鲁迅向'××党领卢布'、在电线杆上张贴拥护苏联的传单等等。林语堂与鲁迅关系恶化后，也还与鲁迅同列名'中国自由运动大同盟'之中，他对鲁迅的批评也有不满之处，但仍然能客观归结为'其即其离，皆出自然'，更未对鲁迅暗含杀机，即使是周作人最后投敌附逆，还出于人道主义和中庸思想，营救过党的地下工作者，为李大钊同志保存藏书并设法送其子女到延安。他与鲁迅兄弟情谊断裂，也未从死里去告发和陷害他；而深藏心机的胡适后来与鲁迅破裂，鲁迅对他有不少讥讽的尖锐批判，他也一直并未作答，更没有梁实秋似的政治陷害和置鲁迅于死地的揭露。"（15）由此可见，梁实秋走得太远了。他的绅士的燕尾服，被鲁迅剥了下来，恼羞成怒，没了燕尾服，也不讲什么绅士风度了。现代文学史上，没有一个人像鲁迅这样，让梁实秋坐在雅舍里也雅不起来。倘忘了鲁迅，到了今天，梁实秋又成了雅士和绅士了。

关于"卢布"说，此后鲁迅还多次提到。1932年4月24

日，鲁迅在《三闲集》的《序言》中，就提到了"左翼作家都为了卢布"的问题，说这是"老谱里面的一着"。这里，鲁迅是有所指的。比如，1930 年 5 月 14 日上海《民国日报·觉悟》刊载的《解放中国文坛》中说，进步作家"受了赤色帝国主义的收买，受了苏俄卢布的津贴"；1931 年 2 月 6 日上海小报《金钢钻报》刊载的《鲁迅加盟左联的动机》中说，"共产党最初以每月 80 万卢布，在沪充文艺宣传费，造成所谓普罗文艺"等等。1932 年 4 月 30 日，在《二心集》的《序言》中，鲁迅又说："而这时左翼作家拿着苏联的卢布之说，在所谓'大报'和小报上，一面又纷纷的宣传起来，新月社的批评家也从旁很卖了些力气。"这里，"新月社的批评家"指的就是梁实秋之流。接着，鲁迅再次点出了"卢布说"的恶毒之所在。他说："这又正是祖传的老谱，宋末有所谓'通虏'，清初又有所谓'通海'，向来就用这类的口实，害过许多人们的。所以含血喷人，已成了中国士君子的常经……"

不在理论上与因学术思想分歧而引起论争的对手进行辩驳，而只是根据对方的文字对对方公开进行政治态度的判定，这在国民党政权正疯狂捕杀共产党人和革命群众的形势下，其用心不是过于险恶，手段不是也过于卑劣了吗？鲁迅对梁实秋明知当时白色恐怖严重，"杀人如草不闻声"，涉嫌赤色分子均有生命危险的时刻，却以政治陷害来代替文艺批评的卑劣、下贱的手段，是极为不满的！如此看来，送梁实秋一顶"走狗"的帽子，并不为过。

时过近半个世纪，台湾国民党"国民大会"的代表刘心皇，也著书批评了"新月"社，认为他们在"卢布"问题上搞的是人身攻击。他说，所谓"鲁迅拿卢布"乃是新月派梁实秋继陈西滢诬蔑鲁迅抄袭之后所造的又一谣言。刘心皇写道："说到鲁迅到底有没有拿卢布呢？这就要谈到'新月派'对鲁迅战术的不高明。他们批评鲁迅的文学思想，反对文学有阶级性，这在自由主义者看来，自然是正确的。但，他们的失败，不在主题，而在主题之外的'人身攻击'。这个'人身攻击'的失败，影响了读者的同情，在读者看来，失败则在'新月派'，主要原因，则在于'人身攻击'的不实。"（16）

事实是，鲁迅不仅没有拿卢布，反而拿了国民党政府的钱。根据《鲁迅日记》统计，从1928年至1931年，鲁迅任大学院（教育部）特约撰述员期间，共从国民党政府中支薪14700元，约合黄金490两。刘心皇称：鲁迅之所以一再挖苦卢布之谣，是他没有拿共产党的钱，反而拿了国民党的钱的缘故（17）这不是很值得玩味吗？拿了国民党政府的钱，仍然骂、仍要骂，可见这个政府也真是该骂的。反之，共产党并不曾给卢布，鲁迅却为它说好话，这说明这个党为劳苦大众谋利益，是有其自身的道义力量的。

三

鲁梁纠纷，最主要的便是以上所介绍的关于文学的阶级性和"资本家的走狗"的问题。此外，还有一些在我看来不是特别重要但也值得一提的问题，一是"硬译"问题，一是关于女子人格问题，一是关于不满现状问题，还有一个"吐半口血看秋海棠"和《幸福的家庭》中的"You please, You please"问题，我把它们归在这一节里分别叙说。

"硬译"问题，鲁迅是将其和"文学的阶级性"问题一起谈的。今天看来，关于"硬译"，还是有它的相对的独立性。

梁实秋在《新月》第2卷第6、7号合刊上发表了《论鲁迅先生的"硬译"》（18）一文，他写道："曲译诚然要不得，因为对原文太不忠实，把精华译成了糟粕，但是一部书断断不会从头至尾的完全曲译，一页上就是发现几处曲译的地方，究竟还有没有曲译的地方；并且部分的曲译即使是错误，究竟也还给你一个错误，这个错误也许真是害人无穷的，而你读的时候究竟还落个爽快。死译就不同了：死译一定是从头至尾的死译，读了等于不读，枉费时间精力。况且犯曲译的毛病的同时决不会犯死译的毛病，而死译者却有时正不妨同时是曲译。所以我以为，曲译固是我们深恶痛绝的，然而死译之风也断不可长。"梁实秋是既有两点论，又有重点论，两点论是既批评了曲译，又批评了死译，重点论是死译比曲译可恶。

梁实秋说鲁迅的"硬译""近于死译"。"硬译"一词，正是鲁迅自己在《〈文艺与批评〉译者附记》里对自己翻译的自谦之词。鲁迅说："因为译者的能力不够和中国文本来的缺点，译完一看，晦涩，甚而至于难解之处也真多"；"惟一的希望，只在读者还肯硬着头皮看下去而已。"（19）鲁迅的这本译著是卢那察尔斯基关于文艺批评的论文集。梁实秋还说："鲁迅先生前些年翻译的文字，例如厨川白村的《苦闷的象征》，还不是令人看不懂的东西。""最近翻译的书"，"卢那卡尔斯基:《艺术论》,《文艺与批评》"却"极端难懂"，"不能免于'死译'"。然而，鲁迅为了批驳梁实秋，颇有意气地为自己的"硬译"辩护："我的译作，本不在博读者的'爽快'，却往往给以不舒服，甚而至于使人气闷，憎恶，愤恨。"这里，不知鲁迅是说他译作的内容，还是说他的译作的语言形式。若是内容，那是翻译对象的选择问题，与硬译还是软译无涉；若就翻译技术而言，我想，所有的译者大约都不会如鲁迅所说，与读者为难的。这里鲁迅说的是气头上的话，鲁迅自己可以检讨自己的"硬译"，但他不能容忍梁实秋的充满自身的优越感的居高临下的批评。接着，鲁迅的气愈益盛了，他跳出了翻译，一股脑儿地批评了新月社的其他人。他说："读了会'落个爽快'的东西，自有新月社的人们的译著在：徐志摩先生的诗，沈从文，凌叔华先生的小说，陈西滢（即陈源）

先生的闲话，梁实秋先生的批评，潘光旦先生的优生学，还有白璧德先生的人文主义。"

关于翻译，鲁迅是主张"宁信而不顺"的，他说："译得'信而不顺'的至多不过看不懂，想一想也许能懂，译得'顺而不信'的却令人迷误，怎样想也不会懂，如果好像已经懂得，那么你正是入了迷途了。"（20）翻译首先要忠于原著，在信的基础上求顺，等等，今天看来，这是不成问题的。

中国文人有一毛病，为了强调自己的正确，总是极力贬损别人，不容易做到"并存"：我是对的，你也是对的；彼此是一个问题的两个方面，是互相补充的。这就好比喜欢吃肉的人，尽可以鼓吹肉怎么有营养，却不必说青菜不好，青菜是最没营养的。反之，也同此理。我的意思是说，在翻译问题上，他们各是把自己的理由强调到了极端，如此而已。这一纠纷，并不像有的人所说的那样，不是翻译问题，而是把矛头指向无产阶级革命文学理论。问题有那么严重吗？

关于"女子人格问题"，是梁实秋发表在《复旦旬报》上的《卢梭论女子教育》（21）一文引出的。梁实秋的文章中说："近代生物学和心理学研究的结果，证明不但男人和女人是有差别的，就是男子和男子，女人和女人，又有差别。简言之，天下就没有两个人是无差别的。因此，对什么样的人，就应该相应地施以什么样的教育。"他这里讲的是人的个性问题，人的个性问题当然更多地涉及生物学和心理学。但他接下来所说的又是人格问题，人格问题关系到人权问题，更多的是社会学和政治学的问题。我认为，梁实秋把"个性"与"人格"杂糅起来了，对所要论述对象的概念本身没有阐释清楚。他说："聪明绝顶的人，我们叫他做人，蠢笨如牛的人，也一样的叫做人，弱不禁风的女子，叫做人，粗暴强大的男人，也叫做人，人里面的三六九等，无一非人。"他要承认人的差别，把人分作三六九等，实行有针对性的教育。他说："人的身心各方面的特点既有差别，实即人格上亦有差别。所谓侮辱人格的人，即是不承认一个人特有的人格，卢梭承认女子有女子的人格，所以卢梭正是尊重女子的人格。抹杀女子所特有之特性者，才是侮辱女子人格。"

显然，他要把人分成三六九等，而居于九等之下的劳苦大众，当然是"非人"了。针对梁实秋的怎样的人就应该施以怎样的教育的观点，鲁迅在《卢梭与胃口》（22）一文中予以批评，他说，"那么，所谓正当的教育者，也应该使'弱不禁风'者，成为完全的'弱不禁风'，'蠢笨如牛'者，成为完全的'蠢笨如牛'"，这样才能免于侮辱各人的"人格"。显然，梁实秋的教育观无非是说，"绝顶聪明"的人是不能和"蠢笨如牛"的人受一样的教育的。梁实秋还主张对女子的教育应注重培养温柔顺从的性格，婚后的女子应该重新回到家庭，成为丈夫的贤内助。如此，岂不又回到了男女人格的不平等的立场，回到了卢梭所反对的封建的立场上去了吗?

接着，鲁迅指出："许多问题大抵发生于'胃口'"，所谓"胃口"，也就是个人好恶。由"胃口"而产生的好恶，必然是主观的。女性的人格由梁实秋的"胃口"而定，那肯定不会是平等的人格。以"胃口"作为标准，得出的肯定是偏见。

梁实秋骨子里对"贤妻良母"，对传统女性是持赞赏的态度的。然而，富有讽刺意味的是，他将近 80 岁时娶的小媳妇韩菁清并没有回到家庭。有文章提到，1987 年 11 月 1 日晚，86 岁的梁实秋心脏病突发时，他孤身一人在家，韩菁清正在美容院洗发。平时夜间，韩菁清经常外出应酬、逛街、美容。梁实秋入睡了，她才开始活动。待她回家入睡，梁实秋却正好起床。如此阴阳倒错的现实，也许正是对梁实秋早年的错误观念的一种报应。

关于"不满现状"问题，是梁实秋首先含沙射影地攻击了鲁迅。梁实秋在《新月》月刊第 2 卷第 8 期（1929 年 10 月）发表《"不满现状"，便怎样呢?》（23）一文，其中说："有一种人，只是一味的'不满于现状'，今天说这里有毛病，明天说那里有毛病，有数不清的毛病，于是也有无穷无尽的杂感，等到有些个人开了药方，他格外的不满……好像唯恐一旦现状令他满意起来，他就没有杂感可作的样子。"开了什么药方呢？梁实秋说："三民主义是一副药，共产主义也是一副药，国家主义也是一副药，无政府主义也是一副药，好政府主义也是一副药"，现在你"把所有的药方都褒贬得一文不值，都挖苦得不留余地……这可是什么心理呢？"

对此，鲁迅在《"好政府主义"》（24）一文中予以反击。鲁迅首先承认，"这种心理，实在应该责难的"。可是，他笔锋一转，认为这是梁实秋的虚构，"是将他所见的杂感的罪状夸大了"。鲁迅说，"但在实际上，我还未曾见过这样的杂感，譬如说，同一作者，而以为三民主义者是违背了英美的自由，共产主义者又收受了俄国的卢布，国家主义太狭，无政府主义又太空……"至于对任何具体的主义，鲁迅认为："指摘一种主义的理由的缺点，或因此而生的弊病，虽是并非某一主义者，原也无所不可的。有如被压榨得痛了，就要叫喊，原不必在想出更好的主义之前，就定要咬住牙关。但自然，能有更好的主张，便更成一个样子。"

鲁迅历来是鼓吹不满的，要向现实抗争，就应该对现实不满。不满是改造社会的前提，倘若都满意了，何论改革、改造？如此，社会岂不是停滞不前？早在十年前的1919年，鲁迅就写了《不满》一文，认为"不满是向上的车轮，能够载着不自满的人类，向人道前进"。鲁迅还认为："多有不自满的人的种族，永远前进，永远有希望。"（25）

鲁迅对于梁实秋反对不满是不满的。因此，他还捎带挖苦了梁实秋的用词不当，比如"褒贬得一文不值"，鲁迅指出，"褒"是"称赞"之意，用在这里，不但"不通"，也证明了不识"褒"字。又如，鲁迅认为三民主义或无政府主义，可以说是药名，"独有'好政府主义'这'一副药'，他在药方上所开的却不是药名，而是'好药料'三个大字"。这是逻辑上的问题。梁实秋被鲁迅揪住了。是的，鲁迅总是不满，大到国家大事，小到一个"褒"字。

梁实秋的名著《雅舍小品》中有一篇《病》，写于1940年抗战中的重庆，文章开头写道："鲁迅曾幻想到吐半口血扶两个丫鬟到阶前看秋海棠，以为那是雅事。"30年后，在《西雅图札记》的《拔卓特花园》一文中，谈到这个花园中的美国海棠，梁先生又说："这种海棠不是鲁迅所艳羡的'吐两口血扶着丫鬟到阶前看秋海棠'的那个品种的秋海棠。"

作为战士的鲁迅，有这样士大夫一般的雅兴（还是在吐血以后）吗？只要懂得鲁迅人格精神的人，无须考证，就可以认定，其中有诈。

其实，这个所谓鲁迅的"幻想"，就出在他的一篇十分著名的杂文《病后杂谈》（26）中。不过，令梁实秋非常遗憾的是，那只是鲁迅转述别人的幻想。原文说得很明白：

> 我曾经爱管闲事，知道过许多人，这些人物，都怀着一个大愿……他们中最特别的有两位：一位是愿天下

的人都死掉，只剩下他自己和一个好看的姑娘，还有一个卖大饼的；另一位是愿秋天薄暮，吐半口血，两个侍儿扶着，恹恹的到阶前去看秋海棠。这种志向，一看好像离奇，其实却照顾得很周到。第一位姑且不谈他罢，第二位的"吐半口血"，就有很大的道理。才子本来多病，但要"多"，就不能重，假如一吐就是一碗或几升，一个人的血，能有几回好吐呢？

很显然，这位有"吐半口血……""大愿"的雅士，不仅不是鲁迅，还正是鲁迅批评、讽刺的对象。对这样的"才子"，鲁迅是大不以为然的。

那么，梁实秋为什么一口咬定是鲁迅呢？也许有种种原因，但我宁可这样推测，梁实秋甚至没有看到鲁迅的原文，而只是由他人转述得来的印象。梁实秋对鲁迅积怨甚深，一般来说是不可能有兴趣和耐心去详读《鲁迅全集》的。当然，也可能出于记忆的误差。

叶凡先生有一篇短文《是鲁迅可笑还是梁实秋可鄙》（27）指出梁实秋在《欧化文》（《偏见集》）一文中对鲁迅的硬译进行了一番义正词严的讨伐，其中有特妙的一段：

记得鲁迅的《彷徨集》中有一短篇，描写一位美国留学生的家庭，在吃饭的时候举箸曰 You please,

You please！鲁迅先生自以为这是得意之笔，其实留学生虽然无聊，何至于此荒谬，译"您请，您请"为 You please，You please！这只是鲁迅先生的"硬译"之一贯的表演罢了。

梁实秋写这段文字的用意明显：让大家看看鲁迅闹的笑话，他竟然不知道"您请"在英语中应说"Please"而不应说"You please！""You please！"上海滩西崽的洋泾浜英语也。在梁实秋的极尽挖苦之能事的描绘下，鲁迅成了一个写了洋泾浜英语还自以为是"得意之笔"的浅薄可笑之徒。

接着，叶凡指出，只要比较认真地读过《彷徨》（不是《彷徨集》，鲁迅根本没有出过如此书名的书）的读者，都会明白可笑的究竟是谁。

《彷徨》中写道"一位美国留学生的家庭，在吃饭的时候举箸曰 You please"的短篇，是《幸福的家庭》。里面确实写道一对西洋留学生夫妇（并非专指"美国留学生"，美国留学生的梁实秋不必自行对号入座），他们在吃饭的时候确实玩出了一套"You please"的把戏的。可惜的是，让他们玩出这套把戏的不是鲁迅，而是鲁迅塑造的一位青年作家。这位青年作家迎合小市民读者群的庸俗趣味，编造一些美化现实的作品以换取若干稿费。那对西洋留学生夫妇吃饭时"相敬如宾"的镜头，就出自这位青年作家的构思。"You please"云云，正是为了表现这位青年作家根本不了解留学生家庭生活也不懂英语偏要去胡编的浅薄可笑。不是鲁迅不懂得"您请"在英语中不应说"You please"。叶凡说，鲁迅的英语确不精通，不如13岁就进清华学校后又赴美留学专攻英语的梁实秋，但也不至于浅薄无知到如梁实秋所讥嘲的那种程度。

其实，以梁实秋的中文水平，绝不至于连《幸福的家庭》都读不懂。那么，他偏要制造出一些笑料来加到鲁迅身上，并讥之为"鲁迅先生的'硬译'之一贯的表演"，那又是为什么？

梁实秋的这段文字，"自以为这是得意之笔"的。然而，揭出了真相，剩下来的只是一副不择手段攻讦鲁迅的不仅可笑而且可鄙的嘴脸。

梁实秋重复了一个错误，即把作品中的人物当作作者本身。如果这样的逻辑可以成立的话，阿Q要跟吴妈困觉，那就是鲁迅要跟吴妈上床了。从品性的角度看，为人不能像梁实秋这么不厚道；从做学问方面看，研究问题不宜带私人偏见，先入为主，不能如此随意而不讲科学和理性。

梁实秋有句名言："我不生气。"当年鲁迅的名文《"丧家的""资本家的乏走狗"》发表后，梁实秋即以此自慰自解。后来，在文坛的数十年风风雨雨中，他表现了相当大的雅量和绅士风度，甚至尊鲁迅为中国现代五大散文家之一。独行斋言："根据弗洛伊德的学说，当年的鲁、梁积怨，也未必不在梁的内心深处留下一个不愉快的'情意结'。这个'结'，便在数年、数十年之后，有意无意地、自觉不自觉地在'秋海棠'之类的事情上冒了出来。这也许不能不引起人们的唏嘘浩叹吧！"我的结论是，他的"我不生气"，只是为了表现他的绅士风度，做给场面上的人物看的，实际上他很生气，耿耿于怀，也许至死也不释然。

四

鲁迅与梁实秋的冲突，是一种必然，这根源于他们的思想之迥异，而在他们种种的思想差别中，最突出的就是对处于社会底层的劳动人民即无产阶级的态度。鲁迅同情下层社会的不幸，痛恨上层社会的堕落、自私和虚伪。梁实秋高高在上，傲视苍生，视大众如蝼蚁。

中国现代文学的开端，是与中国现代的伟大思想文化巨人鲁迅联系在一起的，鲁迅的创作，是现代文学实绩的突出表现。鲁迅作品的伟大，也正在于他对劳苦大众的深刻的同情。鲁迅小说的人物，有许多是受损害、被侮辱的社会最底层的人们。在《药》里，仅仅用一床"满幅补钉的夹被"，暗示了华老栓一家生活的拮据；在《故乡》里，闰土的因贫困而麻木；在《明天》里，单四嫂子的失夫丧子；在《祝福》里，祥林嫂的无路可走的恐惧与绝望……鲁迅对他们是"哀其不幸，痛其不争"。那么，鲁迅要他们向谁抗争呢？被压迫者的抗争对象当然是压迫者，是社会上层这样那样雅舍里的绅士与雅士。鲁迅在《一件小事》中，赞美了人力车夫的道德高尚，车夫"满身灰尘的后影，刹时高大了，而且愈走愈大，须仰视才见。而且他对于我，渐渐的又几乎变成一种威压，甚至要榨出皮袍下面藏着的'小'来"。车夫"教我惭愧，催我自新，并且增长我的勇气和希望"。这已经超越了同情，而有了自省，有了安泰那样增长勇气的力量来源。

而梁实秋呢？他无视甚至蔑视这一切。1925年，梁实秋在《晨报副刊》上发表了《中国现代文学之浪漫的趋势》一文，对五四文学革命持否定的意见。他认为人们"处处要求扩张，要求自由，到时候情感就如同铁笼里的老虎一样，不但把礼教的束缚层层打破，把监视着情感的理性也扑倒了"。他说，"新文学的成就"，"几乎一无足观"。他猛烈抨击新诗创作，指责反映青年男女爱情苦闷、要求婚姻自由的诗歌是不道德的，是颓废主义的。他极力挖苦以人道主义同情的态度描写劳动人民疾苦和歌颂"劳工神圣"的新诗，认为"近来诗歌中产生了一个人力车夫派"，他们"张口人力车夫，闭口人力车夫，普遍的同情心由人力车夫复施于农夫、石匠、打铁的、抬轿的，以至倚门卖笑的娼妓"，他认为这些人不值得赞美，反对作家描写"拖泥带水"的污秽人生。（28）

梁实秋反对文学作品描写劳苦大众"拖泥带水"的生活，而且还认为劳苦大众不配接触真正的文学，他说："好的作品永远是少数人的专利品，大多数永远是蠢的永远是与文学无缘的……创造文学固是天才，鉴赏文学也是天生的一种福气。所以文学的价值决不能以读者数目多寡而定。一般劳工劳农需要娱乐，也许需要少量的艺术的娱乐，例如什么通俗的戏剧，电影，侦探小说，之类。为大多数人读的文学必是逢迎群众的，必是俯就的，必是浅薄的；所以我们不该责令文学家来做这种的投机买卖。"（29）是的，文学创作也许需要天才。不过，鲁迅认为，天才需要"使天才得以生长的民众"。他说："天才并不是自生自长在深林荒野里的怪物，是由可以使天才生长的民众产生，长育出来的，所以没有民众，就没有天才……在要求天才的产生之前，应该先要求可以使天才生长的民众。——譬如想有乔木，想看好花，一定要有好土；没有土，便没有花木了；所以土实在较花木还重要。"（30）没有俄罗斯人民的哺育和那场伟大的战争，会有托尔斯泰的《战争与和平》吗？至于大众的鉴赏力问题，自然，梁实秋雅舍里生产出来的东西，大众是无法鉴赏的，但雅舍里的小品，除了有一点景德镇陶瓷那样的高雅之外，也不见得不浅薄。《三国演义》和《水浒传》为大众所津津乐道，难道就注定是浅薄的吗？不一定。读了以上的话，除了表明了梁实秋对劳苦大众天生的蔑视外，余下的就是当年年轻气盛的绅士的浅薄了。

梁实秋还以嘲讽的口吻讽刺无产阶级文学。他故作惊异地说："'普罗列塔利亚的文学'！多么崭新的一个名词。"旋即他又否定道："'普罗列塔利亚'这个名词并不新。"他故作优越地说："其实翻翻字典（按：指《韦白斯特大字典》），这个字的涵意并不见得体面。""一个属于'普罗列塔利亚'的人就是'国家里最下阶级的国民，他是没有资产的，他向国家服务只是靠了生孩子'。普罗列塔利亚是国家里只会生孩子的阶级！"（31）

"只会生孩子的阶级！"一句话道尽了梁实秋的无知——历史观的无知，因政治偏见而带来的无知。这里，我实在没有必要阐释一番人民创造历史的原理，这不是常识吗？我不禁要问的是，以钱生钱的不人道的资产者，倘若离开了大众的劳动，所谓钱，不就是几张臭纸吗？没有"只会生孩子的阶级"的点点滴滴的创造，安有人类的进步与文明？至于普罗文学的实绩，梁实秋是避而不见的。鲁迅的创作，就是普罗文学。高尔基的创作，就是普罗文学。甚至欧·亨利的创作，也是普罗文学。还有《钢铁是怎样炼成的》、《青春之歌》，那神圣的革命激情，那诗一样的战斗呼号，是梁实秋所能理解的吗？梁实秋是一枚景德镇的陶瓷，可作摆设，可供观赏，然而他第一是冷漠、第二是冷漠、第三还是冷漠。就是到了台湾后，梁实秋依然故我，写了《白猫王子及其他》、《雅舍谈吃》一类散文小品，琐屑如牙签、痰盂，平凡如洗澡、睡觉，鄙俗如脏、懒、馋、鼾，无所不谈，就是不抨击时弊。有人认为白猫是梁实秋的影子——斯文、柔弱、撒娇，就是不捕捉老鼠。

梁实秋蔑视大众的根源在哪里呢？我以为在于他的天生的贵族化的思想。他表面上一身洋服，实际上一肚子的孔孟之道。很多论者把梁实秋说成是资产阶级的学者。资产阶级讲天赋人权，人人平等，梁实秋有一点资产阶级的气味吗？我倒觉得他只是穿洋服（与他相反，鲁迅从来不穿西装）的封建贵族的余孽。郭沫若骂鲁迅的话，送给他倒是非常合适的：

他是资本主义以前的一个封建余孽。

资本主义对于社会主义是反革命，封建余孽对于社会主义是二重的反革命。

梁实秋是二重性的反革命的人物。

五

如果我们只读梁实秋的"小品"，也许会以为他是一个优容平和，富有生活情趣，有修养有气量的"正人君子"。可我们只要深入研究一下这个人的内心，就不难看到他在大度牌的燕尾服里，裹着的是一颗褊狭的心，就不难发现他在貌似公允理性背后的自私下作与卑鄙圆滑。

与鲁迅的论战，使得鲁迅像幽灵一样依附在他的生命中，一有机会，他总不忘记旧账，总要数数这些陈芝麻烂谷子。上文提到的"秋海棠"和"You please"也可以证明。

萧伯纳到上海时，与鲁迅会见过，鲁迅也写了《颂萧》、《谁的矛盾》、《看萧和"看萧的人们"记》等杂文，并为《萧伯纳在上海》作序。梁实秋立刻写了一篇《萧伯纳去后》（32）对有人将鲁迅比作萧伯纳进行讽刺。他说把鲁迅比作萧伯纳很精当，除去下列差别："（一）萧有三部长篇小说，鲁迅有两集短篇小说；（二）萧有戏剧若干部，鲁迅无；（三）萧有关于社会主义的著作，鲁迅无；（四）萧有他的思想体系，鲁迅无；（五）鲁迅有杂感若干集，萧无；（六）鲁迅有《中国小说史略》、《小说旧闻钞》、《唐宋传奇集》，萧无。"梁实秋显然以为鲁迅不如萧伯纳，所以讽刺道："凡是西方有的，我们中国都能找到一个势均力敌的对偶，而并不觉得寒伧。"

他在1970年5月26日写的《悼念陈伯通先生》（33）一文中，就拉出鲁迅为好朋友陈源（宇伯通）垫背："我认识伯通先生是在民国十五年夏，那时候他正在《现代评论》上写'闲话'，和鲁迅先生打笔墨战正殷。鲁迅先生文笔泼辣刻薄，伯通的文字冷静俊雅，一方面是偏激徼幸，一方面是正人君子。"文章中还就陈源将自己《闲话》付印时删掉了其中与鲁迅论战的文字作这样的分析："删去的一部分，其实是很精彩的一部分，只因事过境迁，对象已不存在，他认为无需再留痕迹，这是他的忠厚处。以视'临死咽气的时候一个敌人也不饶'的那种人，真不可同日而语。"——这里，又是用鲁迅至死都不肯饶恕自己敌人来反衬自己朋友的"忠厚"！梁实秋就没有想过，他这样拿已死去 34 年的鲁迅来为自己刚死去的朋友垫背是不是"忠厚"之举？为什么不学习学习自己刚死去的朋友的"忠厚处"呢？而在写于 1963 年 9 月 9 日的《重印〈西滢闲话〉序》(34) 中，他又这么说："读过鲁迅几册'杂感'的人应该记得，他曾不时把西滢先生挑选出来作为攻讦的对象，其最得意的讽刺词就是'正人君子'四个字。当然鲁迅先生所谓'正人君子'，是一个反语，意谓非正人君子。如今事隔 30 多年，究竟谁是正人君子，谁是行险徼幸，这笔账可以比较容易清算出来了。"——显然，这又是在拐弯抹角地骂鲁迅是个"行险徼幸"的小人，并以此恭维自己的朋友乃不折不扣的"正人君子"！

尤其可恶的是：在梁实秋晚年所作的《忆周作人先生》(35)一文中，他也老是在写周作人时拉扯鲁迅，并一再隐隐略略地暗示周作人的经历思想和鲁迅的一样——结论当然是：鲁迅要活到抗日战争的话，有可能走他弟弟一样的道路：做汉奸。譬如，文章在论及周作人抗战前的思想时，这么说："他也曾写信给我提到'和日和共的狂妄主张'。是他对于抗日战争早就有了自己的一套看法。他平夙对于时局，和他哥哥鲁迅一样，一向抱有不满态度。"然后又揭露："他（按：指周作人）有许多要好的日本朋友，更是意料之中事，犹之鲁迅先生之与上海虹口内山书店老板过从甚密。"为了更深入地说明这一点，他还全文引用了1982年9月20日《联合报》万象版所登载的《高阳谈鲁迅心头的烙痕》一文，极力强调，小时候"鲁迅兄弟被寄养在亲戚家，每天在白眼中讨生活：十几岁的少年，由此而形成的人格，不是鲁迅的偏激负气，就是周作人的冷漠孤傲，是件不难想象的事"，并由此得出结论："鲁迅心头的烙痕也正是周作人心头的烙痕，再加上抗战开始后北平爱国志士的那一枪枪击，作人先生无法按捺他的激愤，遂失足成千古恨了。"字里行间，其用心之周密恶毒，有心人自不难一一读出！

我这里还想插一点似乎是题外的话。我总觉得，梁实秋表面热情、甜腻，有生活情趣，实际上就像对大众的冷漠一样，他在热情的外表下有一颗冷漠的心。我有一个未必妥帖的比喻：鲁迅是尖酸刻薄的林黛玉，但却有个性，有追求自由的热情；梁实秋是热情圆滑的薛宝钗，貌似公允、理性，却颇自私、下作。

李敖在其回忆录《快意恩仇录》中曾写道：1965年12月28日，李敖主编的《文星》受到国民党打压，被罚停刊一年，李敖应《纽约时报》之邀写新闻稿揭露此事，因为梁实秋英语水平高，所以他想请梁为他的稿件做翻译。可梁实秋不敢得罪国民党，表示"为难"，李敖因此感慨："梁实秋连这点小忙都不帮，真与文星对他的尊敬太不相称了。"更妙的是：李敖被警备总部捕去约谈，最后由特务陪同，放出找保。李敖以为这种政治性案子一般人不敢保，只好找一位德高望重有名气的大人物保一保。于是想到了梁实秋——以为既然国民党把自己放出找保，那说明事情不大，梁实秋想来不会拒绝。结果，当他找上门时，梁实秋却当着特务的面，婉为拒绝——而且，还这样花言巧语："你还是找别人保吧，实在找不到别人，我再保你？"李敖只好知难而退，另找别人。末了，梁实秋还装好人打电话给李敖的朋友余光中，表示未能替李敖作保，至感难受云云——可谓做了婊子，还立牌坊！李敖至此方恍然大悟："决定自己在逆境中，绝对不要妄想正人君子会援之以手。"

梁实秋的黄昏之恋，也是一个证明。据说，76岁的梁实秋跟影歌双栖明星韩菁清分别两月，致韩信就达85封，有时一天写两三封，每封都是密密麻麻的两大张，连背面、旁边都是字。韩复梁信也有60封。梁实秋80寿辰时，有人写诗祝贺：

秋公八十看不老，敦厚温柔国之宝。

雅舍文光重宇宙，窗前喜伴青青草。

但也有人对梁实秋的黄昏之恋不以为然。梁实秋与原配夫人程季淑风雨同舟 47 年。1974 年，程夫人因意外事故死于侨居地美国西雅图，梁实秋作《槐园梦忆》痛悼。这本书因情文并茂，打动了无数读者的心，但 1975 年 5 月 9 日，距《槐园梦忆》出版还不到两个月，梁实秋就跟年轻时代风靡过上海滩的美女韩菁清宣告结婚。有的读者说，《槐园梦忆》给人的泪水犹且温热不绝之际，忽然听到这种消息，其惊愕茫然之状，恰似读完《出师表》之后，就听说诸葛亮不出师了，读完《正气歌》之后，又传出文天祥投降的消息。他们觉得自己上了当，受了骗，感情上久久转不过弯来。

梁实秋的热情与冷漠在这里已经表现得淋漓尽致了。

六

鲁迅去世后，左翼文坛也算是继承鲁迅的遗志吧，梁实秋仍然是批判的靶子，其中最著名的便是 1938 年 12 月开始的对文学"与抗战无关论"的斗争。

当时，梁实秋接手编辑重庆的《中央日报》副刊《平明》，他在《编者的话》中先是谈了"拉稿"的难处："我老实承认，我的交游不广，所谓'文坛'我就根本不知其座落何处，至于'文坛'上谁是盟主，谁是大将，我更茫然，所以要想拉名家的稿子来给我撑场面，我未曾无此想，而实无此能力。"（36）我们知道，当年右翼文坛抨击鲁迅时，说他是左翼公，是左联盟主，是新文化运动的大将，等等。我们不好说梁实秋这里就是针对鲁迅的，然而，当他写这几个字的时候，潜意识里不会没有鲁迅的影子吧？"拉稿"难，怎么办呢？梁实秋希望"读者不要永远做读者，让这小小篇幅作为读者公共发表文字的场所"。他说：

> 文字的性质并不拘定。不过我也有几点意见。现在抗战高于一切，所以有人一下笔就忘不了抗战。我的意见稍为不同。于抗战有关的材料，我们最欢迎，但是与抗战无关的材料，只要真实流畅，也是好的，不必勉强把抗战截搭上去。至于空洞的"抗战八股"那是对谁都没有益处的。（37）

梁实秋的上述观点，立即遭到批驳。罗荪在1938年12月5日重庆《大公报》上发表《"与抗战无关"》，认为："在今日的中国，要使一个作者既忠于真实，又要找寻'与抗战无关的材料'，依我拙笨的想法也实在还不容易，除非他把'真实'丢开，硬关在自己的客厅里去幻想吧……"因为"这次的战争已然成为中华民族生死存亡的主要枢纽，它波及到的地方，已不仅限于通都大邑，它已扩大到达于中国底每一个纤微，影响之广，可以说是历史所无，在这种情况下，想令人紧闭了眼睛，装做看不见，几乎是不可能的事情"。此外，宋之的在1938年12月10日出版的《抗战文艺》第3卷第2期发表《谈"抗战八股"》的文章，对"抗战八股"论进行了批驳。

平心而论，梁实秋是讲两点论的：与抗战有关的，最为欢迎；与抗战无关的，也是欢迎的。这不能说错。然而，结合他的一贯的文艺观，即反对文艺的功利性和提倡写永久的人性，左翼文坛当然会认为他的最为欢迎与抗战有关的，只是幌子，他的实质是提倡与抗战无关的。梁实秋是这样一种人，他修炼到这样一种程度，可以在炮火连天的岁月里，在他的雅舍里不动声色地谈女人，谈喝茶。他的《雅舍小品》就是他的上述艺术主张的艺术实践；或者借用台湾文学史家周锦的话说，创作《雅舍小品》正是上述主张遭到批判之后，梁实秋所进行的"无言的抵抗"。

我想，这种面面俱到的观点，倘不是梁实秋提出，而是鲁迅或者别的什么人，人们大约不会揪住一点，不及其余的。实际上，在梁实秋之前，左翼文坛关于抗日问题的见解，比梁实秋更有包容性，却被认为是合理的、正确的，并没有被批判。比如，1936年7月，冯雪峰包办的、以鲁迅的名义发表的《论现在我们的文学运动》（38）（《鲁迅全集·且介亭杂文末编》）一文中，就有这样的观点：

以过去的经验，我们的批评常流于标准太狭窄，看法太肤浅；我们的创作也常现出近于出题目做八股的弱点。所以我想现在应当特别注意这点：民族革命战争的大众文学决不是只局限于写义勇军打仗，学生请愿示威……等等的作品。这些当然是最好的，但不应这样狭窄。它广泛得多，广泛到包括描写现在中国各种生活和斗争的意识的一切文学……作者可以自由去写工人，农民，学生，强盗，娼妓，穷人，阔佬，什么材料都可以，写出来都可以成为民族革命战争的大众文学。也无需在作品的后面有意地插一条民族革命战争的尾巴，翘起来当作旗子；因为我们需要的，不是作品后面添上去的口号和矫作的尾巴，而是全部作品中的真实的生活，生龙活虎的战斗，跳动着的脉搏，思想和热情，等等。

写义勇军打仗的抗日作品是最好的，但不应该这样狭窄，甚至可以写强盗、娼妓、阔佬，什么都可以写。左派右起来的时候，可以比右派更右，但右只是一种手段，而不是终极目的，终究还是左派。右派虽然说了客观的话，甚至左倾的话，但终其一生，观其全面，本质上还是右派。梁实秋是一种象征，在当时背景下，他无论说得怎样圆满，左翼文坛总会揪住他的辫子的。

不过，因了"与抗战无关论"的影响，在国人的心目中，梁实秋似乎是不抗日的。这一点，我们应该为其澄清。梁实秋是为抗日做过有益的工作的。梁实秋在大陆的女儿梁文茜在《怀念先父梁实秋》（39）一文中说："七七事变，卢沟桥一声炮响，抗日战争开始，爸爸认为天下兴亡，匹夫有责，以一介书生竟想投笔从戎。深夜和妈妈长谈计议，如何安排好我们三个孩子的生活，爸爸打算到后方参加抗日工作……不久爸爸就一个人毅然决然地走了。妈妈没有哭，但很紧张，我问妈妈：'爸爸干吗去？'妈妈小声告诉我说'打日本'。中国的知识分子绝大部分是爱国的，爸爸也不例外。"梁实秋当时正天明即起，日没而息，翻译莎士比亚的戏剧，为了参加抗日，他只好中止了这项工作。梁实秋抗日和鲁迅抗日是一样的，只能做做文字工作。我们不能设想他们也去上战场，拼刺刀。这一点在今天，大约不会有观念上的分歧了。

进入新时期，大陆文艺界对梁实秋的"抗战无关论"有过一番争论。有人认为梁实秋抗战时期并没有提倡与抗战无关的作品，只是说写抗战有关的尤为欢迎，写与抗战无关的，只要不是八股，也应允许，所以左翼文坛对他的批评是错误的，至少是一种误会，有人在反思历史的过程中指出当年的这种指摘有"曲解之嫌"，也有人更进一步指出这是"故意栽诬"，是"冤假错案"。为了用事实说话，大陆有一位青年对梁实秋主编的《平明》副刊发表的254篇作品进行统计，指出其中明确含有"抗战"二字的多达170篇，其他篇也大多与抗战有关。另一种意见是：梁实秋的按语似乎讲得面面俱到，但他一贯反对文艺的功利性。他自己在那一时期的作品，其实就是"抗战无关论"的标本，而在当时，迫切需要的却是战斗、呐喊的作品，即使艺术上有些粗糙，也不应讥之为抗战八股。所以，当时对梁实秋的批评仍然有其历史的合理性。

注释

（1）（6）（29）（31）《文学是有阶级性的吗？》，《文学运动史料选》第三册，上海教育出版社 1979 年 6 月版。

（2）《鲁迅全集·二心集》。

（3）《鲁迅全集·而已集》。

（4）《鲁迅全集·南腔北调集·祝中俄文字之交》。

（5）《鲁迅全集·且介亭杂文二集·叶紫作〈丰收〉序》。

（7）《鲁迅全集·二心集·"硬译"与"文学的阶级性"》。

（8）陈漱渝：《"今我来思，雨雪霏霏"》，《鲁迅研究月刊》1993 年第 3 期。

（9）转引自《鲁迅梁实秋论战实录》第 304 页，华龄出版社 1997 年 11 月版。

（10）（11）（13）（18）（21）（22）（23）《恩怨录·鲁迅和

他的论敌文选》转载，今日中国出版社 1996 年 11 月版。

（12）冯雪峰：《回忆鲁迅》，《鲁迅在上海》，山东师范学院聊城分院编。

（14）发表于 1930 年 2 月 10 日《新月》月刊第 2 卷第 12 号，《鲁迅梁实秋论战实录》转载，华龄出版社 1997 年 11 月版。

（15）廖超慧：《剖视人生》，陕西旅游出版社 1992 年 12 月版。

（16）（17）《鲁迅这个人》，台湾东大图书公司 1986 年 6 月版，转引自《鲁迅研究动态》1989 年第 9 期。

（19）《鲁迅全集·译文序跋集》。

（20）《鲁迅全集·二心集·几条"顺"的翻译》。

（24）《鲁迅全集·二心集》。

（25）《鲁迅全集·热风》。

（26）《鲁迅全集·且介亭杂文》。

（27）《鲁迅研究月刊》1998 年第 9 期。

（28）《浪漫的与古典的·文学的纪律》，人民文学出版社 1988 年版。

（30）《鲁迅全集·坟·未有天才之前》。

（32）发表于 1933 年 4 月 22 日天津《益世报·文学周刊》，《鲁迅梁实秋论战实录》转载，华龄出版社 1997 年 11 月版。

（33）（34）（35）《梁实秋散文》，中国广播电视出版社 1989 年 9 月版。

(36)《文学运动史料》第 4 册，第 242 页，上海教育出版社 1979 年 6 月版。

(37)《文学运动史料》第 4 册，第 243 页，上海教育出版社 1979 年 6 月版。

(38)《鲁迅全集·且介亭杂文末编》。

(39)《梁实秋散文》第一集，中国广播电视出版社 1989 年 9 月版。

让鲁迅不爽快的"优生学"
——鲁迅与潘光旦

　　潘光旦（1899—1967），江苏宝山（今属上海）人，社会学家，优生学家。1922—1926 年留学美国。回国后，先后在吴淞政治大学以及东吴大学等校任教。1934 年起任清华大学教授、社会学系主任、教务长和图书馆馆长等。1941 年参加中国民主政团同盟（今名中国民主同盟），历任中央委员、中央常务委员等职，创办民盟的机关刊物《民主周刊》。新中国成立后，任政务院文教委员会委员、全国政协委员等职。著有《优生概论》、《中国境内犹太人的若干历史问题》、《明清两代嘉兴的望族》等书。

　　潘光旦曾根据一些地主家族的家谱来解释遗传，宣扬优生学。他的这种"学说"和欧美国家某些资产阶级学者关于人种的"学说"是同一类东西。优生学是英国遗传学家哥尔登在1883年提出的"改良人种"的学说。它认为人或人种在生理和智力上的差别是由遗传决定的,只有发展"优等人",淘汰"劣等人",社会问题才能解决。

"改良人种"说并不陌生,曾经是纳粹邪说的野蛮的基本原则。希姆莱于1931年12月31日颁布的订婚和结婚命令中,要求党卫军成员举行婚礼前必须由党卫军人种局对未婚妻进行生理检查。只有当恋人"健康、无遗传疾病和至少是同等人种"时,这位"党卫军国家领袖"才颁发结婚许可证。得到同意后,这对配偶将继续受到监视。繁殖后代是义务。没有孩子的党卫军成员会被扣除部分军饷——一种隐形的生育奖。后来希姆莱甚至非常认真地计划,命令结婚5年而没有孩子的党卫军成员离婚。他要"培育人类"。他在演讲中不断强调,"将日耳曼人种"重新"培育得纯洁"。他向海军军官们解释说:"我给自己下了这个实用的任务,要通过对外表形象的挑选、通过不断加压、通过无情的、残酷的挑选和通过消灭弱者和无用者,培养一个新的日耳曼部落。"个人愿望、爱情、幸福,人类的尊严和文明,在此不起作用,被视为"多愁善感"或"颓废的"。希姆莱的妄想唯一的目的就是保持和改良"人种"。

在文明世界,没有什么"优等人"和"劣等人"的区别。在上帝面前,人人生而平等。这就宣告了所谓"改良人种"

的"优生学"的破产。

我们回到正题。

梁实秋在《论鲁迅先生的"硬译"》（1）一文中认为，"一部书断断不会完全曲译……部分的曲译即使是错误，究竟也还给你一个错误，这个错误也许真是害人无穷的，而你读的时候究竟还落个爽快。"鲁迅抓住"落个爽快"一词，把新月社的若干人"一锅煮"了。之所以"一锅煮"，是因为梁实秋攻击鲁迅的文字"有两处都用着一个'我们'，颇有些'多数'和'集团'气味了。自然，作者虽然单独执笔，气类则决不只一人，用'我们'来说话，是不错的，也令人看起来较有力量，又不至于一人双肩负责"。（2）潘光旦是新月社成员，于是成了梁实秋的"们"之一。鲁迅说："读了会'落个爽快'的东西，自有新月社的人们的译著在：徐志摩先生的诗，沈从文，凌叔华先生的小说，陈西滢（即陈源）先生的闲话，梁实秋先生的批评，潘光旦先生的优生学，还有白璧德先生的人文主义。"（3）

后来，鲁迅在《故事新编》的《理水》中挖苦过潘光旦。鲁迅写道：

"禹来治水，一定不成功，如果他是鲧的儿子的话"，一个拿拄杖的学者说。"我曾经搜集了许多王公大臣和豪富人家的家谱，很下过一番研究工夫，得到一个结论：

阔人的子孙都是阔人，坏人的子孙都是坏人—这就叫做
'遗传'。所以鲧不成功，他的儿子禹也不会成功，因
为愚人是生不出聪明人来的。"

这里的"一个拿拄杖的学者"，就是暗指潘光旦。鲁迅
也不完全是"捎带一枪"，他对潘光旦的学说是有着切实的"不
爽快"的，因为他的《明清两代嘉兴的望族》等书，在鲁迅眼里，
无非阐述这样一个观点：阔人的子孙都是阔人，坏人的子孙
都是坏人。我们知道，鲁迅一生对所谓"坏人"、穷人，寄
予无限的同情，是"哀其不幸，痛其不争"，而对那些"阔人"，
则是横眉冷对，多有抨击。如此，潘光旦的遗传学、优生学，
怎么能让鲁迅爽快呢？

注释

（1）发表在 1929 年 9 月 10 日《新月》第 2 卷第 6、7 合刊，
转引自《恩怨录·鲁迅和他的论敌文选》，今日中国出版社
1996 年 11 月版。

（2）（3）《鲁迅全集·二心集·"硬译"与"文学的
阶级性"》。

读古书·"洋场恶少"·被踢了一脚

——鲁迅与施蛰存

施蛰存（1905—2003），笔名安华、薛蕙、李万鹤等，出生于杭州，后迁居松江。小说家、文学翻译家。他的文学道路从诗歌开始，后来主编文学刊物《现代》，在海内外颇有影响，鲁迅、巴金等人在上面发表了很多作品。20世纪30年代，施蛰存创作了《梅雨之夕》、《上元灯》、《将军的头》等作品，据说"引起轰动"。因为这几部作品，他去世以后，有未必是谀墓的文章称他为"中国现代派小说大师"。1952年后任华东师范大学教授。施蛰存在96岁时说过，他一生"开了四扇窗户：东窗是文学创作，南窗是古典研究，西窗是外国文学翻译和研究，北窗则是碑版整理"。东西南北，四面出击，成就斐然。学界有"北钱南施"之说，他和钱钟书一样，一流才子，几近完人。只是，四扇窗户之上，顶着"洋场恶少"这一帽子，临死之前，也不清爽。

一

施蛰存曾被鲁迅"骂"为"洋场恶少"，今天看来，似乎言重了。他们之间的冲突，并没有什么大了不起的内容，无非是关于读古书问题的看法有异。

1933 年 10 月 1 日，以"丰之余"为笔名，鲁迅写了后来收入《准风月谈》的《重三感旧》一文，赞美了光绪末年张之洞一类的"新党"，认为他们在甲午战败后，向西方求知识，求真理。"'老新党'们的见识虽然浅陋，但是有一个目的：图富强。所以他们坚决，切实；学洋话虽然怪声怪气，但是有一个目的：求富强之术。所以他们认真，热心。"然而，到了民国，"现在却是别一种现象了"。鲁迅指出：

> 有些新青年，境遇正和"老新党"相反，八股毒是丝毫没有染过的，出身又是学校，也并非国学的专家，但是，学起篆字来了，填起词来了，劝人看《庄子》《文选》了，信封也有自刻的印板了，新诗也写成方块了，除掉做新诗的嗜好之外，简直就如光绪初年的雅人一样，所不同者，缺少辫子和有时穿穿洋服而已。

文章的末尾，鲁迅感叹曰："现在是我们又有了新的企图，要以'古雅'立足于天地之间了。假使真能立足，那倒是给'生存竞争'添一条新例的。"

对于鲁迅的观点，我是这样理解的：民国与新文化皆为初始，封建国家政权虽已被推翻，然封建的思想、伦理观念还根深蒂固。可以说，封建社会，如百足之虫，死而未僵。在这样的大背景下，对于一切复古甚至复古嫌疑，都应该施之以打击，防封建死灰复燃之患于未然。鲁迅的用心是良苦的，观点无疑是正确的。但是，鲁迅所举例子，似乎给人小题大做之嫌。因为，学篆字、填词，看《庄子》、《文选》等等，仿佛不足以证明便成了复古的"雅人"。现代社会的特点是多元化，多元化当然也包括了曾经是一元化代表的封建文化（当然应取其精华部分）。换言之，处在一元社会的封建文化与处在多元社会的封建文化，其内涵是完全不一样的。以近一点的例子说，"八个样板戏"时代的"样板戏"，与今天百花齐放背景下的"样板戏"，不论它的象征意义还是实际意义，都是不可同日而语的。因此，我以为，读一点《庄子》，作一点古诗词和古文，与复古并不是一回事。况且，古的形式，也可以装进新的内涵。鲁迅早期鼓吹新观念的文章，如《人之历史》、《摩罗诗力说》，用的也是文言；鲁迅也作了许多律诗，都是证明。到了后来，钱钟书用文言文作《管锥编》等，这只是多元文化中的一个雅致景观，未必是"复古"。

鲁迅的《重三感旧》发表于 10 月 6 日《申报·自由谈》。10 月 8 日,《自由谈》发表了施蛰存的《〈庄子〉与〈文选〉》一文,针对"丰之余"(施当时知道丰即鲁迅吗?不得而知)的文章"替自己作一个解释"。

施蛰存首先说了话题的缘起:"上个月《大晚报》的编辑寄了一张印着表格的邮片来,要我填注两项:(一)目下在读什么书,(二)要介绍给青年的书。"施蛰存说:"在第二项中,我写着:《庄子》,《文选》,并且附加了一句注脚:'为青年文学修养之助。'"接着,施蛰存解释了为什么要推荐《庄子》和《文选》。他认为,有些"青年人的文章太拙直,字汇太少……我以为从这两部书中可以参悟一点做文章的方法,同时也可以扩大一点字汇(虽然其中有许多字是已死了的)。但是我当然并不希望青年人都去做《庄子》,《文选》一类的'古文'"。施蛰存还说:"我劝文学青年读《庄子》与《文选》,目的在要他们'酿造'。"怎样酿造呢?他举了鲁迅的例子——这给人的感觉是,他似乎不晓得"丰之余"是鲁迅。他若知道是鲁迅,这只能说明他尽管被鲁迅批评,但他对鲁迅还是心存敬意的——"像鲁迅先生那样的新文学家,似乎可以算是十足的新瓶了。但是他的酒呢?纯粹的白兰地吗?我就不能相信。没有经过古文学的修养,鲁迅先生的新文章决不会写到现在那样好。所以我敢说：在鲁迅先生那样的瓶子里，也免不了有许多五加皮或绍兴老酒的成分。"这一点是没有疑义的，鲁迅的古文功底是不容置疑的。文末，施蛰存说："新文学家中，也有玩木刻，考究版本，收罗藏书票，以骈体文为白话书信作序，甚至写字台上陈列了小摆设的，照丰先生的意见说来，难道他们是'要以"今雅"立足于天地之间吗？'我想他们也未必有此企图。"最后，施蛰存"希望丰先生那篇文章并不是为我而作的"。

10月12日，鲁迅作《"感旧"以后（上）》(1)，指出"那篇《感旧》，是并非为施先生而作的，然而可以有施先生在里面"，"内中所指，是一大队遗少群的风气，并不指定着谁和谁。"

在我看来，施蛰存和鲁迅都没错的。施蛰存叫青年读《庄子》与《文选》，他有一个前提，即"为青年文学修养之助"。显然，他是针对作文章的文学青年的。弄文学的青年当然应该读一读《庄子》与《文选》。而鲁迅，他此处的观点与《青年必读书》的思想是一致的，鲁迅认为："少看中国书，其结果不过不能作文而已……只要是活人，不能作文算什么大不了的事。"可见，一、鲁迅是针对不作文的广大青年说的，对于一个当车工的工人或者种田的农民来说，他们确实可以不读《庄子》和《文选》；二、要会作文，文章作得好一点，还是要读一点古文的。一般青年和文学青年是不一样的概念，所以鲁迅和施蛰存讲的是两方面的问题，并不矛盾。

在遭鲁迅批评之后，施蛰存还在一些答辩文章中，说鲁迅反对青年读《文选》，而自己却曾作古文，看古书。还说鲁迅也曾捐资重刻《百喻经》，暗指鲁迅"自己也是这样的"。是的，施蛰存说得不错，鲁迅自己确实也是这样——这不在乎鲁迅自己承认与否——但鲁迅是文学家，这些事乃文学家之正道。文学家所为未必是一般青年所为；文学家如此作为，不等于不能要求青年不要如此作为。所以，搞清楚了文学家、文学青年与一般青年的区别，施蛰存的攻击就显得牛头不对马嘴了。对此，鲁迅以"无艮"为笔名作了一篇《反刍》（2），认为施蛰存以上的观点，不过是五四时期复古派滥调的"反刍"，"永远反刍，自己却不会呕吐，大约真是读透了《庄子》了"。

此后，鲁迅在一些文章中，对施蛰存也多有挖苦。比如，在《且介亭杂文二集》中《"文人相轻"》一文，鲁迅多用这样的语气说话："我们如果到《文选》里去找词汇的时候……""我们如果到《庄子》里去找词汇……"知道鲁、施纠纷的人，一眼就可以看出其间不无刻薄的幽默，不论是不是针对施蛰存，他看了大约不会有舒适的感觉的。

鲁迅对施蛰存有了定见，很难有什么新的印象。1934年7月《申报》杂文专栏"谈言"上发表署名"寒白"的文章：《大众语在中国底重要性》，7月17日，鲁迅在致徐懋庸的信中认为，"十之九是施蛰存做的。但他握有编辑两种杂志之权，几曾反对过封建文化，又何曾有谁不准他反对，又怎么能不准他反对。这种文章，造谣撒谎，不过越加暴露了卑怯的叭儿本相而已"。"寒白"是施蛰存吗？《鲁迅全集》的注释者也不能确定。不论是与不是，鲁迅对施蛰存有了成见是可以肯定的了，这种定见中，当然有几分的偏见。

对与施蛰存的笔战，鲁迅的看法是"无聊"，1933 年 11 月 5 日，在致姚克的信中，谈了他的感想：

> 我和施蛰存的笔墨官司，真是无聊得很，这种辩论，五四运动时候早已闹过的了，而现在又来这一套，非倒退而何。我看施君也未必真研究过《文选》，不过以此取悦当道，假使真有研究，决不会劝青年到那里面去寻新字汇的。此君盖出自商家，偶见古书，遂视为奇宝，正如暴发户之偏喜摆士人架子一样，试看他的文章，何尝有一些"《庄子》与《文选》"气。

施蛰存说鲁迅自己读古文，却反对青年读古文；鲁迅说施蛰存鼓吹读古文，却未必真读，"不过以此取悦当道"，因为他的文章中看不出有读的"气"。总之，二位皆有意气在字里行间，未必精确。文学家贵在有"气"，不能用科学家的"精确"要求他们。文坛热闹，盖缘于不精确。

后来，鲁迅得悉施蛰存也当了"检查官"，在官方组织的书报检查的会议上有"献策"之举，这样也就更为憎恶；在私人通信里，干脆称为"卑怯的叭儿"。

二

施蛰存也不是省油的灯。他被鲁迅瞧不起，于是，调动自尊，鼓起勇气，以牙还牙，也瞧不起鲁迅了。他在《文饭小品》第3期（1935年4月）发表的《服尔泰》（3）一文，说鲁迅的杂文是"有宣传作用而缺少文艺价值的东西"，对鲁迅极尽讽刺挖苦。文章不长，先引用于下：

> 去年一年没有看到好电影，直到年底才到国泰戏院去看了乔治亚里斯主演的《服尔泰》，觉得好极，即使去年一年只有此一片，也并不使去年的电影减色。
>
> 在《服尔泰》一片中，法皇路易十五有一句话很有意思，当那贪吝的财务大臣搜集了一些出于服尔泰之手的攻击政府的小册子来给皇上看的时候，路易十五说："这上边又没有服尔泰的签名，不会是他做的。"那财务大臣说道："服尔泰没有那么蠢。"但路易十五终于将那小册子抛弃在桌上，只管自己和他的宠姬庞帕娜夫人赌钱了。

这里我觉得有两方面的感想。第一是在路易十五方面的。他虽然是个昏庸的皇帝，这句话倒并不一定是昏庸话。也许他知道这些小册子是服尔泰写的，但身为一个皇帝，却不能以莫须有之罪罗织人家，所以除非有确切的证据，他还不肯信任佞臣一面之辞，而破坏了法律。小册子上既没有服尔泰的署名，即使明知是服尔泰做的，也没有办法。这样的皇帝，比之于目下一切疑心种种攻击自己的文章都出于某一个敌人之手的文坛先辈社会闻人来，似乎毕竟还高明得多。

　　第二个感想是在服尔泰这方面的。从服尔泰，使我又无意中想起了我们鲁迅先生。鲁迅先生现在是似乎不大用真名字发表文章的。但他却有许多笔名。在发表的当时既可躲躲闪闪，不负责任，时过境迁，又仍可编纂成集，追认过来。虽然鲁迅先生曾经很俏皮地说过，他写他的杂感文是希望人家改好，人家一好，他的文章就失了作用，然而难道凡被鲁迅先生所针砭过的人物竟一个都不会改好，所以他的杂感集还只得"不三不四"地出下去。这一点上，服尔泰的手段，似乎又不及我们的鲁迅先生。服尔泰当时为什么不在他的文章底下署一个笔名，让后世人可以给他编到全集中去呢？只为了存心宽厚了一些，气量大了一些，遂永远损失了一大笔版税，我倒替他觉得很可惜的。

但是我又想，服尔泰当时那种小册子，目的虽然是在于鼓吹自由，宣传正义，但因为多是对准了时事发的话，一定不免有许多悻悻然的气概。这种文章，在当时的读者群中，的确很有效力，但如果传给后世人看起来，读者所处的社会环境既不相同，文字的感应力一定也会得两样了。那时服尔泰的文章的好处一定没有人能感受到，而其坏处却必然会在异代的读者面前格外分明的，服尔泰没有使这种有宣传作用而缺少文艺价值的东西羼入他的全集中去，也说不定反而是他聪明的地方。财务大臣所说的"服尔泰没有那么蠢"，这意思恐怕倒要这样解释的。

这篇当是借题发挥的范文了，说的是一部电影，骂的是鲁迅。先是说皇帝的好话，在施蛰存看来，这个皇帝却有民主思想，知道这些小册子是服尔泰写的，但却格外开恩，"不能以莫须有之罪罗织人家"，从而"破坏了法律"。当然了，他为皇帝说好话也不是目的，目的是攻击文坛上的"皇帝"。他说："这样的皇帝，比之于目下一切疑心种种攻击自己的文章都出于某一个敌人之手的文坛先辈社会闻人来，似乎毕竟还高明得多。"这个"先辈"、"闻人"是谁呢？施蛰存不说。但结合他的下文，你不得不产生这样的联想：他就是鲁迅。鲁迅不如法皇路易十五，因为鲁迅多疑，总疑心别人在攻击他。施蛰存毕竟是文章老手，修炼成精，又要说你，又不让你抓着把柄。

　　接着，施蛰存攻击鲁迅"似乎不大用真名字发表文章"，还说，鲁迅之所以用笔名，是为了"在发表的当时既可躲躲闪闪，不负责任，时过境迁，又仍可编纂成集，追认过来"，换言之，就是又可以不用负责任，又可以赚稿费。施蛰存在文后说，他为服尔泰"可惜"，由于他的不懂得"追认"，所以"永远损失了一大笔版税"。鲁迅为什么用笔名发表文章？原因十分复杂，但有一条是可以肯定的，就是为了对敌和非对敌斗争的需要。但是，所有的原因里面，就是不包含施蛰存说的这两条。鲁迅倘若是为了逃避责任，他结集时又如何"追认"呢？难道"追认"的，就可以不负责任？所以，施蛰存的说法是矛盾的。至于损失了一大笔版税问题，鲁迅可不像施蛰存那样爱计较，鲁迅为《新青年》写稿时，就没有一分稿费，更不用说版税了。鲁迅还常常贴钱给尚未成名的青年人出书，这些史事，施蛰存大约不会陌生吧！用笔名写文章也值得非议，这可说是到了无孔不入的程度了。现代作家，哪一个没用过笔名？我翻了《中国现代文学词典》，在施蛰存的名目下，也有不老少的笔名，比如，安华、薛蕙、李万鹤等等。施蛰存用这些笔名，该不会放弃"追认"，从而"永远损失了一大笔版税"吧？

　　关于鲁迅"曾经很俏皮地说过"的"他写的杂感文是希

望人家改好，人家一好，他的文章就失了作用"问题，施蛰存的用心在于，"难道凡被鲁迅先生所针砭过的人物竟一个都不会改好"？在于他对鲁迅杂感集"还只得'不三不四'地出下去"表示不满。他无非要证明，鲁迅骂过的人未必都是不好的。我们看看鲁迅是怎么说的，他在《热风·题记》一文中写道：

> ……我的应时的浅薄的文字，也应该置之不理，一任其消灭的；但几个朋友却以为现状和那时并没有大两样，也还可以存留，给我编辑起来了。这正是我所悲哀的。我以为凡对于时弊的攻击，文字须与时弊同时灭亡，因为这正如白血轮之酿成疮疖一般，倘非自身也被排除，则当它的生命的存留中，也即证明着病菌尚在。

如此看来，施蛰存根本就没有搞清楚鲁迅的话的意思，鲁迅是针对现象，而不是什么人，也不是什么改好不改好的问题。施蛰存甚至对鲁迅的原话都没有弄清楚。

施蛰存又说："服尔泰当时为什么不在他的文章底下署一个笔名，让后世人可以给他编到全集中去呢？只为了存心宽厚了一些，气量大了一些。"如此，反过来说，不像服尔泰这么干的，便是存心不"宽厚"，便是"气量"小了？关于不宽厚和气量问题，也是老问题了。宽厚有气量如施蛰存者，明里暗里说鲁迅时，一扯就是扯这类的问题。中国某些人的性情是这样的，说别人是妓女，自己便是贞妇，说别人没气量，不宽厚，就可以证明自己有气量又宽厚。

施蛰存又说，服尔泰"没有使这种有宣传作用而缺少文艺价值的东西羼入他的全集中去"。"项庄舞剑，意在沛公"，他句句说的是服尔泰，句句针对的是鲁迅。他的意思是，鲁迅的集子中羼杂进了不少"缺少文艺价值的东西"。施蛰存比起别的一些攻击鲁迅的人来，多了一点怪里怪气，不够坦率，他无非要说鲁迅的杂文是没有艺术价值的，却不言明，曲里拐弯，让人生厌。

三

施蛰存还在《文饭小品》第 5 期（1935 年 6 月）发表《杂文的文艺价值》一文，说："他（鲁迅）是不主张'悔其少作'的，连《集外集》这种零碎文章都肯印出来卖七角大洋；而我是希望作家们在编辑自己的作品集的时候，能稍稍定一下去取。因为在现今出版物蜂拥的情形之下，每个作家多少总有一些随意应酬的文字，倘能在编集子的时候，严格地删定一下，多少也是对于自己作品的一种郑重态度。"施蛰存的话有一定的合理成分，对一般作家而言——比如施蛰存——是这样的。但是，他当时并没有认识到鲁迅是大师，已经融入古典，鲁迅的每一篇文章都有其存在意义与价值。在今天，这已经被历史所证明，是不成问题的了。

鲁迅"骂"施蛰存，还有一件是和《中国文学珍本丛书》有关的。

20世纪30年代，施蛰存主编了这套丛书。1935年9月开始印行，共出50种。出书后，受到了邓恭三（邓广铭）的批评。邓恭三在《国闻周报》第12卷第43期（1935年11月4日）上发表《评中国文学珍本丛书第一辑》一文，指出这一辑丛书存在的问题："计划之草率，选学之不当，标点之谬误。"对此，施蛰存在《国闻周报》第12卷第46期（1935年11月25日）发表了《关于中国文学珍本丛书——我的告白》一文，文中说："现在，过去的错误已经是错误了，我该承认的我也承认了，该辩护的希望读者及邓先生相信我不是诡辩。"又说，"他（按指邓恭三）说出我是为了'养生主'，而非'逍遥游'"，他"能了解""我之所以担任主持这个丛书的原故"的。

这里的"养生主"含有"主要是为了生活"的意思。文章为了稻粱谋，人间俗人，无可厚非。如果施蛰存如此检讨一番，本也罢了。无奈文人习气左右了他，死要面子，认错的同时，还要说我虽错了，别人比我更错哩。他这样辩解说：

但是虽然失败，虽然出丑，幸而并不能算是造了什么大罪过。因为充其量还不过是印出了一些草率的书来，到底并没有出卖了别人的灵魂与血肉来为自己的"养生主"，如别的一些文人们也。

是的，也许"别的一些文人们"，确实"出卖了别人的灵魂与血肉来为自己的'养生主'"，但这怎么可以成为为自己开脱的理由呢？别人杀人，我偷东西便不是"大罪过"了吗？显然，施蛰存的逻辑是荒唐的。对此，鲁迅在《且介亭杂文末编》中的《文人比较学》一文中评论道：

> 中国的文人们有两"些"，一些，是"充其量还不过印出了一些草率的书来"的，"别的一些文人们"，却是"出卖了别人的灵魂与血肉来为自己的'养生主'"的，我们只要想一想"别的一些文人们"，就知道施先生不但"并不能算是造了什么大罪过"，其实还能够算是修了什么"儿孙福"。
> 但一面也活活的画出了"洋场恶少"的嘴脸——不过这也并不是"什么大罪过"，"如别的一些文人们也"。

施蛰存的"别的一些文人们"，含含糊糊，似乎不针对谁，然而却也得罪了不少人。看来，要自我表白一些什么，要批评一些什么，还是直说的好。

四

施蛰存是个长寿的人，死时正好过了百年华诞。施蛰存与鲁迅的"《庄子》与《文选》之争"，过了半个多世纪，老人的记忆是极端的好，还时不时提起陈年旧事。只是，鲁迅早已无言。从我掌握的资料看，鲁迅是永远活在施蛰存的心中了。

施蛰存的《文艺百话》（4）收录其"历年保存的杂文剪报"，内有《一人一书》分上、下两文，文章作于鲁迅去世不久，评论当时的文坛，首论鲁迅。他说：

> 鲁迅遽而奄忽……鲁迅者，实在是一个思想家，独惜其思想尚未能成一体系耳。惟其思想未成一体系，故其杂感文集虽多，每集中所收文字，从全体看来，总有五角六张、驳杂不纯之病。使读者只看到他有许多批评斥责之对象，而到底不知他自己是怎样一副面目。……若必欲以鲁迅为文学家，则当处于散文家之列，而不当视之为小说家。鲁迅的小说，不过两本短篇集，虽然不坏，但亦决不就是"国宝"。

看来，怪里怪气成了施蛰存几十年不变的风格了。先是说鲁迅实在是一个思想家，又独惜"其思想尚未能成一体系耳"。既是思想家，怎么会没有自己的思想体系呢？既是没有自己的思想体系，又怎么成为思想家呢？与李长之的说鲁迅不是思想家相比，施蛰存除了多了一点吞吞吐吐、阴阳怪气以外，并没有什么新内容。

所谓"使读者只看到他有许多批评斥责之对象，而到底不知他自己是怎样一副面目"，这却与梁实秋的观点如出一辙。梁实秋说鲁迅："你批评这个，你批评那个，但是你在文艺上政治上有什么正面的积极的主张呢？"（5）鲁迅否认了一方面，不是同时就确立了另一方面吗？否认此，本身不就包含着肯定与此相对应的彼吗？这就像肯定什么，本身就包含着否定什么一样。鲁迅不断地否认落后的封建的专制的旧中国，那么，他肯定的就是富强的民主的自由的新中国。这只是笼统地说。若要具体地说鲁迅肯定什么，那简直太多太多了，倘若要摆出来，与梁实秋、施蛰存费起口舌来，也实在是一件累人的事。但是，在这里至少有一条是可以肯定的：鲁迅肯定论敌的坦率。从鲁迅的性情出发，他甚至认为坦率的论敌要比阴阳怪气的所谓同一阵营中的人要好对付。

"若必欲以鲁迅为文学家"，施蛰存的"若必欲"三字，包含着这样的意思：如果一定要把鲁迅算作文学家的话。换言之，如果勉强把鲁迅算作文学家的话，那鲁迅也不配当小说家。为什么呢？因为"鲁迅的小说，不过两本短篇集，虽然不坏，但亦决不就是'国宝'"。鲁迅的小说只有两本，所以不能成为小说家，那么需要几本才可以成为小说家呢？施蛰存没有给我一个量的规定，所以我也不知道。文学史上，写《鲁滨孙漂流记》的笛福，写《呼啸山庄》的艾米莉·勃朗特，一生中不也是只有一两部小说吗？可是，施蛰存为什么并没有怀疑他们作为小说家的客观存在呢？五四新文化运动的先驱者陈独秀、李大钊都认为鲁迅的小说是现代中国最好的小说，既是最好的小说，怎么就不是"国宝"呢？鲁迅的小说不是"国宝"，那么谁的是呢？施蛰存也写了一些小说，而且，绝对不只是两本，随着时间的推移，其价值和意义也将愈益明显，我想，还是存在着成为"国宝"的可能性。

施蛰存说，鲁迅"则当处于散文家之列"。鲁迅除去杂文，纯粹的散文不也就是《野草》、《朝花夕拾》之类一本两本吗？一本两本当不了小说家，怎么一本两本就可以当散文家呢？而鲁迅的杂文在他及他们眼里又都是骂人文章，"气量"太小，不够"宽厚"——如此杂文，大约不是施蛰存所说的"散文"吧？

施蛰存继说周作人，称其"文学事业，创作翻译，两足千古"。这也正所谓萝卜白菜，各有所爱了。施蛰存又说蒋光慈，"不禁有点感慨了"，即"君不见鲁迅之死，如此其阔气，而蒋光慈之死，又如彼之寥落"。他认为"在革命的功勋上，蒋光慈似乎并不亚于鲁迅"。对中国革命的贡献，鲁迅不如蒋光慈？如此看来，鲁迅是伟大的革命家，那蒋光慈则是比伟大更伟大的革命家了。我不知道施蛰存衡量革命家的标准是什么，所以，也无从下手予以具体地批驳。施蛰存又说："我昔年曾因送彭家煌之殡，到永安公墓，展蒋光慈之墓，萧然无封识焉。退而曾与一二友人谋，欲为募金树碑，人微言轻，而所与谋者皆穷光蛋，终未实现。不知此刻救国会诸仁人君子能否分一部分纪念鲁迅先生之财力，去安慰一下光慈先生之革命灵魂乎。"蒋光慈死得太冷落了，鲁迅死得太阔气了，施蛰存要"劫富济贫"了——他要求分一部分"纪念鲁迅先生之财力，去安慰一下光慈先生之革命灵魂乎"。

从以上可知，施蛰存对于鲁迅一向耿耿于怀。然而，让我敬佩的是，他又要装作很不在乎又很大度的样子，这是让我私心很不舒服的地方。

据朱健国介绍，虽然 20 世纪 30 年代遭鲁迅讽刺之后，施蛰存在文坛受过一点挫折，但真正的厄运却要从 1957 年算起。其时划他"右派"，是以"两案并发"而论。被鲁迅批评过的人，自然是右派文人，这算得一个旧案；而他在 1956 年《人民日报》上发表杂文《德与才》，讽刺一些进上海的文艺领导大都是不怎么识字的人，仅有德而无才，很难做好文化领导，这便成了本性未改的新证。于是发配嘉定劳改一年，于是在三年困难时期只可吃常人几分之一的杂粮烂菜，享受"饥饿疗法"。1961 年幸运地摘帽了，不久却又来了"四清"，来了"文革"，于是永无教书写作之权，只是偶尔翻译一点不能署名的书，如《篷皮杜传》、《尼日利亚史》，一文稿费也没有。

一直到十一届三中全会以后，让他重新到华东师大带硕士、博士研究生，他的苦难似乎才结束。而今他"渡尽劫波残躯在，笑看历史泯恩仇"。施蛰存笑道："鲁迅骂我，是他踢我一脚，而不是我攻击他，我至今敬重鲁迅先生，当年就帮他印过两本书，还亲自把稿费送到内山书店交给他。60年来，我一直以旁观者态度看待自己的苦难。人一站到旁观者角度，再大的苦难，也似乎有一种研究的耐心与兴味，那么心灵的创痛也就减轻不少。"（6）

鲁迅出书，施蛰存做一些具体工作是可能的。但是不是需要施蛰存"帮"，若是不帮，鲁迅是不是要像现在的一些作者那样去买书号，我心存疑惑。施蛰存似乎是说，他一直是敬重鲁迅的。既是敬重鲁迅，为什么他在鲁迅生前死后老是与鲁迅过不去呢？又怎么解释踢一脚之类？在具体地挖苦、谩骂一通后，再来一下笼统的"一直敬重"，无非是为了证明他"骂"得有理，"骂"得客观。攻击也便攻击了，像梁实秋那样，永不改悔，还有一点人样。又要攻击，又要假装虔诚，莫非人到了一定的年龄便老熟成精了？也未可知。如果真如施蛰存所说，"被鲁迅踢了一脚"，那这一脚也是暗伤，我估计现代仪器是测不出什么名堂来的，施蛰存只好疼在心里了。

"被鲁迅踢了一脚"，只是接受采访时随意而谈。有施蛰存诗可作施蛰存一生心结的旁证。《浮生百咏》第 68 首，诗云：

> 粉腻脂残饱世情，况兼疲病损心兵。
> 十年一觉文坛梦，赢得洋场恶少名。

施蛰存在附注中说："自 1928 年至 1937 年，浪迹文场，无所得益，所得者惟鲁迅所赐'洋场恶少'一名，足以遗臭万年。第三、四句乃当年与鲁迅交谇时改杜牧诗感赋，未有上句，今补足之。"

下笔之初，我觉得鲁迅说他是"洋场恶少"，似有费解之处，后看到他被踢一脚时，仿佛悟出了鲁迅的意思了。至于什么意思呢，这是我的秘密，30 年内我不想解密。

五

有一件事应该为施蛰存留下一笔，那就是鲁迅名文《为了忘却的记念》是在他编辑的《现代》杂志发表的。武在平在 1998 年第 12 期的《鲁迅研究月刊》上发表《胡乔木心目中的鲁迅》一文，其中谈到 1989 年 11 月，胡乔木曾拜访施蛰存，称赞施说：那个时候在您的刊物上发表鲁迅先生那篇文章比在党的刊物上发表，作用要大得多，"您立了一功！"

胡乔木还说，鲁迅那篇文章影响很大，当时张闻天曾说，《现代》发表鲁迅那篇文章，是当年中国历史上的一件大事。胡乔木还问施蛰存《为了忘却的记念》的发表经过，施答："这稿子是我那天到现代书局楼上编辑室，在我桌子上发现的。我想会不会是雪峰派人送来的？但也不能肯定。我至今仍不能确切地说清楚。当时拿到这篇文章曾有点犹豫，但觉得鲁迅这篇文章写得实在好，还是应当发表。"他还说："文章发表后，本来以为他们（指当局）会来找麻烦，可是不知为什么倒没来找麻烦。"胡乔木说："如果他们来找麻烦，那岂不是反而欲盖弥彰了吗？"

注释

（1）（2）《鲁迅全集·准风月谈》。

（3）《恩怨录·鲁迅和他的论敌文选》，今日中国出版社1996年11月版。

（4）华东师范大学出版社1994年版。

（5）《鲁迅与我》，见重庆《中央周刊》第4卷第16期，1941年11月27日。

（6）朱健国：《施蛰存的长寿之道》，见1998年1月21日《中华读书报》。

恶癖·坦克车·随笔家

——鲁迅与张若谷

　　张若谷(1905—1960),上海南汇人。原名张天松,字若谷。笔名摩炬、马尔谷、百合、南方张、刘舞心女士、虚斋主等。他的创作,以随笔小品最为丰富,结集出版的散文集有《文学生活》(上海金屋书店 1928 年)、《异国情调》(上海世界书店 1929 年)、《战争·饮食·男女》(上海良友图书印刷公司 1933 年)。他的专职是编辑和翻译,20 世纪 30 年代在上海《大晚报·星期文坛》和《益世周刊》上写过不少文章,《新月》和《小说日报》上偶尔也能见到他的作品,他还在中华、商务等书店出过《游欧猎奇印象》、《马相伯先生年谱》,译作有《中国孤儿》、《十五年写作经验》等。

　　《大晚报》连载张若谷被称为"儒林新史"的长篇小说

《婆汉迷》，恶意编造情节，影射文化界人士，如以"罗无心"影射鲁迅，"郭得富"影射郁达夫等。对此，鲁迅颇为不满，在《文学的折扣》（1）一文中写到，"有一种无聊小报，以登载诬蔑一部分人的小说自鸣得意，连姓名也都给以影射的"，指的就是张若谷的小说。鲁迅也有趣，为自己取了一个笔名"罗怃"。这是鲁迅常用的反讽手法，比如，文公直攻击鲁迅是买办，鲁迅就用"买办"的音译"康伯度"当作自己的笔名。

萧伯纳来上海，鲁迅和张若谷都在场。1933 年 2 月 18 日《大晚报》发表了张若谷的《五十分钟和萧伯纳在一起》一文，其中记述给萧伯纳送礼时的情形说："笔会的同人，派希腊式鼻子的邵洵美做代表，捧了一只大的玻璃框子，里面装了十几个北平土产的泥制优伶脸谱，红面孔的关云长，白面孔的曹操，长胡子的老生，包扎头的花旦，五颜六色，煞是好看。萧老头儿装出似乎很有兴味的样子，指着一个长白胡须和他有些相像的脸谱，微笑着问道：'这是不是中国的老爷？''不是老爷，是舞台上的老头儿。'我对他说。他好像没有听见，仍旧笑嘻嘻地指着一个花旦的脸谱说：'她不是老爷的女儿吧？'"据张若谷自称，他所说的"舞台上的老头儿"，是讽刺萧伯纳的。

关于张若谷见萧伯纳，这里想加一段闲笔。施蛰存在《萧伯纳到上海》中提到张若谷："有一个上海文人张若谷，一贯喜欢自我宣传，到了不择手段的地步。他不知以什么记者的名义，居然能混进宋宅和世界社，每逢摄影记者举起照相机的时候，他总去站在前头。萧伯纳在世界社靠墙壁坐着，让记者摄影，张若谷竟然蹲到萧伯纳背后，紧贴着墙壁。记者没有办法，只好把他也照了进去。洗印出来的照片是：他的整个身子都被萧伯纳遮住了，只从萧伯纳肩膀底下探出了一个头面。这张照片使我很厌恶，但是我当时还不懂得照片可以涂改，就只好照样给印出来。"（2）如果以一个记者所需要的素质来衡量，张若谷倒是称职的，记者就是要能钻，能千方百计地为所在报社弄到好的新闻。施蛰存"厌恶"的张若谷，并不那么让我厌恶。

鲁迅应日本改造社特约，也写了一篇关于萧伯纳的文章《看萧和"看萧的人们"记》，其中还提到张若谷的文章："此后是将赠品送给萧的仪式。这是由有着美男子之誉的邵洵美君拿上去的，是泥土做的戏子的脸谱的小模型，收在一个盒子里。还有一种，听说是演戏用的衣裳，但因为是用纸包好了的，所以没有见。萧很高兴的接受了。据张若谷君后来发表出来的文章，则萧还问了几句话，张君也刺了他一下，可惜萧不听见云。但是，我实在也没有听见。"（3）这段文字是对具体事情的客观描述，看不出有什么特别的喜恶。

鲁迅对张若谷的文章直接发表议论的，是针对他的《恶癖》（4）一文，实在地说，与张若谷的关系本也不大。

我们先看看《恶癖》这篇不足 500 字的文章：

　　"文人无行"久为一般人所诟病。

　　所谓"无行"，并不一定是不规则或不道德的行为，凡一切不近人情的恶劣行为，也都包括在内。

　　只要是人，谁都容易沾染不良的习惯，特别是文人，因为专心文字著作的缘故，在日常生活方面，自然免不了有怪异的举动，而且，或者也因为工作劳苦的缘故，十人中九人是染着不良嗜好，最普通的，是喜欢服用刺激神经的兴奋剂，卷烟与咖啡，是成为现代文人流行的嗜好品了。

　　现代的日本文人，除了抽烟喝咖啡之外，各人都犯着各样的怪奇恶癖。前田河广一郎爱酒若命，醉后呶鸣不休；谷崎润一郎爱闻女人的体臭和尝女人的痰涕；今东光喜欢自炫学问宣传自己；金子洋文喜舐嘴唇；细田源吉喜作猥谈，朝食后熟睡二小时；宫地嘉六爱用指爪搔头发；宇野浩二醺醉后侮慢侍妓；林房雄有奸通癖；山本有三乘电车时喜横膝斜坐；胜本清一郎谈话时喜用拇指挖鼻孔。形形色色，不胜枚举。

　　日本现代文人所犯的恶癖，正和中国旧时文人辜鸿鸣喜闻女人金莲同样的可厌，我要求现代中国有为的青年，不但是文人，都要保持着健全的精神，切勿借了"文人无行"的幌子，再犯着和日本文人同样可诟病的恶癖。

鲁迅有感而发，写了《文人无文》（5）一文。他先是批评了张若谷的文章论据与论点不吻合，举的例子不足以证明他所要表达的意思：

> 在一种姓"大"的报的副刊上，有一位"姓张的"在"要求中国有为的青年，切勿借了'文人无行'的幌子，犯着可诟病的恶癖。"这实在是对透了的。但那"无行"的界说，可又严紧透顶了。据说："所谓无行，并不一定是指不规则或不道德的行为，凡一切不近人情的恶劣行为，也都包括在内。"
>
> 接着就举了一些日本文人的"恶癖"的例子，来作中国的有为的青年的殷鉴，一条是"宫地嘉六爱用指爪搔头发"，还有一条是"金子洋文喜舐嘴唇"。
>
> 自然，嘴唇干和头皮痒，古今的圣贤都不称它为美德，但好像也没有斥为恶德的。不料一到中国上海的现在，爱搔喜舐，即使是自己的嘴唇和头发罢，也成了"不近人情的恶劣行为"了。如果不舒服，也只好熬着。要做有为的青年或文人，真是一天一天的艰难起来了。

张若谷的文章是不严谨的。"……向来的习惯，函义是没有这么广泛的，搔发舐唇（但自然须是自己的唇），还不至于算在'文人无行'之中"。(6)鲁迅指出，中国文人的"恶癖"并不在这些。他话锋一转，由张若谷所谈的"文人无行"生发开去，谈起了"文人无文"问题。鲁迅认为，"不近人情"的并不是"文人无行"，而是"文人无文"。这一点，我在本书有关周木斋一节已有介绍，此不重复。鲁迅由张若谷的"此"而及"彼"，深化了这一主题。就像鲁迅的《文坛登龙术》是借章克标的话题生发开去而不完全是抨击章克标一样，这里，除了指出张若谷文章的毛病外，也似乎不好说是抨击张若谷。

1933年3月3日张若谷在《大晚报·辣椒与橄榄》发表《拥护》一文，声称"……拥护言论不自由……唯其言论不自由，才有好文章做出来，所谓冷嘲，讽刺，幽默和其他形形色色，不敢负言论责任的文体，在压迫钳制之下，都应运产生出来了"。对此，鲁迅批驳说："讽刺等类为什么是不负责任，我可不知道。然而听人议论'风凉话'怎么不行，'冷箭'怎么射死了天才，倒也多年了。既然多年，似乎就很有道理。大致是骂人不敢充好汉，胆小。"（7）鲁迅指出，躲在统治者的坦克车里面攻击民主人士不敢勇往直前，"你敢出来！出来！躲在背后说风凉话不算好汉！"倘若你真的相信他的话，"如果你上了他的当，真的赤膊奔上前阵，像许褚似的充好汉，那他那边立刻就会给你一枪，老实不客气，然后，再学着金圣叹批《三国演义》的笔法，骂一声'谁叫你赤膊的'——活该。总之，死活都有罪。"（8）就像大敌当前，大学生若不"逃难"，就必然等死一样，所谓"负责任"，很大程度上就是叫人去送死。鲁迅告诫人们，不要理睬"不负责任"之类的指责。

鲁迅还表达了这样一层意思："总之，死活都有罪。足见做人实在很难，而做坦克车要容易得多。"为什么呢？"高等人向来就善于躲在厚厚的东西后面来杀人的。古时候有厚厚的城墙，为的要防备盗匪和流寇。现在就有钢马甲，铁甲车，坦克车。就是保障'民国'和私产的法律，也总是厚厚的一大本。甚至于自天子以至卿大夫的棺材，也比庶民的要厚些。至于脸皮的厚，也是合于古礼的。"（9）躲在厚厚的东西后面，这是统治者的专利，却要被统治者赤膊上阵，白白送死。"其实，躲在厚厚的铁板——坦克车里面，砰砰碰碰的轰炸，是着实痛快得多，虽然也似乎并不胆大"。统治者愚民的战术，也被"下等人"用来"愚君"，于是，就被张若谷辈说成是不负责任的。在鲁迅眼里，张若谷的立场是所谓"上等人"的立场。

鲁迅去世后，张若谷在《中美日报·集纳》上发表了《写文学随笔》一文，认为鲁迅不是小说家，只是一个随笔家，对鲁迅多有诬蔑。他说：

鲁迅生平写下了许多"随笔"式的东西，他在自己视为杂感或短评或"花边文学"的东西，其实都是可以归于随笔一门类中的。在十余年前，我曾经写过《鲁迅的〈华盖集〉》一文，里面说起："我爱看的鲁迅先生的作品，并不是他几篇誉满天下的小说，而却是他的几本随笔集。我敢说：鲁迅先生根本不是一个小说作家，虽则他除了创作小说以后，还有兴致做诗，但是他实然不是小说家或是诗人，天分或许是有的，因为他没有小说家或诗人的生活；他出身是一个学校教师，是一个靠着笔墨以为生活的文人。他创作小说，并不是在表现自己，或表现社会，他只是在讲故事罢了。他的文章，就是等于随笔，笔谈；鲁迅先生的作风，可以用嬉笑怒骂四个字来包括一切，他无论是在笑，或是在骂，总是含着冷嘲的意味。措辞也时常弯弯曲曲，议论也往往执滞在几件小事情上，这是可以十足代表中国浙江作家的一种习气，尤其是代表现代绍兴师爷的一种特殊性格。"（10）

　　鲁迅不是小说家，为什么呢？"因为他没有小说家或诗人的生活；他出身是一个学校教师"，还因为"他创作小说，他只是在讲故事罢了"……以一个人从事的职业来衡量有没有生活，这是站不住脚的。谁能说得清哪一个职业是有"生活"的，哪一个职业是没"生活"的？鲁迅是不是出身"学校教师"

这是另外一个问题，难道所有的"学校教师"都不在生活之中？鲁迅的小说曾被称作"自剖小说"，往往是以第一人称来叙述的；鲁迅小说反映社会的深广，在现代小说家中很难有人可以企及，何言"并不是在表现自己，或表现社会"呢？"他只是在讲故事罢了"，小说可以全然不要故事吗？鲁迅居然可以不是小说家！张若谷睁着眼睛说瞎话，议论给人不着边际之感，只能算是胡扯。

至于"措辞也时常弯弯曲曲，议论也往往执滞在几件小事情上……尤其是代表现代绍兴师爷的一种特殊性格"，"绍兴师爷"是张若谷们攻击鲁迅的惯用语之一，它的潜台词是，鲁迅是个"刀笔吏"。

关于张若谷，鲁迅对其态度，还用得上"不屑"二字。鲁迅 1932 年 11 月从上海到北平省亲期间，公开发表了五次讲演，世称"北平五讲"；1933 年春，鲁迅在一家饭店里与朋友闲谈，谈到几个帮闲文人的文章时说："这些都只要一嘘了之，不值得反驳。"当时鲁迅提到的有杨邨人、梁实秋和张若谷。这就是人们说的"上海三嘘"。鲁迅原打算要新出一本杂文集，书名叫《五讲三嘘集》，由于在北平的五讲只有头两讲的稿子，其他三讲均未有可靠的记录稿，鲁迅的想法落空了。1934 年 12 月 16 日他在给杨霁云的信中说："帮闲文学实在是一种紧要的研究，那时烦忙，原想回上海后再记一遍的，不料回沪后也一直没有做，现在是情随事迁，做的意思都不起来了，所以那《五讲三嘘集》也许将永远不过一个名目。"后来，鲁迅在《答杨邨人先生公开信的公开信》中说："张若谷先生比较的差一点，浅陋得很，连做一'嘘'的材料也不够，我大概要换另一位的。"（11）鲁迅的《五讲三嘘集》终于没有面世，就是面世，看鲁迅的口气，似乎还轮不到张若谷。张若谷连被"嘘"的资格都没有，这不能不说是鲁迅对他的蔑视。

据周允中《有关张若谷的一些往事》介绍，抗战爆发后，张若谷还是做过一些有益的工作的。他主编的《中美日报·集纳》副刊虽然不愿刊登左翼作家的作品，经常刊登的是徐訏、邵洵美、温肇桐等人的文章，但内容大部分是抗日的，主题十分鲜明，因此引起了日寇及其走狗的注意和不满，曾三次被租界当局勒令停刊。张若谷写了《三次复刊小言》宣称，"一方可见公道之自在人心，而正义之不能消灭，一方亦足征忠奸之不能并容，而孤岛人心之未死也。"强调了抗日爱国是孤岛上每一个中国同胞的共同意志，这种意志绝不会因为高压而消失。《中美日报·集纳》还发表了不少揭露和抨击落水文化的文章，锋芒分别指向周作人、陈绵、陆离、徐祖正、沈启无、张资平、穆时英等人。

遗憾的是，"张若谷后来也被日伪绑架了去，受不了拷打最后也变了节，成为了落水文人。"新中国成立后，他受到了法律的惩处，被囚禁数年。

注释

（1）（5）《鲁迅全集·伪自由书》。

（2）《往事随想·〈现代杂忆〉》，四川人民出版社2000年1月版。

（3）（11）《鲁迅全集·南腔北调集》。

（4）发表于1933年3月9日《大晚报》副刊《辣椒与橄榄》。

（6）《鲁迅全集·集外集拾遗补编·辩"文人无行"》。

（7）（8）（9）《鲁迅全集·伪自由书·不负责的坦克车》。

（10）转引自巴人《论鲁迅的杂文》一书中的《序说》，上海远东书店出版社1940年10月版，见《鲁迅研究学术论著资料汇编》第3卷，中国文联出版公司1987年3月版。

似相左而实相近
——鲁迅与张竞生

一

张竞生（1888—1970），原名张江流，学名张公室。出生于广东省饶平县浮滨大榕铺的一个农民家庭。1911年辛亥革命爆发，张竞生23岁，南北和议时，他是孙中山指派的民国代表团的秘书。受了达尔文那句"物竞天择，适者生存"的影响，1912年底赴法留学前改名张竞生（他和胡适有一样的志趣，胡适也是为了"适者生存"，将"胡洪骍"易名为"胡适之"。这是题外话，为了多一点阅读的趣味，姑且留此闲笔），先后获巴黎大学义学院义学士和里昂大学哲学博士学位。1920年回国，曾任广东省一所中学的校长，北京大学和暨南大学教授。

张竞生是现代中国性教育和节制生育的最早的倡导者。创办过"美的书店"，组建过中国最早提倡性教育的组织"性育社"，有《爱情定则》、《美的社会组织法》、《美的人生观》等多种著作行世。

从某种意义上说，张竞生一辈子都被人误解，新中国成立前有《性史》等问题，新中国成立后有《鲁迅全集》的注释问题。《性史》等使张竞生名声大噪，遂有鲁迅对他的议论，因此，这两个问题客观上有一定的联系。如果不介绍前一个问题，就讲不清后一个问题。网络上有人说，"他却生不逢时，连客观冷静著称的鲁迅都对他鄙夷批判。实际是鲁迅对他误解"，"医学出身的周树人居然对'性'忌讳甚而批判，显然是'装正经'了。也落入他自己经常嘲笑的'正人君子'者流去了。"一些读者为张竞生受的委屈抱不平，而迁怒于鲁迅，从而挖苦、奚落鲁迅。

二

要弄清楚鲁迅与张竞生的关系，首先应该了解张竞生的性伦理观以及在当时的影响，如果忽略了背景资料，就可能如有的人所下的判断那样，认为鲁迅对张竞生有偏见，是鲁迅伤害了张竞生。

一切还得从他的《性史》说起。

张竞生认为天生万物，原无神秘可言，不失"真"，才得"美"，主张对性问题公开研讨，提倡性科学与性教育，反对把性问题神秘化。青年要学点性知识，才能见怪不怪，不入歧途。他主张光复人性，不应以"处女"、贞洁来压迫女性，提出"婚姻自由"，以至"情人制"、"性交自由"。他认为"性书"和"淫书"有本质的不同，前者提倡健康的有节制的性行为，后者提倡不合乎礼法和无节制的滥交，提倡前者正是为了反对后者，等等。本着这样的观点，1925年寒假，张竞生在《京报副刊》上刊登了一则新奇启事：《一个寒假的最好消遣法》，破天荒地公开征集个人"性史"，一时轰动京华学界，响应者不乏其人。他从来稿中挑选了7篇，配序并为每篇加上按语，编成《性史》第一集，于1926年4月由"性学社"印行。这是一本不足150页的薄薄的小册子，作者都是当时北京的大学生，在文章中坦述自己的性爱经历，是供科学研究的资料性读物。

张竞生搞的是"系统工程"。"性学社"印《性史》，然后在"美的书店"出售。"美的书店"之兴旺一时，或许还与经营特色有关。那时上海的商店里都还没有女店员——"学生意"还一直是男性的职业，但是"美的书店"却大胆雇用年轻漂亮的女店员。不难设想，这样一家以编印销售"性书"为特色的书店，再加上独树一帜的年轻漂亮的女店员，当然是非常轰动的。张竞生自己对此也非常得意，他说，左近那些大书店如中华、商务等，若是与我们这间"美的书店"的门市一比，还是输却一筹。

张竞生在《性史》中提出的"第三种水"（1），是当时被人攻击得最狠的一个观点。"第三种水"是他为"一舸女士"的《我的性经历》写的按语中提出的。他认为女性达到极愉快的性高潮时，有的人会有"第三种水"射出。此后多年，这被卫道士以及性医学家斥之为无稽之谈。以前那些将张竞生说成"堕落文人"、"无耻文人"的作品和传说中，经常向人们描绘如下一幕戏剧化的场景："流氓无赖来到'美的书店'，向年轻的女店员要'第三种水'。"似乎"美的书店"成了一个藏污纳垢的"下三烂"场所。

性在当时、在一些国人的心目中，仍是可做而不可说的勾当。张竞生的《性史》在社会上产生了轰动效应，风行达于极点，此举使他成为民国文化史上的知名人物。有人描述其效应是："正人君子摇头叹息，而又在暗中读得津津有味；封建卫道士更气急败坏，活像掘了其祖坟。"《性史》出版仅4个月，便先在天津遭禁，起因是南开大学校长张伯苓致函警察厅，称南开附近的书店出售《性史》、《情书一束》、《女性美》、《夫妇之性的生活》、《浑如篇》等书，"诲淫之书，以此为最，青年阅之，为害之烈，不啻洪水猛兽"。于是警察厅下令将《性史》等书全部没收，并且"严密查察，如有售卖，送案究惩，勿稍姑息，以维风化"。

《性史》如猛兽，"第三种水"成了洪水。

张竞生在宣传"性学"的同时，很多书商却以"张竞生"为噱头，大卖特卖起黄色小说来了。有很多书都是署名"张竞生"，却是下三烂的写家冒名的。（当今市面上，有不少"叶永烈"的书，根本不是叶永烈所著，却盗用了叶的大名。这一招数，是不是始自"张竞生"？戏法常变，不过三十六计耳，有趣！）市面上还冒出了许多"性史续集"及完全杜撰的真正淫书，如《性史补》、《性史补外补》。直至20世纪80年代，海外的华文书店仍有"性史第18集"在卖。

由于张竞生勇敢地和当时的封建保守势力宣战，有些主张太超前于社会当时可接受的程度，也由于随后跟进的淫书泛滥，谬种流传，国人也多无法用科学态度看待《性史》，张竞生真是骂名遍天下，"性教父"、"性博士"、"卖春博士"的恶名也由是而起。《性史》如何使张竞生大被恶名，还可以看张竞生后来的自述，他在自传性质的作品《十年情场》中说："近来有些人以为我是巴黎长期的学生，习染了法国的淫风。看《性史》如猪狗的苟且，尽情地任它发泄出来。又有人疑我是一个'大淫虫'，荒诞淫逸，《性史》就是现身的说法！"张竞生声名狼藉，被赶出学坛，迫使他于1932年在家乡服毒自杀未遂，此后一直隐居不出。

台湾"大众小丑"李敖说：编《性史》的张竞生与主张

在教室公开做人体写生的刘海粟、唱《毛毛雨》的黎锦晖，被传统势力视作"三大文妖"。可时代的潮流终究把"文妖"证明为先知先行者，张竞生的悲哀，更是那个社会的悲哀。

三

在我看来，鲁迅与张竞生之间并不构成冲突。鲁迅也不曾"骂"张竞生。鲁迅在文章中提到的张竞生，与其说是针对张竞生本人，不如说是通过"张竞生现象"，抨击了当时出版界丑陋的一面。

在读者的心目中，有了鲁迅"骂"张竞生的印象，很大程度是因了旧版《鲁迅全集》注释者的误导。新中国成立后出版的《鲁迅全集》，在张竞生的词条中写道，"张竞生是资产阶级的无聊文人"（最新出版的《鲁迅全集》已经删去诸如此类带政治倾向的评价，而改成纯客观的介绍）。于是，几乎所有人都根据这个注释来界定张竞生。

我们把眼光拉回到当年。

1926年9月30日，在厦门大学任教的鲁迅给在广东省立第一女师任教的许广平写信，说听他课的学生中，有5名女生。他带着调侃的语气说，"我决定目不邪视，而且将来永远如此，直到离开了厦门。"（2）。许广平于10月14日复信，说鲁迅"这封信特别的'孩子气'十足"。她援引张竞生在《美的人生观》一书中的观点跟鲁迅开玩笑："'邪视'有什么要紧，惯常倒不是'邪视'，我想，许是冷不提防的一瞪罢！记得张竞生之流发过一套伟论，说是人都提高程度，则对于一切，皆如鲜花美画一般，欣赏之，愿显示于众，而自然私有之念消，你何妨体验一下？"（3）10月20日，鲁迅致函许广平说："邪视尚不敢，而况'瞪'乎？至于张先生的伟论，我也很佩服，我若作文，也许这样说的。但事实怕很难，我若有公之于众的东西，那是自己所不要的，否则不愿意。以己之心，度人之心，知道私有之念之消除，大约当在二十五世纪，所以决计从此不瞪了。"（4）

　　关于鲁迅和许广平的这段对话，我有以下几点想法：第一，鲁迅没有"骂"张竞生。退一万步说，就是有"骂"吧，这也是情侣间的通信，属于私下言论，与他人何干？第二，不是鲁迅，而是许广平在信中提到了张竞生，这里，许广平关心的也不是张竞生，而是对鲁迅目不"邪视"的调侃。有的论客，把《两地书》中许广平的话当作鲁迅的话了。第三，从许广平援引的张竞生言论看，张竞生大致的意思是这样，人对一切美的东西怀有欣赏之心，"而自然私有之念消"，许的意思是，听你讲课的有五个女生，你也不妨欣赏一番嘛。欣赏美与消除"私有之念"有什么必然的联系呢？我看不出来。赵鑫珊有一本书叫《希特勒与艺术》。希特勒欣赏艺术，热爱艺术，艺术是美的，但欣赏这种美，并没有净化他的灵魂。

所以，鲁迅认为张竞生这一观点在理论上虽然可以自圆其说，但毕竟太理想化了，严重脱离现实。爱情是一种纯属个人的内在感情，具有明显的排他性，因而恋爱的双方一般都不会乐意自己的爱人像赏花般地鉴赏异性或被异性鉴赏。我们假设鲁迅对许广平说，他班上有五个美女，他上课走神，目不转睛地盯着她们看……那会是一番怎样的情景！所以，鲁迅不无揶揄地指出，实践张竞生的主张，"大约当在25世纪"。鲁迅在致许广平信中的感慨，只不过说明张竞生太过超前，他所提倡的，只有在未来社会才可能实行。张竞生的思想毫无疑问是超前、前瞻的，但这在中国文化里是没有适当土壤的。

鲁迅真正谈到张竞生的，只有一篇文章，即《三闲集》中的《书籍和财色》，文章800字，我照录于下：

今年在上海所见，专以小孩子为对手的糖担，十有九带了赌博性了，用一个铜元，经一种手续，可有得到一个铜元以上的糖的希望。但专以学生为对手的书店，所给的希望却更其大，更其多——因为那对手是学生的缘故。

书籍用实价，废去"码洋"的陋习，是始于北京的新潮社——北新书局的，后来上海也多仿行，盖那时改革潮流正盛，以为买卖两方面，都是志在改进的人（书店之以介绍文化者自居，至今还时见于广告上），正不必先定虚价，再打折扣，玩些互相欺骗的把戏。然而将麻雀牌送给世界，且以此自豪的人民，对于这样简捷了当，没有意外之利的办法，是终于耐不下去的。于是老病出现了，先是小试其技：送画片。继而打折扣，自九折以至对折，但自然又不是旧法，因为总有一个定期和原因，或者因为学校开学，或者因为本店开张一年半的纪念之类。花色一点的还有赠丝袜，请吃冰淇淋，附送一只锦盒，内藏十件宝贝，价值不资。更加见得切实，然而确是惊人的，是定一年报或买几本书，便有得到"劝学奖金"一百元或"留学经费"二千元的希望。洋场上的"轮盘赌"，付给赢家的钱，最多也不过每一元付了三十六元，真不如买书，那"希望"之大，远甚远甚。

我们的古人有言，"书中自有黄金屋"，现在渐在实现了。但后一句，"书中自有颜如玉"呢？

日报所附送的画报上，不知为了什么缘故而登载的什么"女校高材生"和什么"女士在树下读书"的照相之类，且作别论，则买书一元，赠送裸体画片的勾当，是应该举为带着"颜如玉"气味的一例的了。在医学上，"妇人科"虽然设有专科，但在文艺上，"女作家"分为一类却未免滥用了体质的差别，令人觉得有些特别的。但最露骨的是张竞生博士所开的"美的书店"，曾经对面呆站着两个年青脸白的女店员，给买主可以问她"《第三种水》出了没有？"等类，一举两得，有玉有书。可惜"美的书店"竟遭禁止。张博士也改弦易辙，去译《卢骚忏悔录》，此道遂有中衰之叹了。

书籍的销路如果再消沉下去，我想，最好是用女店员卖女作家的作品及照片，仍然抽彩，给买主又有得到"劝学"，"留学"的款子的希望。

这是一篇"性灵"文章，鲁迅结合现实生活，对古话"书中自有黄金屋，书中自有颜如玉"进行了"现代性诠释"。通过这篇文章，鲁迅表达了对当年出版现状的不满，批评了出版商的种种"促销"行为。在"书中自有颜如玉"的问题上，鲁迅对那种以女性做文章，以女性找卖点的行为进行抨击。正如文前说的，与其说鲁迅对张竞生有什么不满，不如说鲁迅对出版现状有不满。鲁迅要做文章，而张竞生因《性史》等风波而闹得沸沸扬扬，他的"美的书店"正好成了鲁迅的一个论据，触动灵感，信手拈来而已。

鲁迅对"美的书店"的批判，大约是受了当时社会流言的影响。鲁迅在文章中写到，"但最露骨的是张竞生博士所开的'美的书店'，曾经对面呆站着两个年青脸白的女店员，给买主可以问她'《第三种水》出了没有？'等类，一举两得，有玉有书（按即'书中自有颜如玉'）……"估计鲁迅没有看过《性史》，也无心去研究"第三种水"。鲁迅受了一些影响的这种传说本身就是偏见的产物——认定去买"性书"的人必然就是流氓无赖。

书店用女店员，我以为，从鲁迅一贯的思想看，应该不会有问题。早在 20 世纪 20 年代，爱罗先珂对中国戏剧中不能男女同台演出的现象进行了尖锐的批评，并为连大学生也不能免此陋俗而感到"寂寞"、"悲伤"。鲁迅对爱罗先珂的意见是赞同的，还把爱罗先珂的文章翻译过来。不论对困苦不堪的祥林嫂，还是对不知道北的知识女性子君，总之，对一切不幸的女性，鲁迅都寄予无限的同情。鲁迅甚至为妓女开脱，指出没有"嫖男"，何来妓女？最应该受到谴责的应是"嫖男"。鲁迅还对"寡妇主义"进行抨击，"见一封信，疑心是情书了；闻一声笑，以为是怀春了；只要男人来访，就是情夫；为什么上公园呢，总该是赴密约"（5）认为这是一种病态的人格。由此推论，鲁迅绝对不会因为美的书店门口站着女店员，就想到她们是不是以色诱人。鲁迅希望子君这样的女性在经济上能够自立，女孩成了书店的店员，成了职业女性，这也是经济独立的一种表现，鲁迅怎么可能对"美的书店"用了女店员而不满呢？因此，只能说张竞生的书店被社会"妖魔化"了，只能说鲁迅不满的是当时的出版状况，信手逮了一个论据而已。

其实，鲁迅的性伦理观和张竞生的一样开放，观点有相同或相近之处。

鲁迅曾经说过，关于婚姻与性道德问题的讨论，"至少已有二三千年，而至今未得解答"（6）而他本人，则果敢地投入性科学的研究和性教育的尝试。鲁迅向来是爱好生物学的，留学日本时，学的就是医学。1909年回国后，任浙江杭州两级师范学堂的生理教员时，便首先打破了性生理的禁区。夏丏尊在《鲁迅翁杂记》（7）中写道：

> 周先生教生理卫生，曾有一次答应了学生的要求，加讲生殖系统。这事在今日学校里似乎也成问题，何况在三十年以前的前清时代。全校师生们都为惊讶，他却坦然地去教了。他只对学生提出一个条件，就是在他讲的时候不许笑。他曾向我们说："在这些时候不许笑是个重要条件。因为讲的人的态度是严肃的，如果有人笑，严肃的空气就破坏了。"大家都佩服他的卓见。据说那回教授的情形果然很好。别班的学生因为没有听到，纷纷向他来讨油印讲义看……

鲁迅和张竞生一样，也反对性神秘。鲁迅说："'性意识'强。这是严分男女的国度里必有的现象，一时颇不容易脱体的，所以正是传统思想的束缚。"（8）文人一见宫人斜（古代埋葬宫女的地方）就时涉遐思，要作诗；小市民偏爱打听性的"趣闻"，而且要夸张；尤其道学先生更是过敏之极。鲁迅写道：

> 一见短袖子，立刻想到白臂膊，立刻想到全裸体，立刻想到生殖器，立刻想到性交，立刻想到杂交，立刻想到私生子。（9）

鲁迅认为，男女分隔得愈严，对于性就愈是神秘，愈是过敏。对于孩子的性教育，在鲁迅看来这是极平凡的事，绝对没有神秘性。赤裸的身体，在洗浴的时候，他们夫妻不禁止海婴走出走进。许广平说："实体的观察，实物的研究，遇到疑问，随时解答，见惯了双亲，他就对一切人体都了解，没有什么惊奇了。"鲁迅平时常谈到中国留学生跑到日本的男女共浴场所，往往不敢跑出水面，给日本女人见笑的故事，作为没有习惯训练所致的资料。这也正是针对中国一些士大夫阶级的绅士们，满口道学，而偶尔见到异性极普遍的用物，也会遐想不已的讽刺。鲁迅认为，这种变态心理的矫正，必须从孩子时代开始。

鲁迅一向反对封建的贞操、节烈观，同时主张积极开展科学的性道德教育。反对一味地靠"坚壁清野主义"——禁锢妇女的办法，来维持风化。他强调，"要风化好，是在解放人性，普及教育，尤其是性教育，这正是教育者所当为之事，

'收起来'却是管牢监的禁卒哥哥的专门。"（10）

在思想文化领域的斗争中，鲁迅一直关注着伦理道德问题，其中包括性道德问题的讨论。直到晚年，鲁迅始终都重视对生理学、伦理学和性道德问题的研究。这不仅反映在他的杂文、书信等所涉及的有关的具体内容上，也体现在他的书账和翻译上。鲁迅晚年的书账上就有他购买的多种伦理学、生理学的书目，如日本版《马克思主义与伦理》、《苏联大学生的性生活》、《婚姻及家族的社会学》等书籍。鲁迅关于性教育的理论和实践，对于我们理解性教育的伦理价值很有启发。

由于鲁迅具有坚实的而不是皮毛的自然科学，尤其是生理学的基础知识，他对中国社会和思想的了解异常深透，因此他的性道德观就比较科学、全面，对旧道德的虚伪、残酷、野蛮和愚昧的揭露、剖析、批判也最深刻、有力。

从以上展示的鲁迅性道德和性伦理观看，鲁迅与张竞生，在性道德和性伦理方面有很多共同的理念。他们没有机会相识，如果有机会，或许可以成为好朋友的。我以为。

注释

（1）"第三种水"是一种客观存在，直到 1958 年，德国女科专家格莱芬堡通过科学手段才予以证实，及后还出版了专著《格氏点》（又称"G点"）。

(2)《鲁迅全集·两地书·四八》。

(3)《鲁迅全集·两地书·五七》。

(4)《鲁迅全集·两地书·五八》。

(5)《鲁迅全集·坟·寡妇主义》。

(6)《鲁迅全集·书信·280409致李秉中》。

(7)《夏丏尊散文全编》，浙江文艺出版社1992年11月版。

(8)《鲁迅全集·集外集·咬嚼未始"乏味"》。

(9)《鲁迅全集·而已集·小杂感》。

(10)《鲁迅全集·坟·坚壁清野主义》。

"盛家赘婿"的"这般东西"与"军事裁判"
——鲁迅与邵洵美

一

邵洵美（1906—1968），原名邵云龙，笔名郡浩文、郭明等。浙江余姚人。诗人，出版家。1924 年上海南洋中学毕业后赴英国剑桥大学学习文学，次年转入法国画院学习绘画，并与友人徐悲鸿、张道藩等人在巴黎组织天狗会。1926 年回国，在上海写诗和从事文化工作。1928 年开办金屋书店，出版《金屋》月刊，自任经理和主编。1933 年与章克标编辑出版文艺旬刊《十日谈》和综合性周刊《人言》。抗日战争爆发后编辑出版《自由谭》和《大英晚报》等报刊，宣传抗日。新中国成立后居家从事外国诗歌翻译。诗作雕琢精致，句式整齐，辞藻华丽，多赞美生与死，具有唯美主义倾向。主要著作有诗集《天堂与五月》、《花一般的罪恶》等等。

章克标是邵洵美的老搭档，也可以说是好朋友。他在给《海上才子·邵洵美传》写的序中把邵洵美概括为三重人格的人：一是诗人，二是大少爷，三是出版家。"他一身在这三个人格当中穿梭往来，盘回往复，非常忙碌，又有矛盾，又有调和，因之，他这个人实在是很难以捉牢的，也就是很难以抒写的。"邵洵美是 20 世纪三四十年代出版业的有功之人，是个正史上忽略的出版家。美国哈佛大学中国文学教授李欧梵在他的新书《上海摩登——一种新都市文化在中国（1930—1945）》中专门谈到邵洵美："……他在自己的出版社里不懈地努力出版种种书籍和杂志。"贾植芳在《提篮桥难友邵洵美》中就说过，"邵洵美是一位在中国现代文学界和出版界有其一定影响和贡献的诗人、翻译家和出版家。"以期刊为例，邵洵美主持、参与、出资、主编的刊物即有：《狮吼》（1928 年）、《金屋》（1929 年）、《新月》（1928 年）、《时代画报》（1930 年）、《诗刊》（1931 年）、《论语》（1932 年）、《十日谈》（1933 年）、《人言》（1934 年）、《时代漫画》（1934 年）、《万象》（1934 年）、《时代电影》（1935 年）、《声色画报》（1935 年）、《文学时代》（1935 年）、《自由谭》（1938 年）、《见闻》（1946 年）。其中，《论语》是现代文学期刊史上的一颗明珠，共出 177 期，是邵洵美出版事业最辉煌的成就。

二

人的言行是多变的。早年周扬"左"而不作，盛气凌人，被鲁迅斥为"奴隶总管"，到了晚年，他多了一点敦厚和宽容，为人道主义鼓与呼。人的言行，多受环境影响。曹家兴盛时，曹雪芹不免有公子习气，家道中落，自然多了沉郁……说到邵洵美，倘若不了解他的过去，如果不清楚事实真相，只看后人有意无意为他开脱的文章，往往与事实相距甚远。这些文章给人的印象是，邵洵美是一个很老实的人，他大受委屈了，而鲁迅，却像一个小肚鸡肠的恶人。

1999 年 1 月 20 日的《中华读书报·文史天地》专刊上发表了张芙鸣的《诗人邵洵美的命运》一文，对邵洵美充满同情，颇有感化力。作者说："重读贾植芳先生的《狱里狱外》，其中关于邵洵美的一段记载，令人心潮跌宕，久久不已。"贾植芳说了什么呢？他的书中，有《狱友邵洵美》一节。内容大致是，20 世纪 60 年代初，邵洵美在饥饿的监房生活折磨下，哮喘病日益加重，他深感出狱的希望渺茫，便郑重其事地对贾植芳说："贾兄，你比我年轻，身体又好，总有一天会出去的。我有两件事，你一定要写一篇文章，替我说几句话，那我就死而瞑目了……我的文章，是写得不好，但实实在在是我写的，鲁迅先生在文章中说我是'捐班'，是在花钱雇人代写的，这真是天大的误会。我敬佩鲁迅先生，但对他轻信流言又感到遗憾！这点也拜托你代为说明一下……"罢了，张芙鸣发了一通感慨："这是一位贫病交加的老者在生命尽头的夙愿，看起来好似在为自己挽回一些无关紧要的荣誉，其实它是一大批被忽略又被误解过的知识分子对不公命运的抗议。在现代文坛中，邵洵美当然不是那些'丧家的''资本家的乏走狗'，可无论他怎么做，又注定不是'中国脊梁们'的同路人……像邵洵美这样的知识分子在文坛上的位置是尴尬的，表面上没有旗帜鲜明地奉行进步力量的指挥，可实际上，都在默默无闻地做着对国家和人民有益的事，为中国新文学的发展和出版业的鼎盛注入了不可缺少的力量。当历史的冤案被澄清，最有资格申冤叫屈的肯定不是他们，一旦昔日受冷遇的派别、人物成为今天街头炒作的精品、明星，他们更是望尘莫及。世界好像不是为他们而存在，但他们和祖国、人民一起受苦。"所言也许不无一方面的道理。我们固然要看到这方面的道理，但也不能忽略了另一方面的道理。空洞的议论可以让不懂真相的人迷惑，但严肃的读者相信的只是事实。

邵洵美晚年说鲁迅说他的文章是花钱请人代写的，可是，根据倪墨炎考证，鲁迅有关文章，"从头到尾没有一个字明说或暗示邵洵美的文章'是雇人代写的'。"（1）倪墨炎是一个严谨的学者，读者如果有兴趣，可以把他的文章找来看看。我也读遍鲁迅相关文章，他确实没有这样说过。这只能证明，邵洵美年纪大了，记忆有误。这也是常理，不应苛责。可是，后人对有关史实不做考证工作，对失实的回忆加以发挥，妄下结论，似乎有欠严谨。

在张芙鸣笔下，邵洵美是个很值得同情的老人，这一点，我也没有非议，晚年的邵洵美确实凄惨，他受到了不公正的待遇。我首先要说的是，邵洵美的牢狱之灾，不是因为与鲁迅的笔墨官司，在"肃反"运动中，邵洵美以"历史反革命罪"锒铛入狱，理由是他早年和南京政府要员张道藩、谢位鼎拜过把兄弟，并以张赠予他的"电影考察特使"的名义，考察了英美电影界。其实，我说这些，也属"多余的话"，假设邵洵美因为与鲁迅的争论而入狱，不也与鲁迅无关吗？鲁迅是不能为他死后的事负责的。

三

我们还是回到历史吧。关于鲁迅与邵洵美的恩怨，一般都是从 1933 年 9 月 1 日鲁迅发表《登龙术拾遗》说起。《恩怨录·鲁迅与他的论敌文选》的编者也说："鲁迅与邵洵美等人的论争，由鲁迅尖锐讽刺邵等人是以富家女婿而登文坛引起。"应该说明的是，本书修订之前，即 1996 年 12 月由上海书店出版社出版的第一版，也是这么下笔的。我关于邵洵美的文章，原篇名就叫《"盛家赘婿"——鲁迅与邵洵美》。这样，似乎是鲁迅对邵洵美不满在先；鲁迅从女婿之类下笔，仿佛有欠公允。

其实不是这样的，话题应该从邵洵美的一篇文章谈起。1933 年 8 月，在他出版的《十日谈》第 2 期，他写了篇文章，"飘飘然的"批评起"文人无行"来了：

除了上述五类外，当然还有许多其他的典型；但其所以为文人之故，总是因为没有饭吃，或是有了饭吃不饱。因为做文人不比做官或是做生意，究竟用不到多少本钱。一枝笔，一些墨，几张稿纸，便是你所要预备的一切。呒本钱生意，人人想做，所以文人便多了。此乃是没有职业才做文人的事实。

我们的文坛便是由这种文人组织成的。

因为他们是没有职业才做文人，因此他们的目的仍在职业而不在文人。他们借着文艺宴会的名义极力地拉拢大人物；借文艺杂志或是副刊的地盘，极力地为自己做广告：但求闻达，不顾羞耻。

谁知既为文人矣，便将被目为文人；既被目为文人矣，便再没有职业可得，这般东西便永远在文坛里胡闹。

邵洵美的说法与梁实秋的观点如出一辙。梁实秋信奉"资产是文明的基础"的主张，认为文学是属于"有产的少数人"的："好的作品永远是少数人的专利品，大多数永远是蠢的永远是与文学无缘的。"穷小子而要登上文坛，就必然"不顾羞耻"，"在文坛里胡闹"了。

从这段话可知，邵洵美的性情和价值取向，都与鲁迅南辕北辙。邵洵美曾是上海滩"一品香"的常客，每逢生日，他都会定做一个像真老虎那样大的奶油老虎，在厨房里展览。邵洵美以上层社会的绅士自居，他的豪华生活使得他似乎有权力用阔人的口气，蔑视文坛上的穷小子为"这般东西"。我们知道，鲁迅是最痛恨堕落的上层社会；另一方面，他所蔑视的"这般东西"，则是鲁迅最为同情的。这样，鲁迅和邵洵美的冲突就成了一种必然。

鲁迅认为，文学是"苦闷的象征"。什么样的人会苦闷呢?当然是穷愁潦倒的人，当然是鲁迅这样"……困顿"的人（鲁迅研究学者林贤治曾对笔者说过：一切活得好的人都不配研究鲁迅。这话也说明，鲁迅从本质上讲是属于被称为"这般东西"的劳苦大众的）。

最早对邵洵美的批驳，据倪墨炎考证，还不是鲁迅，而是"杭州邮局小职员卜成中，笔名孙用"。此人"既非左联成员，更无党派所属"，因为是小职员，大约也算"这般东西"吧！卜在申报《自由谈》上发表的《"满意"和"写不出"》（2）

中认为："对于一切都满意的人，写不出文章来，是当然的。所以，创作是苦闷的象征。"他大约读过鲁迅翻译的《苦闷的象征》，和鲁迅的见解十分契合。他认为只有对现实不满的人，才写得出文章。所以他又写道："仰仗祖宗的遗产和老婆的妆奁而享福着的公子哥儿还有什么不满呢？"因而他们必然"写不出"。"写不出，那就不必来献丑罢，还是去干那老行当，去调脂弄粉，做些似通非通，吟风弄月的歪诗，窃取'诗人'的名号自娱吧！"

穷小子是胡闹，不会写文章，那么，公子哥们就会写文章吗？邵洵美既然这样羞辱穷小子，那么作为阔人的邵洵美者流就会写文章吗？在鲁迅眼里，邵洵美是不会写文章的。对邵洵美羞辱他人的文章，鲁迅的第一篇回应文章是《各种捐班》（3）文章开头就说："清朝的中叶，要做官可以捐，叫做'捐班'。"现在则连做"文人学士"和"文学家"也可以"捐班"。"开宗明义第一章，自然是要有钱。"怎样才能捐做"文学家"呢？"只要开一只书店，拉几个作家，雇一些帮闲，出一种小报，'今天天气好'是也须会说的，就写了出来，印了上去，交给报贩，不消一年半载，包管成功。"你说做文人是"呒本钱生意"，其实也得"投资"呢！文中的"雇一些帮闲"是指书店、小报的编辑之类。鲁迅的第二篇文章是《登龙术拾遗》（4）正好在邵洵美办的书店当编辑的章克标写了一部《文坛登龙术》，其中说"登龙是可以当作乘龙解的"，"平常乘龙就是女婿的意思"等等，合该给鲁迅做文章。鲁迅说做女婿而登文坛的要术是：

> 术曰：要登文坛，须阔太太，遗产必需，官司莫怕。穷小子想爬上文坛去，有时虽然会侥幸，终究是很费力气的；做些随笔或茶话之类，或者也能够捞几文钱，但究竟随人俯仰。最好是有富岳家，有阔太太，用赔嫁钱，作文学资本，笑骂随他笑骂，恶作我自印之。"作品"一出，头衔自来，赘婿虽能被妇家所轻，但一登文坛，即声价十倍，太太也就高兴，不至于自打麻将，连眼梢也一动不动了，这就是"交相为用"。但其为文人也，又必须是唯美派……所以倘欲登龙，也要乘龙。"书中自有黄金屋"，早成古话，现在是"金中自有文学家"当令了。

鲁迅虽然不点名，但明眼人一般可以看出，这是骂邵洵美的。邵洵美娶清末大买办官僚、百万富豪盛宣怀之孙女盛佩玉为妻，邵洵美的诗有唯美主义倾向，而邵洵美开办的书店又正好叫"金屋书店"。《鲁迅全集》的注释，也把"要登文坛，需阔太太"注为邵洵美。鲁迅的这些话，当然是针对"饭吃不饱"的"这般东西"却"在文坛里胡闹"的说法而来的。在鲁迅眼里，真正在文坛胡闹的不是邵洵美说的"穷小子",而是邵洵美这样的"阔人"。就在写《登龙术拾遗》的同一天,鲁迅又写《帮闲法发隐》一文。有人以为这"帮闲"是指章克标,其实不是的,仍是指邵洵美。你很不赞成"饭吃不饱"的人"在文坛里胡闹",那么很富有的你又在文坛里干了些什么呢?充其量不过是"戏场里失了火"却还"在台前说笑、打诨的丑角"。所以鲁迅说:"七日一报,十日一谈,收罗废料,装进读者的脑子里去,看过一年半载,就满脑都是某阔人如何摸牌,某明星如何打嚏的典故。开心是自然也开心的。但是,人世却也要完结在这些欢迎开心的开心的人们之中的罢。"(5)在《准风月谈·后记》中,鲁迅对邵洵美作了相对系统的抨击:

文人的确穷的多,自从迫压言论和创作以来,有些作者也的确更没有饭吃了。而邵洵美先生是所谓"诗人",又是有名的巨富"盛宫保"的孙婿,将污秽泼在"这般东西"的头上,原也十分平常的。但我以为作文人究竟和"大出丧"有些不同,即使雇得一大群帮闲,开锣喝道,过后仍是一条空街,还不及"大出丧"的虽在数十年后,有时还有几个市侩传颂。穷极,文是不能工的,可是金银又并非文章的根苗,它最好还是买长江沿岸的田地。然而富家儿总不免常常误解,以为钱可使鬼,就也可以通文。使鬼,大概是确的,也许还可以通神,但通文却不成，诗人邵洵美先生本身的诗便是证据。我那两篇中的有一段，便是说明官可捐，文人不可捐，有裙带官儿，却没有裙带文人的。

鲁迅的文章发表后，就有人在《中央日报》上发表文章，表达不同意见。如是的《女婿问题》（6）一文认为，"做一个富家的女婿并非罪恶"，"能用妻子的赔嫁钱来作文学资本，我觉得这种人应该佩服，因为用妻子的钱来作文学资本，总比用妻子的钱来作其他一切不正当的事情好一些……用些妻子的赔嫁钱来作文学资本，当然也无不可"。这位如是先生是梁实秋的同道之人，他从实指的"女婿"引申开去，"我觉得文坛无时无刻不在招女婿，许多中国作家现在都变成了俄国的女婿了"，暗示鲁迅等进步作家是苏联的"女婿"。"如是"是谁呢？我不知道，但是，这"战法"与后来的"当可逃避军事裁判"、"被本国迫逐而托庇于外人威权之下"之类的暗示，似乎有某种相似之处。这是后话了，先按下不表。

此外，还有一个叫圣闲的，在《"女婿"的蔓延》（7）一文中认为，"目下中国文坛似乎有这样一个现象，不必检查一个文人他本身在文坛上的努力的成绩，而唯斤斤于追究那个文人的家庭琐事，如是否有富家妻子或穷妻子之类"。鲁迅送如是、圣闲一个雅号，即"富家女婿崇拜家"。圣闲们反讥鲁迅，"自己娶不到富妻子，于是对于一切有富岳家的人发生妒忌"。

因为《中央日报》接连发表文章很为"女婿"打抱不平，鲁迅在《新秋杂识（三）》、《文床秋梦》、《"滑稽"例解》等文中指名或不指名地带及邵洵美，但内容都不出"文人无行"议论的范围。

此后，鲁迅不断地攻击邵洵美。鲁迅的"骂"集中在"富家女婿"这一点上。《花边文学》中的《中秋二愿》说："给富翁当赘婿，陡了起来的，不过这不能算是体面的事情。"提到了邵洵美。《且介亭杂文》的《序言》中提到了"自称'诗人'邵洵美……之流"对鲁迅杂文的攻击，即所谓"意气多于议论"之类。《且介亭杂文二集》的《序言》又提到了"捏造多于实证"这一攻击。在《且介亭杂文二集》里的《六论"文人相轻"——二卖》一文中，又提到了富家女婿问题。《集外集拾遗》里的《〈引玉集〉后记》，又有"富家赘婿和他的帮闲们的讥笑了"等语。此外，在 1933 年 9 月 20 日和 1934 年 1 月 17 日致黎烈文信，1934 年 5 月 18 日致陶亢德的信中，鲁迅都用了"邵公子"、"该女婿"、"盛宫保家婿"、"盛家赘婿"这样的字眼。

关于"盛家赘婿"，1989 年第 3 期《鲁迅研究月刊》发表了杜显志的文章《关于"邵洵美"的补充和更正》，颇有意思。杜文说："邵洵美的生母盛氏是盛宣怀的四女儿；盛佩玉的父亲是盛宣怀的长子；邵洵美是盛佩玉的表弟。"这样看来，邵洵美夫妻同是盛宣怀后人，都是有钱人，不存在邵洵美高攀的问题。杜文又说："1916年盛宣怀故世。在'大出丧'时邵洵美见到盛佩玉，十分爱慕，遂将自己所名字'云龙'改写'洵美'，与其表姐的名字相联，取'佩玉锵锵，洵美且都'之意。1923年冬，邵洵美出国留学前，请其母向盛家求婚，得允。盛佩玉给邵洵美织了一件白毛线背心以作纪念，邵写诗《白绒线马甲》回赠并发表在《申报》上，以后，邵在国外每到一处，都购当地风景画片寄给盛佩玉，以示思念和爱慕之情。"可见，他们之间是有爱情的，而不是邵洵美为达到某种目的去娶富家小姐——我们要尊重一切事实，这也是事实，所以我把这段轶闻留在这里。

鲁迅不厌其烦地提到富家女婿，可见鲁迅对邵洵美是非常愤怒的，愤怒而使理性沉睡。我们知道，鲁迅在《我的态度气量和年纪》一文中，反对把他和周作人捆在一起，"莫非一有'弟弟'，就必须反对，一个讲革命，一个即该讲保皇，一个学地理，一个就得学天文么"？在《辱骂和恐吓决不是战斗》一文中，鲁迅说："姓氏籍贯，却不能决定本人的功罪，因为这是从上代传下来的，不能由他自主。"这里，鲁迅有一个基本的观点，即"战斗的作者应该注重于'论争'"，而不要扯到论争之外的别的无聊的东西上去。鲁迅还认为，"倘在诗人，则因为情不可遏而愤怒，而笑骂，自然也无不可，但必须止于嘲笑，止于热骂……""盛家赘婿"之类，虽然是针对邵洵美对"穷小子"的蔑视，但似乎太过耿耿，算不算"嘲笑"和"热骂"呢？

邵洵美开始是不怎么说话的，过了"一年多"，他才"表态"，而这"表态"，有意无意地隔断了话题的缘起——他对"这般东西"的蔑视——1935 年 6 月 22 日他在上海《人言周刊》第 2 卷第 15 期发表《劝鲁迅先生》(8)一文，对鲁迅冷嘲热讽，极尽挖苦：

> 鲁迅先生便总骂我"有钱"。我有没有钱已经是一个问题；即使有，那么它的来源是否如鲁迅先生所说的更是一个问题：但是无论如何，它和我的文章究竟有多少关系呢？鲁迅先生似乎批评我的文章不好，但是始终没有说出不好在什么地方。假使我的文章不值得谈，那么，为什么总又谈着我的"钱"呢？鲁迅先生在文学刊物上不谈文章而谈人家的"钱"，是什么一种作用呢？这一类的文章，他写了已有一年多，我从未与他"相骂"；但是一方面他还是写个不停，而另一方面人家且以造谣诽谤咒骂挑拨为一种新的文学批评，长此下去，其流毒将不堪设想，所以我觉得有说几句话的必要了。

> 我对于鲁迅先生文笔的尖利是一向喜欢的，即使他的许多无聊文字也极有趣，所以虽然不断地骂我从没有骂出我的火来。不过有了这样一枝生龙活虎的文笔而不

写一些有用的文章，真叫人惋惜非凡。我是喜欢去了解人家的苦衷的，我知道与其称鲁迅先生为文学家，不如称他是政治家，他更来得满意。他的为文本来是谋国家社会的幸福，与狭义的纯文学家迥然不同。要是有一天说是鲁迅先生"投笔从戎"去了，我们决不会感到惊异。所以他虽然做文学批评，此中却大有苦衷。但是在现在的时代，说话不能随便，这一位满腔牢骚的鲁迅先生一方面受了委屈，一方面便在别人身上去出气了。好在"文人相轻"，即使狗血喷头，也不会蒙到杀身之祸的。于是他在写文章的人里面，一个一个去拣来咒骂；一般"小资产阶级所认为是下流的"字眼，也一个一个去捧来应用：幸灾乐祸的人们当然拍手叫好，他便也像"小资产阶级"一般地得意他的伎俩。到头来读者得不到一点好处，自己空费了有用的光阴：识相如鲁迅先生，也当后悔！

这段话说了几层意思，我不再归纳了。大家都是读书人，都看得懂。隔断一段时间，再强化一段历史，那就是需要者所需要的历史了，这是希特勒的"宣传家"们经常做的事，仅凭这一点，当年邵洵美就是一个不够诚实的人，至少，是一个没有勇气面对的人。再看他的用词，什么"其流毒将不堪设想"，什么"与其称鲁迅先生为文学家，不如称他是政治家"，什么"他在写文章的人里面，一个一个去拣来咒骂"，什么"一般'小资产阶级所认为是下流的'字眼，也一个一个去捧来应用"……在如此渲染之下，鲁迅会是一个什么好东西呢？鲁迅不是好东西，那么，与之论战的人，诸如当年邵洵美者流，自然就是好东西了。

邵洵美绝不像他晚年所表述的那样，"我敬佩鲁迅先生，但对他轻信流言又感到遗憾！"也许是在监狱里吧，环境使得他只能这样说话。从性格上看，他甚至不如章克标来得直率，晚年章克标还是要将"骂鲁""进行到底"。其实，邵洵美根本谈不上"敬佩鲁迅"，接下来，在《关于中国的两三件事》一文的风波中，他对鲁迅出手更狠，伤害更深。

四

1934 年 2 月，鲁迅应日本《改造》杂志社社长山本实彦之约，用日文写了《火》、《王道》、《监狱》这一组短文（9），当年 3 月号的《改造》杂志如约刊登了这三篇短文。1934 年 3 月，邵洵美主编的《人言》翻译登载了其中的《谈监狱》一文，并在文章的后面加了编者注：

> 鲁迅先生的文章，最近是在查禁之列。此文译自日文，当可逃避军事裁判。但我们刊登此稿目的，与其说

为了文章本身精美或其议论透彻；不如说举一个被本国迫逐而托庇于外人威权之下的论调的例子。鲁迅先生本来文章极好，强辞夺理亦能说得头头是道，但统观此文，则意气多于议论，捏造多于实证，若非译笔错误，则此种态度实为我所不取也。

这段按语，鲁迅似乎怀疑是章克标写的，因为鲁迅仿佛觉得《谈监狱》是章克标翻译的，章克标留学日本，懂日文，又与邵洵美共事。在《准风月谈·后记》中，鲁迅写道："姓虽然冒充了日本人，译文却实在不高明，学力不过如邵家帮闲专家章克标先生的程度。"但是，这段文字却是出自邵洵美之手。章克标是当事人，他在《世纪挥手·关于鲁迅》中写道，"当时鲁迅的文章，在国内极为少见，有号召力。在译文前面写了一段附白，交代文章的来历。不料编者郭明（即邵洵美）在文章后面加了个注。"邵洵美提出"军事裁判"来，如鲁迅在《准风月谈》的《后记》所说："也是作者极高的手笔，其中含着甚深的杀机。"至于"托庇于外人威权之下"，更是武断而蛮横，有文章在域外发表，便是托庇外人之威权吗？再有两顶帽子"意气多于议论,捏造多于实证"，本身就是带有意气而无实证的文字。鲁迅的文章哪里是意气了？哪里没有论据或论据不充分了，应摆出事实，再下定论，未为晚也。邵洵美的态度本身，才尤为不足取。

对于邵洵美们的骂阵，鲁迅当时并未立即做出公开反应，只是在书信中顺便提到了这件事。1934年3月6日，在致姚克的信中说："上月我做了三则短评，发表于本月《改造》上，对于中、日、满都加以讽刺，而上海文氓，竟又藉此施行谋害，所谓黑暗，真是至今日而无以复加了。"1934年6月2日，又在致郑振铎的信中顺便抨击了章克标："且章颇恶劣，因我在外国发表文章，而以军事裁判暗示当局者，亦此人也。"一直到了这年的10月，他在撰写《准风月谈·后记》时，才对邵洵美、章克标们进行了正式的还击。在这篇《后记》中，鲁迅先是"骂"了"富家女婿"邵洵美，接着又"骂"了"富家女婿崇拜家"如是、圣贤二人，然后笔锋一转，"但邵府上也有恶辣的谋士的"，开始把矛头指向章克标了。在依次全文剪贴了《谈监狱》译文、"井上附白"和"编者注"之后，他显然再也无法控制住内心的愤怒，扔出了投枪：

> 姓虽然冒充了日本人，译文却实在不高明，学力不过如邵家帮闲专家章克标先生的程度。
>
> ……
>
> 这编者的"托庇于外人威权之下"的话，是和译者的"问内山书店主人完造氏"相应的；而且提出"军事裁判"来，也是作者极高的手笔，其中含着甚深的杀机。我见这富家儿的鹰犬，更深知明季的向权门卖身投靠之

辈是怎样的阴险了。

这里，鲁迅已经把邵洵美者流的嘴脸勾勒出来了，鲁迅认为，他们是"含着甚深的杀机"的，并把他们与"明季"的"向权门卖身投靠之辈"相类比。当然，应该指出的是，他们只是有了"杀机"，并没有造成事实，这除了当局慑于鲁迅的巨大存在之外，是不是也可以看出，当年的统治者比起邵洵美们，有某些"高明"之处呢？好在邵洵美们只是开书店，如果进了宣传部这样兼具骗子和特务双重功能的机关，那他们的"杀机"，也许可以成为事实。鲁迅幸甚！

此后，鲁迅息战了。然而，邵洵美们绝不是如他后来和当代的论客们所描述的那样，是个老实的备受委屈的主，不是的。在离鲁迅去世前整一个月，也就是 1936 年 9 月 16 日，邵洵美还写了《编辑随笔：鲁迅的造谣》一文，对《作家》月刊上发表的鲁迅复徐懋庸的公开信，再次对鲁迅施以没来由的攻击，他说：

> 鲁迅先生新病初愈，肝胃气旺，字里行间，火光炎炎，也是难怪，我们可以想像一位脸更青、须更长的老学者，会在一只靠背椅里，桌子上是一大叠的账簿，里面一项项记着某年某月某日某人在某报上的言论，他一壁便拨动算盘，清算总结。这次发表的便是一张账单（可

以说是一张发票，因为我们可以预料这一群主顾是不久便会来偿还这些宿欠或是新债的）。

　　他的文章不是为徐懋庸辩护，也没有指出鲁迅文章有什么不是，而是对鲁迅作了刻薄、恶毒的描述和攻击。接着，他还是要为自己开脱，他说："洵美本人对鲁迅先生的文笔是一向佩服的（这是他常说的话，诸如此类的话，他说太多次了，我从中读出了所谓绅士的虚伪，你要骂鲁迅，骂就骂了，何必还要如此虚情假意、阴阳怪气呢）。……这封信却充满了私人攻讦，大有反老回童之象。"原来，他说鲁迅这类文字是攻讦，是为了再次证明鲁迅与他的争论是错在鲁迅。他说："洵美对于鲁迅先生的私人攻讦的文字是一向看不起的，因为他对于洵美私人所说的话（见《准风月谈》等）完全是造谣。"他的逻辑是，鲁迅说徐懋庸的话是攻讦，所以说我邵洵美的话也是攻讦，进而是造谣了。最后，他还是用他那所谓绅士的伪善腔调奉劝起鲁迅来："我想诚恳地希望（他的'火光炎炎'之类的文字，有一丝诚恳的意思吗？不诚恳就不诚恳，又要假装诚恳，这简直让人生厌！这是否也是'上层社会的堕落'之一种？）他老先生拿些比较好的榜样来给他的一群青年门徒。"

　　如果不摆出这些事实，如果不对这些事实进行应有的思辨，邵洵美晚年的不幸，在博得一片同情的同时，不也泼了鲁迅一身污水吗？一些论客，抓住一点，只为了有文章可做，信马由缰，胡扯八道，他可能赚了几声喝彩，到头来，也不过是一个无聊的论客而已。

我是不相信报应的。如果把早年邵洵美订做"像真老虎那样大的奶油老虎"的气派，与晚年"一日三餐吃的是夹着饭粒的烂菜皮汤"作对比，除了痛恨让人变成鬼的那段历史之外，我想，晚年邵洵美大约不会轻飘飘地骂"穷小子"的胡闹了。他如果有机会在监狱里读一点鲁迅，那也许真的而不是满是虚情假意地佩服鲁迅了。

注释

（1）倪墨炎：《文人文事辨·邵洵美与鲁迅的纠葛》，武汉出版社 2000 年 3 月版。

（2）转引自倪墨炎:《文人文事辨·邵洵美与鲁迅的纠葛》，武汉出版社 2000 年 3 月版。

（3）（4）《鲁迅全集·准风月谈》。

（5）《鲁迅全集·准风月谈·帮闲法发隐》。

（6）（7）转引自《鲁迅全集·准风月谈·后记》。

（8）《恩怨录·鲁迅和他的论敌文选》，今日中国出版社1996 年 11 月版。

（9）收入《且介亭杂文》时改题为《关于中国的两三件事》。

因"歧误"而留下的"怨忿"
——鲁迅与章克标

章克标（1900—2007），作家、文学翻译家。浙江海宁人。早年毕业于日本东京高等师范学校理科一部。回国后曾在上海立达学园、暨南大学任教，并主编《一般》、《时代》杂志。1927年与滕固、方光焘等创办《狮吼》杂志，崇尚新奇，有唯美主义倾向。1927—1937年先后在开明书店、金屋书店、时代图书公司任编辑。其间曾与邵洵美编辑出版文艺旬刊《十日谈》和综合性周刊《人言》。1933年出版《文坛登龙术》一书，叙述当时部分文人种种投机取巧手段。新中国成立后曾在上海童联书店、新华书店上海发行所和上海印刷学校工作。1957年返乡。后任浙江省文史馆研究员。

一

　　章克标是怎么和鲁迅相识的呢？按章克标的描述，他对鲁迅多有矜持，曾被鲁迅冷落。他 1927 年 10 月在内山书店见到鲁迅，"鲁迅的相貌，因为在报刊上看到过照片和画像，所以一见就认出来了。他穿件青布灰答答的长衫，没有戴帽子，头发长长的，脸孔黑黑的，有点憔悴干枯样子。"（1）这描述，还是有点意思的，似乎和鲁迅的原貌较为相近。他还有一点清高，没有和鲁迅打招呼，"不想冒昧地打搅他"。此后，他也没有见鲁迅的欲望。后来的见面，据说是被陶元庆硬拉去的，"当时鲁迅已经很有名望，去晋谒拜访的人很不少，我不愿被认为是因为好奇而去看他的尊容的那些好事之徒，也想不出有什么问题要去求教于他，所以没有劲"。虽然"晋谒"、"尊容"等，语含讥讽，也无伤大雅。从章克标的文字看，除了在内山书店看见鲁迅外，他这一生只拜访过鲁迅一次，他的"遭遇"是这样的：

　　那时，屋子里好像有不少人在，鲁迅被包围在中间，周围好像全是些年轻小伙子。陶元庆走过去同鲁迅说了话，并把我向他介绍了，我站在一旁向他点头致意，他也没说什么，我也没有一句初次见面的应酬话，比如"久仰大名，如雷贯耳，今日一见原来如此"之类，大概因为他跟元庆很熟，就"熟不拘礼"，就一味忙着自己正在进行的事情，继续同小伙子们热烈交谈，没有顾到别的。元庆就退了出来，伴着我在房间里东看看，西望望，之后就失望无聊地不告而别，径自回了出来。元庆对于这次拜访毫无收获，而且为我们受到的冷淡，非常气愤，十分不快，竟自说了些失敬的话，"这老头糊涂透了！"等，好像他是很受了委屈，他同去的朋友没有受到礼遇，即是他受到轻蔑，有点愤愤不平。……不过以后我就没有再去拜访过鲁迅先生。

陶元庆当年还太年轻，觉得鲁迅怠慢了他的朋友，面子上不好看。这一点，和他一样年轻的章克标后来倒是颇为善解人意，他说："他不知道，这样的随便，正是表示他们关系的亲密，而不是失礼，但元庆觉得对我抱歉了，几次表示这种意思，不知道我对于世俗的礼节本来也不介意的，并不曾感到什么不好。"年轻时的章克标，深谙世故，也算难得。从这些文字看，章克标和鲁迅之间除了平淡还是平淡，是谈不上有什么恩怨的。章克标认为，自己是尊敬鲁迅的，"对鲁迅我也怀有些敬意。对于这一次的拜访，虽然感到有点特别，但是没有什么反感，并未影响我对他的尊敬。"

早年章克标，在邵洵美主编的《金屋》月刊上写过鲁迅研究的文章，对《呐喊》中每篇作品，"都说了几句话"，其中有一个主要论点，"认为鲁迅这位作家，是有点精神病的，说他的《狂人日记》及其他的几篇作品中，都有这种征兆，这种现象。这是他的一个特点，当然不是说完全患了某种精神病，只说在某些地方，有这种征兆"。章克标认为，之所以有这种观点，是因为——

> 我稍稍看了点弗洛伊特的变态心理学得其皮毛，应用到文艺批评上来了。受到这种影响，做了点模仿，以为是一种时髦的新鲜的东西。当时自以为是具有独特的见解而沾沾自喜，这只表示我如何浅薄，但也没有什么轻慢、污蔑这种作品的意思，其实，平时把这些想法讲出来时，反而是很有人赞同的，并且还进一步说："凡是一个伟大的作家，都有点神经病。"他们都会被世俗之见认为是怪人、畸人，不合时宜，痴子乃至狂人。作家也必须有点狂，才能显出他的才气横溢，不同流俗。因之，我的这种精神病的想法，在他们看来是成了赞美颂扬之辞了。

章克标的"研究"，应该属学术范围，虽然说不上什么新意，但不好说讲鲁迅有"精神病"就是攻击。从某种意义上说，鲁迅是"国民公敌"，在"正常"的"大多数"看来，先知先觉者都是"国民公敌"、"狂人"，而把"国民公敌"、

"狂人"推论到极致，在庸人和俗人眼里，也就是"精神病"。

估计章克标的判断是正确的，鲁迅大约没有看到过他的这些读后感，因为没有任何这方面的文字显示。

与鲁迅有关的，章克标还说到《十日谈》对鲁迅"围剿"的事：

> 至于《十日谈》的提到鲁迅，还被说成是参加了对他的围剿，我对这种说法是难以同意的。我们讲到提到鲁迅，也不过想利用他的声望来自利而已。当时风头最健、文章写得最多的是鲁迅，有吸引力，有号召力，我们只是跟随着那时的风气，想多招徕些读者，投人所好，以求得刊物能多销几本，还是为利罢了。有的人还因此而故意同他纠缠，开展笔战，实际是借鲁迅为工具而作的自我宣传。但鲁迅对于《十日谈》是一直不加理睬，置之度外的，大约他对于这个刊物是很轻蔑藐视的。实际这个刊物，原也不那么好。

我手上没有鲁迅与《十日谈》的材料，先前读鲁迅的书也没有他与《十日谈》有关的文字。至于别人说到《十日谈》对鲁迅的"围剿"，那是不是事实，这非本文所关注的。在这里，章克标还是比较老实的，说他们利用鲁迅，实际上是为了获利，这是真实的出版商的嘴脸，因为真实表白，原本丑陋的形状也变得有几分可爱了。另外，鲁迅对《十日谈》不加理睬，是不是如章克标所说的是出于"轻蔑藐视"，却是难说，有很多东西鲁迅是不予理睬的，理由很简单，就是不值得理睬。

二

1933 年 6 月 16 日，《论语》第 19 期曾刊载章克标《文坛登龙术》的《解题》和《后记》；1933 年 8 月 16 日，《论语》第 23 期又刊载该书的广告及目录。鲁迅在这一年的 8 月 28 日，借题发挥，有感而发，写了《登龙术拾遗》一文。从这篇文章看，鲁迅"竟失去了拜诵的幸运"，没有读过《文坛登龙术》全书。鲁迅只见过广告、解题和后记。这样看，鲁迅对章克标并无反感，相反，他对章克标的书有一定的兴趣，因而写了《登龙术拾遗》，作为"增补"。从全篇文章看，鲁迅也不是针对章克标的。

《鲁迅全集》1981 年版的注释说："……《文坛登龙术》，是一部以轻浮无聊的态度，叙述当时部分文人种种投机取巧手段的书……"这么一注，新中国成立后又读不到章克标的原著，这样，给人的感觉似乎是针对章克标的。龚明德说："鲁迅对章克标所著《文坛登龙术》一书没有讥讽之意，倒是很表赞赏的……欣然为其补作'拾遗'及其'附录'。"他又说："细读《登龙术拾遗》，不见鲁迅对章克标其人其书的指责；弄不清人民文学出版社 1981 年版十六卷本在此文的注释中据何判定章克标写《文坛登龙术》是'轻浮无聊'？"（2）

事实上，鲁迅主要是讥讽邵洵美的。

关于这段往事，章克标回忆说：

> 我写过一本《文坛登龙术》，鲁迅看了在《论语》半月刊上发表的其序文之后，就写了一篇《登龙术拾遗》，发表于《申报·自由谈》上，又收在《准风月谈》一书中。他这篇大作，是讥刺邵洵美的。大意说邵洵美娶了盛宣怀的孙女，得到丰厚的妆奁嫁资，用妻财来开了书店，挤入文坛，自称诗人。其实洵美开书店的资本，倒并非来自妻财。如果用妻财来办书店，振兴文化，倒也是应该赞扬的。比方张菊生应夏瑞芳的邀请，参加经营商务印书馆时，有许夫人将她的头面首饰拿出来投资入股，使张菊生发挥了他的才能，为建设和推进中国文化立了大功，就是一件众口誉扬的美谈。可惜的是洵美开书店没有成功，鲁迅也一定有这种看法，绝不是要反对别人开书店。开书店自然要资本，也就不必查询这种资金是否来自妻财妆奁而加以歧视。因之，他所申斥的大约是说洵美跻身文坛，自称诗人而且是唯美派这些事了。

从事实出发，鲁迅也不只是讽刺邵洵美的，鲁迅还讽刺了上海大买办虞洽卿的孙女虞岫云等人，这主要针对她的无病呻吟的"痛啊"、"悲愁"之类的所谓诗句。1934 年 5 月 4 日致林语堂的信中，鲁迅说："……关于小品文之议论，或亦随时涉猎。窃谓反对之辈，其别有三。一者别有用意，如登龙君，在此可弗道……"所谓"登龙君"，即章克标。此时称章克标为"登龙君"，还算中性。

三

鲁迅与章克标的"交恶"，缘于《谈监狱》一文。

1934 年 2 月，鲁迅应日本《改造》杂志社社长山本实彦之约，用日文写了《火》、《王道》、《监狱》这一组短文（3），当年 3 月号的《改造》杂志刊登了这三篇短文。1934 年 3 月，邵洵美主编的《人言》翻译登载了其中的《谈监狱》一文，并在文章的后面加了编者注：

鲁迅先生的文章，最近是在查禁之列。此文译自日文，当可逃避军事裁判。但我们刊登此稿目的，与其说为了文章本身精美或其议论透彻；不如说举一个被本国迫逐而托庇于外人威权之下的论调的例子。鲁迅先生本来文章极好，强辞夺理亦能说得头头是道，但统观此文，则意气多于议论，捏造多于实证，若非译笔错误，则此种态度实为我所不取也。

这段话，鲁迅怀疑是章克标写的。鲁迅觉得《谈监狱》是章克标翻译的，章克标留学日本，懂日文，又与邵洵美共事。在《准风月谈·后记》中，鲁迅写道："姓虽然冒充了日本人，译文却实在不高明，学力不过如邵家帮闲专家章克标先生的程度。"1934年6月2日，又在致郑振铎的一封信中顺便抨击了章克标："章颇恶劣，因我在外国发表文章，而以军事裁判暗示当局者，亦此人也。"在《准风月谈·后记》中，鲁迅先是"骂"了"富家女婿"邵洵美，接着又"骂"了"富家女婿崇拜家"如是、圣贤二人，然后笔锋一转，"但邵府上也有恶辣的谋士的"，开始把矛头指向章克标了。

发表在《鲁迅研究动态》1984年第4期上张颂南采访章克标的文章《章克标生平和他谈有关鲁迅的几件事》，章克标坦承，"《谈监狱》一文确是我从日本《改造》杂志翻译过来的"，但是，这段文字却是出自邵洵美之手。章克标是当事人，他在《世纪挥手·关于鲁迅》中写道，"当时鲁迅的文章，在国内极为少见，有号召力。在译文前面写了一段附白，交代文章的来历。不料编者郭明（即邵洵美）在文章后面加了个注。"虽然是邵洵美写的，但章克标在接受张颂南采访时，还是为邵洵美辩护："鲁迅说的'军事裁判'云云，都是鲁迅的过敏，我们并未考虑到鲁迅当时有什么政治危险，因为他声望高，又与蔡元培、宋庆龄等关系密切，也没有参加党派，只不过是打笔墨官司，国民党是不敢抓他的，这与左联五烈士不同，左联五烈士是在开会时被国民党抓起来的，鲁迅却是安全的。"这话有一点道理，但大多是章克标的想当然。既然是邵洵美所为，关于《谈监狱》风波，我在本书鲁迅与邵洵美的文章中有专门论述，这里就不多说什么了。

对于鲁迅这段张冠李戴的历史，章克标是耿耿于怀的，他写道："这一项注文，大大触怒了鲁迅，他当作也是我所写的，于是我就被叫作邵家帮闲专家……同时他还写信给郑振铎申诉，说章的为人恶劣等等。……他指责我为邵家帮闲，好像在先早已有过，我觉得是毫无意义的空话废话，没有道理。邵家此时似已算不上什么豪门权贵而是已经破败了，邵洵美也够不上纨绔浪子，虽然他家里人也的确叫他'大少爷'，那不过像周树人家里人叫他'大先生'一样，是长子长孙罢了。所以说我们交朋友是帮闲什么，全是无稽之谈，不会使人感到什么痛痒的。"章克标对不能当面向鲁迅解释误会，还是表示了遗憾，他说："对于这位先辈和师伯，是永远没有办法向他说明这些歧误，以解冤释怨了。我想不到他的这种怨忿是如此之深，甚至于要向郑振铎去申诉。但我奇怪他为什么不向夏丏尊、章锡琛这几位他的绍兴同乡去说说呢，这两位同我见面的机会，要比郑振铎多得多。"

所谓"帮闲"，《现代汉语词典》解释说："（文人）受有钱有势的人豢养，给他们装点门面，为他们效劳。"虽然"邵家此时似已算不上什么豪门权贵而是已经破败了"，但章克标在其麾下效力（用今天的话说，也叫"打工"）却也是事实。此外，鲁迅未必如章克标所言，是向郑振铎去"申诉"，鲁迅不过是在给郑振铎写信时，一时发了这一感慨而已。这也不是什么"怨忿"，而是愤恨。

虽然是"歧误"，但章克标此后的许多，不可避免地和鲁迅联系在一起了。鲁迅没怎么提到章克标，章克标却每每不忘"捎带一枪"，"咬"鲁迅一口。

四

新中国成立后，章克标受到了冲击，他把责任主要归于鲁迅。在《世纪挥手》中，他满是委屈地说：

> 不知是什么道理，解放以来的各次运动中，我都被认为反对鲁迅，特别是"文化大革命"中，成了极大的罪状，受到了不同寻常的惩罚。这完全是出乎我意料之外的。……我这些倒正是意想不到的灾难。
>
> 我同鲁迅有点认识，见过也不只一面，既没有当场面红耳赤地吵过架，也没有针锋相对地打过笔战，反对

鲁迅的说法，真不知从何而来？

从这段话看，章克标有值得同情的地方。新中国成立后，被鲁迅"骂"过的人，多多少少都受到程度不等的冲击，这是很不公平的。可是，对这个问题我们要有一个理性的态度，我要问，这和鲁迅有什么关系呢？鲁迅能为他死后发生的事负责吗？关于这个问题，我在本书"导论"以及其他多篇文章中已多有阐述，这里就不重复了。

我还要说的是，假设鲁迅没有"骂"他，像章克标这样的人，到了新中国成立以后就能一无事端？他在《世纪挥手》中不经意间流露了这样一个细节：

> ……运动又发展了。一天拂晓还没亮时，忽然有人走进我家到我房间里把我叫醒，要我去站大桥（即我们对庆云桥的别名）的北桥塉，自报姓名及头衔叫"大汉奸大卖国贼章克标，在此认罪！"当然要伏伏贴贴低头站在那里……

章克标是个汉奸，这段历史已被淡忘。抗战期间，章克标几年中从一个普通的职员，直线晋升为汪伪政权宣传部的指导科科长，后又充任8个月的伪《浙江日报》社社长，也可谓时来运转，平步青云了。在《世纪挥手》中，他对自己充当汉奸一味辩解，说：投靠敌伪，是被人诱骗上当，事出无奈；卖身求荣，是为了养家啖饭，为稻粱谋。章克标说的都是站不住的理由。一个大活人，一个文化人，怎么就这么容易被骗呢？知道自己被骗了，还可以及时退出呀。至于为了稻粱谋，难道不当汉奸就要饿死？况且，中国人还有宁可饿死也不当卖国贼的精神哩。这一点，章克标和周作人一样，做了可耻之事而没有羞耻之心。活了100岁，也不反思，也不忏悔，仿佛做汉奸还做得有理，殊为可叹。

可见，他1949年后的受难，也不完全是因为骂鲁迅，凭着他当过汉奸这一条，大约日子也好过不到哪里去。

章克标不正视自己的历史，把怨气都发到鲁迅身上，仿佛是鲁迅害了他，这是不负责的态度。当然了，如果说因为当汉奸，他有了这样的遭遇，那不是什么光彩的事，是不是不说也罢？而因为与鲁迅有过节，所以如此这般，这在时下，这在某些人眼里，也是很风光的事哩。

五

我的印象是，章克标是个浪荡子，为人态度"轻薄"。他的性情，到了100岁了，也无大变，可以说是"始终如一"。他在《世纪挥手》一书中不时挖苦鲁迅。20世纪30年代，他在一所私立女子中学教课，据称"还有几个很大胆活泼的，甚至会同老师开玩笑，卖弄风骚"，"内中有两个学生似是姐妹一对，相当娟好又面容相像"，于是"动摇了我的凡心，有点想入非非了"，"以为可以依照鲁迅先生的办法，搞个许广平，也无不可。于是就把她们比较起来，哪一个最好最合适"。章克标的弦外之音是，鲁迅身为教师，勾引许广平。当年，他可能不知道鲁迅与许广平的爱情，百岁的他，不会没有看过《两地书》吧？不会对鲁迅和许广平的结合过程一无所知吧？况且，章克标面对的还是他所说的"大孩子"——女中学生。

接下来的文字本不想引了，因为这些文字不好说是干净的，这些话从百岁老人的口中说出，与其说是直率，倒不如说老不正经。但是，为了证明其"轻薄"，以下内容倒不失为一个精确的旁证：章克标把他想勾引女学生的事对他太太陈翠娥讲了，太太"还很乐意玉成其事"；章克标到外面"打野鸡"，一夜没回家，他太太也只是警告说，不要去不干净的邋遢地方，留心防病；章克标还是去了"邋遢地方"，"有一次……荒唐了一晚。后来觉得阴部一直发痒，于是解下来检查一下，发现阴毛当中有白色的小粒子，这是虫子的卵，生虱子了，仔细查看了果然有阴虱，在阴毛丛中寄生着怪不得要发痒了。把这事告诉了妻，她说我看看。就这样，她仔仔细细为我捉起阴虱来了"。接着，他还介绍了"很灵的杀虫剂"，"包你一扫光"。自己是花花公子，想勾引女学生，于是一切老师和学生的婚姻都注定是老师勾引学生，这是我想说的第一点；第二，像章克标这样的人，他读得懂鲁迅和许广平的情感世界吗？他骨子里是古代士大夫的情调，女人不过是玩物而已；第三，他这样描述他的妻子，他妻子在他眼里是个什么角色呢？是赞美他妻子，还是客观上伤害了他妻子呢？第四，章克标是一个始终如一、能够坚持的人，他年轻时候如此，老了依然故我，我相信，他就是再活100岁，也还是这样；第五，我不得不佩服鲁迅，鲁迅的眼光可以穿透岁月，鲁迅去世得那么早，可是，他认定的许多人，是这样，一般不会变成那样。

章克标在写到他百岁征侣时，则对鲁迅嘲讽变成了指斥："像鲁迅先生那样，同朱安夫人表面拜天地、敬神、礼佛、谢祖宗，而在房帏中则让朱安夫人独守空床，叫她终生守活寡，两人之间没有行'周公之礼'，没有性生活，是最最不人道的。"对此，秦弓评论说："本来与鲁迅丝毫无涉的场合，偏偏把鲁迅拿来嘲弄、斥责一通，也许是因为早年的论战中，鲁迅对章氏有过所谓'邵家帮闲专家'的不恭之辞吧。即使鲁迅当年有什么误解甚或偏颇之处，作为过来人的长寿者也应该本着实事求是的态度澄清事实，是非究竟如何评断，世间自有公论，何须老将出马，恶言骂阵呢？"（4）

据介绍，《世纪挥手》原稿有百万字，责编薛亮女士"觉得太罗嗦"，删去70万字。章克标在给薛女士的信中说："一部书当中，一定要有许多废话、荒唐的话、无聊的话、可有可无的话、乱七八糟的话，才能成为一部好书。"删去70万字，还留下他妻子帮他捉虱子的细节，我想，那被删去的，肯定比捉虱子要精彩多了，可惜！我又想，将来也许会有出版社为他出百万字的"全本"哩。

注释

（1）本文所引章克标文字，除特别标明外，皆出自《世纪挥手》，海天出版社2000年版。

（2）龚明德：《新文学散札·〈《文坛登龙术》及其"拾遗"和"附录"〉》，天地出版社1996年11月版。

（3）此文收入《且介亭杂文》时改题为《关于中国的两三件事》。

（4）秦弓：《鲁迅："华盖运"何时休？》，《鲁迅研究月刊》2000年第6期。

附录一

忧患于时事，退隐于书斋

——鲁迅与钱玄同

　　鲁迅与钱玄同，曾经有让人羡慕的真诚热烈的友谊，尔后又有让人惆怅的视若路人一般的对立。他们是同学，是战友，到了晚年，一个仍然忧患于时事，一个却退隐于书斋。先是疏远，进而对立了。战友各奔前程，友谊遗落在路途上，每每思之，让人长叹。

一

　　钱玄同（1887—1939），原名夏，字中季，号德潜，又号玄同；后废姓，称疑古玄同。曾用笔名浑然异、王敬轩等。浙江吴兴人。语言文字学家。五四新文化运动的著名战士。

1906 年 9 月赴日本东京，入早稻田大学读师范，曾与鲁迅同听章太炎的文字学，并结交革命志士和大批追求新思潮的青年。1907 年加入同盟会，1910 年秋归国。1916 年任北京大学及北京高等师范大学国文系教授、系主任等职。1918 年至1919 年，与陈独秀、李大钊、胡适、刘复、沈尹默一起轮流编辑《新青年》，积极拥护陈独秀《文学革命》一文的主张，并在《尝试集·序》中提出打倒"选学妖孽"、"桐城谬种"的口号。以通信和随感录的方式在《新青年》上发表了大量文章，著名的关于"王敬轩"的"双簧信"即在此时演出。"五四"落潮，钱玄同思想渐趋保守。1924 年 11 月《语丝》创刊，他列名发起人，与周作人、胡适过从甚密。不久，取名"疑古玄同"，鼓吹尊古、信古。著有《文字学音篇》、《说文部首今读》、《古韵二十八音读之假定》等。

二

钱玄同留日时期，与鲁迅为同窗好友。据许寿裳在《亡友鲁迅印象记》第七章《从章先生学》中记述鲁迅等在东京听讲时的情形说："谈天时以玄同说话为最多，而且在席上爬来爬去。所以鲁迅给玄同的绰号曰'爬来爬去'。"鲁迅在致周作人的信中，也戏称钱玄同为"爬翁"。可见，他们之间是多么亲昵。

五四时期，两人志趣投合，好恶相近。钱玄同当时认为，"周氏兄弟的思想是海内外数一数二的"；特别是鲁迅，"读史与观世，有极犀利的眼光，能抉发中国的痼疾"。为约请鲁迅替《新青年》写稿，钱玄同常于下午4时来到绍兴会馆，一直聊到晚上十一二点才回到位于琉璃厂的北高师教员宿舍——他把这种长谈戏称为"生根"，意即坐下不走，屁股生根。

众所周知，鲁迅在教育部期间，埋头于故纸堆，整理古籍，抄古碑。他的创作小说，并一发而不可收，实在是因为钱玄同给他打了一针催生剂。钱玄同回忆道：

> 我因为我的理智告诉我，旧文化之不合理者应该打倒，文章应该用白话做，所以我是十分赞同仲甫所办的《新青年》杂志，愿意给它当一名摇旗呐喊的小卒。我认为周氏兄弟的思想，是国内数一数二的，所以竭力怂恿他们给《新青年》写文章。七年一月起，就有启明的文章……但豫才尚未有文章送来，我常常到绍兴会馆去催促，于是他的《狂人日记》小说居然做成，而登在四卷第五期里了。自此以后，豫才便常有文章送来，论文、随感录、诗、译稿等，直到《新青年》第九卷止。（1）

关于钱玄同催促鲁迅写稿的事，鲁迅在《呐喊·自序》

中有着形象的叙述：

那时偶或来谈的是一个老朋友金心异（2）将手提的大皮夹放在破桌上，脱下长衫，对面坐下了，因为怕狗，似乎心房还在怦怦的跳动。

"你钞了这些有什么用？"有一夜，他翻着我那古碑的钞本，发了研究的质问了。

"没有什么用。"

"那么，你钞他是什么意思呢？"

"没有什么意思。"

"我想，你可以做点文章……"

我懂得他的意思了，他们正办《新青年》，然而那时仿佛不特没有人来赞同，并且也还没有人来反对，我想，他们许是感到寂寞了，但是说：

"假如一间铁屋子，是绝无窗户而万难破毁的，里面有许多熟睡的人们，不久都要闷死了，然而是从昏睡入死灭，并不感到就死的悲哀。现在你大嚷起来，惊起了较为清醒的几个人，使这不幸的少数者来受无可挽救的临终的苦楚，你倒以为对得起他们么？"

"然而几个人既然起来，你不能说决没有毁坏这铁屋的希望。"

是的，我虽然自有我的确信，然而说到希望，却是不能抹杀的，因为希望是在于将来，决不能以我之必无的证明，来折服了他之所谓可有，于是我终于答应他也做文章了，这便是最初的一篇《狂人日记》。从此以后，便一发而不可收，每写些小说模样的文章，以敷衍朋友们的嘱托，积久就有了十余篇。

他们对改革的看法，似乎并不一致，鲁迅冷一些，钱玄同热一点，但经过一番讨论，鲁迅还是被催化了，以此为新起点，鲁迅怀着矛盾而沉重的心情开始了文学家的战斗生涯。

1932年，鲁迅在为《自选集》作《自序》（3）时，对于这一段往事，还有这样的回忆：

　　为什么提笔的呢？想起来，大半倒是为了对于热情者们的同感。这些战士，我想，虽在寂寞中，想头是不错的，也来喊几声助助威罢。首先，就是为此。自然，在这中间，也不免夹杂些将旧社会的病根暴露出来，催人留心，设法加以疗治的希望。

为了实现这希望，鲁迅认识到，是必须与前驱者取同一步调的。他要呐喊，是想"聊以慰藉那在寂寞里奔驰的猛士，使他不惮于前驱"。（4）所以，鲁迅答应钱玄同写文章，也就答应了参加新文化运动先驱者的行列，参加了20世纪初的思想启蒙运动。

那时候，钱玄同经常提着一个大皮夹，里面带着一些《新青年》的文稿或刊物，行色匆匆地往返于宣武门外南半截胡同的绍兴会馆。有时取走鲁迅刚刚写好的文章，有时又把还带着油墨香味的刚装订好的《新青年》杂志校本送给鲁迅。1918 年 7 月 29 日的《鲁迅日记》上便有这样的记载："夜钱玄同来并持来的《伊勃生专号》十册。"又在 1919 年 5 月 9 日的《鲁迅日记》上记载："夜得钱玄同信并杂志十册。"这收到的就是"五四"前后几天出版的第 6 卷第 5 期《新青年》"马克思主义专号"，就在这个"专号"上，载有鲁迅的小说《药》和《来了》、《现在的屠杀者》、《人心很古》、《圣武》等随感录 4 篇。从这时期的《鲁迅日记》上看，几乎每隔两三天，钱玄同必来会馆夜谈，一谈就是半夜。两个人一见面兴致都极高，有时彼此谈论社会现象、时事新闻，有时谈论稿件内容，可谓是无话不谈，各自畅抒所见。谈得尽兴时，鲁迅便留钱玄同夜饭，到附近的广和居去小饮，一般吃的是炸小丸子、酸辣汤等极普通的菜。1917 年 9 月 30 日的《鲁迅日记》中就有这样的记载："旧中秋也，烹鹜沽酒作夕餐，玄同饭后去。月色极佳。"可以想见，当年他们在中秋月明之夜，举杯畅叙的情景有多么动人。当年同是他俩老朋友的沈尹默先生也说过："他们两位（指鲁迅与钱玄同）碰在一起，别人在旁只有洗耳恭听的份儿，是没有插嘴的余地的。"

这一时期，鲁迅和钱玄同信札来往如梭。鲁迅致钱玄同的信共 40 封，仅 1917 年至 1919 年鲁迅致钱玄同的信就有 27 封，现在收《鲁迅书信集》的仅 13 封。钱玄同也给鲁迅写了不少信，有时候人未到书信就来了，有时信至人也到了。或者鲁迅刚寄给钱玄同一封信，信还在途中，钱玄同却飘然而至。有时甚至彼此日发两函，使邮差为之奔波不已。如 1918 年，钱玄同与李大钊等轮流编辑《新青年》时，鲁迅在这一年回答钱玄同的催稿信不少，其中 7 月 5 日的信中写道："嘴里要做的东西，向来很多，然而从来未尝动手，照例类推……"有的信是钱玄同来请教中国小说史上的问题，如 1924 年 11 月 26 日，鲁迅回答他询问《醒世姻缘》一书的价值。

　　在他们共同参与编辑《新青年》的过程中，在彻底地不妥协地反对旧文化、提倡新文化的战斗中，鲁迅和钱玄同过往甚密，意气相投，许多事情他们都交换过意见，而且主张相同，他们是互相支持的战友。

　　这一点，可以从"双簧信"，"桐城谬种，选学妖孽"，"废除汉字，改用拼音"等事件或主张中得到印证。

　　所谓"双簧信"，是由钱玄同、刘半农两人合伙干的。如鲁迅所说："他们正办《新青年》，然那时仿佛不特没有人来赞同，并且也没有人来反对。"杂志最怕办得寂寞，捧也好，骂也好，热闹起来才是杂志的活路，寂寞久了，没人赞同没人反对久了，就自行消亡了。怎么办呢？为了引起文学革命的论争，1918 年 3 月，《新青年》第 4 卷第 3 号上，在《文学革命之反响》的标题下，同时刊出了王敬轩给《新青年》编者的一封信和刘半农的复信。王敬轩本无其人，此信系钱玄同综合当时旧文人反对新文化运动的种种谬论写成。刘半农在复信中对这些谬论作了痛快淋漓的驳斥，给新文化运动的反对者以迎头痛击。

这两封双簧信发表后，在当时的思想界和文学界引起了巨大震动。新文化运动方面的战鼓擂得更紧了，卫道者如林琴南者流也跳出来鼓噪了。就是在革命文学阵营内部，也有不同意见，胡适便认为这样干"有失士大夫身份"，这种"不登大雅之堂"的文章，不应该发表。

鲁迅在《忆刘半农君》里就曾指出这是一次大仗，并且在评刘半农时说："但半农的活泼，有时颇近于草率，勇敢，也有失之无谋的地方。但是，要商量袭击敌人的时候，他还是好伙伴，进行之际，心口并不相应，或者暗暗的给你一刀，他是决不会的。倘若失了算，那是因为没有算好的缘故。"（5）从这段话里，我们可以知道当时的这些战斗，是经过一起商量和研究的。鲁迅后来说："古之青年，心目中有了刘半农三个字，原因并不在他擅长音韵学，或是常做打油诗，是在他跳出鸳蝴派，骂倒王敬轩，为一个'文学革命'阵中的战斗者。"（6）可见，当时双簧信的战斗，给鲁迅留下了多么深刻的印象，他甚至认为，刘半农的声名鹊起，是他与王敬轩的战斗联系在一起的。刘半农是钱玄同演"双簧"戏的对手，鲁迅对刘半农在这场戏中的肯定，同时也是对钱玄同作用的肯定。

钱玄同对"文学革命"的贡献，曾为鲁迅所赞许的，还有对当时斗争提出非常明确而又形容贴切的口号，即"桐城谬种"与"选学妖孽"。这个口号，最早见于他《寄胡适之》的信里。他说："玄同年来深慨于吾国文言之不合一，致令青年学子不能以三五年之岁月，通顺其文理，以适于用。而彼'选学妖孽'与'桐城谬种'，方欲以不退之典故，与肉麻之语调，戕贼吾青年，因之时改革文学之思，以未获同志，无从质证。"（7）

桐城派是清代古文流派之一，主要作家有方苞、刘大櫆、姚鼐等，他们都是安徽桐城人，所以称他们和各地赞同他们文学主张的人为"桐城派"。当时中国的古文学在文坛上主要是两大派：一、桐城派，代表人物是严复、林琴南等；二、选派，主要人物有樊增祥、易顺鼎等。陈独秀在《文学革命论》一文中曾指出："今日吾国文学悉承前代之敝，所谓'桐城派'者，八家与八股之混合体也。所谓骈体文者，思绮堂与随园之四六也。"钱玄同用"谬种"和"妖孽"，进一步形象地说明了它们对文坛的毒害。桐城派，讲所谓"桐城义法"，于是代代相传，直到辛亥革命后，在文坛上还占有极大的势力。

这种"谬种流传"，真是绵绵不绝。至于选派，用典故，讲对仗，末流到易顺鼎、樊增祥等，用以写出许多捧优伶、赞娼妓的下流文字，简直龌龊不堪，称之为"妖孽"，也不为过。

鲁迅对这个口号是赞许的，他在20世纪30年代谈到攻击对方要给以名号时，曾经提到它。他说："五四时代的所谓'桐城谬种'和'选学妖孽'，是指做'载飞载鸣'的文章和抱住《文选》寻字汇的人们的，而某一种人，确也是这一流，形容惬当，所以这名目的流传也较为永久。除此之外，恐怕也没有什么还留在大家的记忆里了。"（8）

鲁迅和钱玄同都曾主张不读或少读中国书。钱玄同在《中国今后之文字问题》一文中说："欲废孔学，欲剿灭道教，惟有将中国书籍一概束之高阁之一法。何以故？因中国书籍千分之九百九十九，都是这两类书之故。中国文字，自来即专拘于发挥孔门学说，及道教妖言故。"而鲁迅在《青年必读书》中也说："我以为要少——或者竟不——看中国书，多看外国书。"

在文学革命初期，钱玄同还提出了废除汉字，改用拼音文字的主张。他在1918年给陈独秀的信中说："……欲废孔学，不得不先废汉文。欲驱除一般之幼稚的野蛮的顽固思想，尤不可不先废汉文。"又说："中国文衍形不衍声，以致辨认书写极不容易，音读极难正确，这一层近二十年来很有人觉悟，所以，造新字，用罗马字拼音，等等主张，层出不穷……

殆无不感到现行汉字之拙劣，欲图改革，以期便用。"（9）

今天看来，钱玄同的主张未免不切实际，当时，也受到许多顽固派的激烈反对与攻击。然而，它对文学革命的发展，客观上却起到了推进作用。鲁迅后来谈到五四文学革命时说："但是，在中国，刚刚提起文学革新，就有反动了。不过白话文却渐渐风行起来，不大受阻碍。这是怎么一回事呢？就因为当时又有钱玄同先生提倡废止汉字，用罗马字母来替代。这本也不过是一种文字革新，很平常的，但被不喜欢改革的中国人听见，就大不得了了，于是便放过了比较的平和的文学革命，而竭力来骂钱玄同。白话乘了这一个机会，居然减去了许多敌人，反而没有阻碍，能够流行了。"又说："中国人的性情是总喜欢调和，折中的。譬如你说，这屋子太暗，须在这里开一个窗，大家一定不允许的。但如果你主张拆掉屋顶，他们就会来调和，愿意开窗了。没有更激烈的主张，他们总连平和的改革也不肯行。那时白话文之得以通行，就因为有废掉中国字而用罗马字母的议论的缘故。"（10）虽然白话文的流行，是因了文言文的不合时宜，是时代发展的必然，但鲁迅从事物的联系上阐明问题，也许鲁迅并不赞同或者至少在一个时期内不赞同废除汉字，但鲁迅却能从钱玄同提倡拼音之外，发现它的客观历史意义，鲁迅对钱玄同是公正的。

1925 年"女师大风潮"，钱玄同也是发表《对于北京女子师范大学风潮宣言》的七教授之一，在反对章士钊、杨荫榆、陈西滢等的斗争中，钱玄同是站在鲁迅一边的。

此外，鲁迅 1925 年 4 月 14 日在致许广平的信中，曾把自己的文章与钱玄同的作了比较，肯定了钱玄同文章的长处，谈了对自己文章的认识。他说："文章的看法，也是因人不同的，我因为自己好作短文，好用反语，每遇辩论，辄不管三七二十一，就迎头一击，所以每见和我的办法不同者便以为缺点，其实畅达也自有畅达的好处，正不必故意减缩（但繁冗则自应删削）。例如玄同之文，即颇汪洋，而少含蓄，使读者览之了然，无所疑惑，故于表白意见，反为相宜，效力亦复很大，我的东西却常招误解，有时竟大出于意料之外，可见意在简练，稍一不慎，即易流于晦涩。"（11）这里，鲁迅虽有切肤之感，亦有过谦之词。文章风格，秉性使然，钱玄同作不了鲁迅式的文章，反之，似乎也成立。此非正题，略去不表。

概而言之，在反传统、反封建、反对旧文学、提倡新文学等方面，鲁迅、钱玄同步调一致，堪称战友。

三

"五四"以后，两人思想志趣各异，接触渐少。钱玄同由封建社会的叛徒而成为自由主义者，他的心境渐趋平和；

鲁迅仍然不改狼的秉性，他在荒原中号叫，他心中仍然充溢着战斗的激情，鲁迅生来是为了战斗的。不过，虽然鲁迅和钱玄同在思想和生活上的志趣都有很大的变化，彼此的接触也渐渐少了，但是仍然保持着友谊。1923 年 8 月 24 日的《鲁迅日记》载有：以《呐喊》一册赠钱玄同。1924 年 4 月 13 日星期日休息，鲁迅"上午至中央公园四宜轩。遇玄同，遂茗谈至晚归"。这一天，两位老同学还能在中央公园从上午流连至夜，谈兴仍不减当年。

鲁迅和钱玄同的由疏远而有成见，倒没有像"骂"章士钊等人那样，诉诸文章，而多是道听途说，引起不满（其中不应排除有误会的成分），多是私下议论，私下通信，仅此而已。这是否可以理解为鲁迅还念及曾经有过的友情呢？

如前所述，1925 年 5 月，在"女师大风潮"中，他们还可以说是战友。1926 年秋，风潮以后，鲁迅由北京南下厦门，此后，他们再没有像五四时期那样促膝长谈了——这也无足怪，不是有许多青年时的朋友，到了老年视若路人吗？一个时期有一个时期的话题，因而也有一个时期的朋友。有的友谊可以永久，有的友谊却和时间一起消失了。

钱玄同与鲁迅之间有一个由相知到相恶的过程。钱玄同跟鲁迅最为反感的顾颉刚一起从事古史辨运动，是使他们产生隔膜的一个重要原因。鲁迅去世之后钱玄同批评他"多疑"、"轻信"、"迁怒"，恐怕也与此相关。

1929 年 5 月，鲁迅第一次北上省亲，曾与钱玄同相遇。据沈尹默说："鲁迅从上海回北京，一次曾在他们的老师章太炎那里会见，为了一句话，两意不投，引起争论，直到面红耳赤，不欢而散。"后来，钱玄同偶然去孔德学校，碰见鲁迅。据沈尹默讲："这事情（按：指上次的争论）虽已过去，彼此心中总有些耿耿然，但一想到老朋友终归是老朋友，不可能从此不见面，就跨进门去，打了个招呼，坐下来，正想寻个话题，恰巧看见桌上放着一张周树人三个字的名片，他马上回过头朝着鲁迅问道：'你现在又用三个字的名片了？'鲁迅不加思索地冲口而出道：'我从来不用四个字的名字。'玄同主张废姓，曾经常用'疑古玄同'署名，这是众所周知的事。鲁迅出口真快，玄同的感应也不慢，登时神色仓皇，一言不发，溜之大吉。"（12）这一细节，鲁迅 1929 年 5 月 25 日在致许广平的信中也提到了："途次往孔德学校，去看旧书，遇金立因（按：原稿作钱玄同），胖滑有加，唠叨如故，时光可惜，默不与谈。"（13）

　　鲁迅和钱玄同，都是书生意气，在可恼的同时透着几分可亲。我可以想象，当年鲁迅说"我从来不用四个字的名字"时，脸上的表情是生硬的，没有笑容，所以这句话有了某种讽刺的意味。倘非如此，鲁迅笑曰："我是从不用四个字的名字的。"那至多是揶揄，还多了几分幽默。至于钱玄同，若非书生，脸皮也厚，这么一句话，何难应酬？来一句今天天气哈哈哈之类，又何必动气，溜之大吉呢？所以，这个细节，以我而言，看不出他们的可恶，倒是看出了书生本色，有几分可爱。

钱玄同在日记中攻击鲁迅的《三闲集》、《二心集》"无聊、无赖、无耻"。20世纪30年代，钱玄同对鲁迅在上海从事革命文艺活动极为反感，他以资产阶级民主主义者的口吻说："我是主张思想自由的，无论同意或反对，都要我自己来判断。"（14）讽刺鲁迅为"左翼公"和"左公"。鲁迅在1930年2月22日致章廷谦的信中说："疑古和半农，还在北平逢人便宣传，说我在上海发了疯，这和林玉堂大约也有些关系。我在这里，已经收到几封学生给我的慰问信了。"在同一封信里，鲁迅甚至对钱玄同的个人秉性作了评价："疑古玄同，据我看来，和他的令兄一样性质，好空谈而不做实事，是一个极能取巧的人，他的骂詈，也是空谈，恐怕连他自己也不相信他自己的话，世间竟有倾耳而听者，因其是昏虫之故也。"钱玄同善空谈，喜做惊人之语，这固然属实，但并非不做实事，终其一生，还是颇有学术成就的，也不好否认他在文学革命中的实绩。

到了1932年11月，鲁迅第二次北上省亲时，钱玄同竟公然宣布他"不认识有一个什么姓鲁的"！并阻挠鲁迅到北大演讲，关系可谓恶化了。鲁迅对他也一样充满了厌恶之情。1932年12月29日，鲁迅在《教授杂咏四首》的第一首挖苦了钱玄同，诗云："作法不自毙，悠然过四十。何妨赌肥头，抵挡辩证法。"鲁迅的这一组"杂咏"都是有针对性的。钱玄同早年曾戏说："40岁以上的人都应该枪毙。"又据说他在北京大学曾说过"头可断，辩证法不可不开课"的话。1933年11月，鲁迅拟请魏建功书写《〈北平笺谱〉序》。鲁迅在1933年12月27日致台静农的信中在谈到上述写序的事时，又谈了对钱玄同的看法："写序之事……至于不得托金公（按：即钱玄同）执笔，亦诚有其事，但系指书签，盖此公夸而懒，又高自位置，托以小事，能拖延至一年半载不报，而其字实俗媚入骨，无足观，犯不着向悭吝人乞烂铅钱也。"我以为，鲁迅的以上评价，既有客观实际的内容，也有情绪化的言辞。

到了1935年，鲁迅在5月20日出版的《太白》半月刊第2卷第5期上，发表了署名"敖者"的《死所》一文，批评了钱玄同由于马廉教授因中风死在教室里，故尔"从此不上课"的行为。鲁迅讲了一则笑话，是一位公子和渔夫的问答：

"你的父亲死在哪里的？"公子问。

"死在海里的。"

"你还不怕，仍旧到海里去吗？"

"你的父亲死在哪里？"渔夫问。

"死在家里的。"

"你还不怕，仍旧坐在家里吗？"

于是，鲁迅劝告道："但死在教室里的教授其实比死在家里的着实少。"这篇文章并无过激之词，平心静气，针对的也是具体的问题，对论敌可以这么说，对一个好朋友也可以这么说的。

四

1936年10月，钱玄同在鲁迅逝世后的第五天，就写了《我对周豫才君之追忆与略评》一文，在回忆了他们平生的关系之后，对鲁迅谈了自己的看法。

他认为鲁迅的长处有三：

一、治学最为谨严；

二、治学是自己的兴趣，绝无好名之心；

三、读史与观世有极犀利的眼光，能抉发中国的痼疾。

他举了小说《阿Q正传》、《药》和《随感录》，说是这种文章如良医开脉案，作对症发药之根据，于改革社会是有极大用处的。

钱玄同也指出鲁迅的短处有三：

一、多疑。他说："鲁迅往往听了人家几句不经意的话，以为是有恶意的，甚而至于以为是要陷害他的，于是动了不必动的感情。"

二、轻信。他说："他又往往听了人家几句不诚意的好听话，遂认为同志，后来发现对方的欺诈，于是由决裂而至大骂。"

三、迁怒。他说："本善甲而恶乙，但因甲与乙善，遂迁怒于甲而并恶之了。"

钱玄同所说鲁迅的长处，这不成问题，鲁迅的长处又何止这些呢？这里姑妄略之。"多疑"问题，我已在《导言》中有所论述，这里也不再说它了。至于轻信，这是有矛盾的。鲁迅既然"多疑"，又怎么会"轻信"呢？大约，他是具体到针对高长虹一事吧？说鲁迅多疑，尚有具体分析之必要，说他轻信，我对此论不敢轻信。关于迁怒，钱玄同对鲁迅的不满，主要是在这方面。鲁迅非常憎恶顾颉刚，在书信、杂文以及小说《理水》中，都曾给他以无情的讽刺与抨击。顾颉刚的为人，为鲁迅所不齿。而钱玄同，在对中国古史的研究上，同顾颉刚的某些观点一致，尤其在"疑古"方面，更是彼此契合，因而成为志同道合的学侣。钱玄同认为，鲁迅本来同他很好，但讨厌顾颉刚，由于他同顾颉刚交往，于是连他也讨厌起来。我查不到鲁迅因为顾颉刚所以讨厌钱玄同的证据，我只觉得，倘如钱玄同所描述，鲁迅如 5 岁孩儿，甲不跟乙玩了，也要丙不跟乙玩了，否则，甲也不跟丙玩了。

这仿佛是童话，童话中鲁迅、钱玄同都充满童心了。

五

《鲁迅研究月刊》1998 年第 1 期谢村人发表《"书斋生活与其危险"》一文，其中说，钱玄同如果不是 52 岁去世，后来在日寇的威胁利诱之下，可能会成为第二个周作人。

其实，在钱玄同短暂的一生中，最令人钦佩的是他的晚年。因外寇侵凌，钱玄同常满腔孤愤，抑郁难语，"魂忽忽若有之，出不知其所往"。自热河沦陷后，他有约 3 个月光景谢绝饮宴。1931 年"九一八事变"发生后，曾经留日的钱玄同即与日人断绝交往。1933 年 5 月，他书写了《中华民国华北军第七军团第五十九军抗日战死将士墓碑》。1936 年，他与北平文化界知名人士联名提出抗日救国七条要求。召南在《鲁迅研究月刊》1998 年第 6 期发表文章《钱玄同盖棺论定》，认为谢村人的假设是毫无根据的。他提供两个材料。一是《北京师范大学校史》，说："七七事变后，师大国文系主任教授钱玄同因为有病，未能随校西行。他蛰居北平，目睹敌伪猖狂情景，忧愤日甚。恢复旧名钱夏，以'夏'非'夷'，表示不做顺民。他多次寄语西迁的友好人士，表示决不'污伪命'。"钱玄同蛰居敌伪治下的北平，拒绝伪聘。

钱氏于 1939 年 1 月 17 日去世，终年 52 岁。同年 7 月 18 日，国民政府发布褒扬令，这就是第二个材料："国立北平师范大学教授钱玄同，品德高洁，常识湛深，抗战军兴，适以宿病不良于行，未即离平；历史既久，环境益艰，仍能潜修国学，永保清操。卒因蛰居抑郁，切齿仇雠，病体日颓，赍志长逝。溯其生平致力教育事业，历二十余载，所为文字，见重一时，不仅贻惠士林，实亦有功党国，应予明令褒扬，以彰幽潜，而昭激劝。"

注释

(1)（14）钱玄同：《我对于周豫才君之追忆与略评》，原载 1936 年 10 月 26 日、27 日北平《世界日报》。《鲁迅回忆录》转载，北京出版社 1999 年 1 月版。

(2) 即钱玄同。林琴南小说《荆生》中有一个人物名"金心异"，影射钱玄同。

(3)《鲁迅全集·南腔北调集》。

(4)《鲁迅全集·呐喊·自序》。

(5)《鲁迅全集·且介亭杂文》。

(6)《鲁迅全集·花边文学·趋时和复古》。

(7)《新青年》第 3 卷第 6 期。

(8)《鲁迅全集·且介亭杂文二集·五论"文人相轻"——明术》。

(9)《新青年》第 4 卷第 4 期。

（10）《鲁迅全集·三闲集·无声的中国》。

（11）《鲁迅全集·两地书·一二》。

（12）沈尹默：《鲁迅生活中的一节》，见《文艺月刊》1956 年 10 月号。《鲁迅回忆录》转载，北京出版社 1999 年 1 月版。

（13）《鲁迅全集·两地书·一二六》。

"兼差"引出的"无故受累"
——鲁迅与李四光

因为"女师大风潮",鲁迅与李四光有过一段不愉快。

李四光(1889—1971),字仲揆,湖北黄冈人,地质学家。他在科学研究上有卓越的贡献,创立了地质力学。曾留学英国伯明翰大学,当时任北京大学教授。在"女师大风潮"中,他加入了陈源(陈西滢)等人组成的"国立女子大学后援会",支持章士钊、杨荫榆。

1926年1月30日《晨报副刊》上刊载了《西滢致志摩》的信,信中陈源提到了李四光,以李四光为例攻击鲁迅:"李仲揆先生是我们相识人中一个最纯粹的学者,你是知道的。新近国立京师图书馆聘他为副馆长。他因为也许可以在北京弄出一个比较完美的科学图书馆来,也就答应了。可是北大的章程，教授不得兼差的。虽然许多教授兼二三个以至五六个重要的差使，李先生却向校长去告一年的假，在告假期内不支薪。他现在正在收束他的功课。他的副馆长的月薪不过二百五十元。你想一想，有几个肯这样干。然而鲁迅先生却一次再次的说他是'北大教授兼国立京师图书馆长月薪至少五六百元的李四光'。"

关于李四光兼职的事，鲁迅是在《华盖集·"公理"的把戏》一文中提到的。1925 年 12 月 14 日，由陈源、王世杰、燕树棠、李四光、丁西林等人组成"教育界公理维持会"，旨在声援章士钊创办女子大学，反对女师大复校，压迫该校学生和教育界进步人士。该会成立的第二天改名为"国立女子大学后援会"，16 日发出《致北京国立各校教职员联席会议函》，其中对支持女师大学生的进步教职人员进行侮辱。王世杰则说："本人决不主张北大少数人与女师大合作"，"照北大校章教职员不得兼他机关主要任务，然而现今北大教授在女师大兼充主任者已有五人，实属违法，应加否认。"

对此，鲁迅当然予以批驳。鲁迅说："我是女师大维持会会员之一，又是女师大教员，人格所关，当然有抗议的权利。"鲁迅为了说明"后援会"成员与杨荫榆的关系，列举了李四光，说杨荫榆曾用汽车邀他观剧；又为证明"后援会"不能"维持公理"，举李四光兼任京师图书馆副馆长一职，并发表演说，又不敢公开报道，那是为了隐蔽北大教授不能在外兼任他职的规定。鲁迅以此说明"后援会"成员尚且不能遵章守法，由这些人组成的"后援会"难道会维持公理吗？当然，同时也是对王世杰等人所说的北大教授在女师大兼职的回击，表示"后援会"的人可以兼职，有什么权利说别人不能兼职呢？可谓一箭双雕。

李四光认为自己委屈，写信给《晨报副刊》，为自己辩解。《晨报副刊》于1926年2月1日以《李四光先生来件》为名，（1）发表了李四光的来信。信中，李四光说："我答应到国立京师图书馆去供职以前，曾经和北京大学校长蒋梦麟先生当面商量，向学校请假一年。蒋先生也表赞同，以后又正式具请假公函说明此事，这信现在还在蒋先生手里。鲁迅先生说我是以北大教授兼国立图书馆副馆长一层，绝对与事实不符。"我们且不说李四光向蒋梦麟请假，这是他们之间的私事，报章没有发布这一新闻，鲁迅无从知晓；请假终究是请假，而不是辞职，李还是北大教授，所以，鲁迅说他"兼职"，并无过错。李四光还说："我初到图书馆的时候，国立京师图书馆委员会方面，曾通过一个议案，议决副馆长薪水每月五百元……"那么，李四光为什么只有"二百五十元"呢？是因为"我个人的生活简单，不需要那个数目，"所以，"只受半数"。李四光是20世纪20年代的活雷锋，但此事没有举办新闻发布会，也是个人的事，别人恐怕也无从知道。因而，鲁迅说他薪水五六百元也无大错。鲁迅在《不是信》（2）

一文中，在批驳了陈源的同时，对李四光的兼职问题，进一步谈了自己的看法。鲁迅说："……只是我以为告假和辞职不同，无论支薪与否，教授也仍然是教授，这是不待'刀笔吏'才能知道的。"这里，鲁迅强调了"告假和辞职不同"，"无论支薪与否，教授也仍然是教授"。结论是，李四光虽属告假，毕竟还是兼了职。这算不算违反了北大的校规呢？其实，在我看来，鲁迅骨子里并不在乎李四光的兼职与否，月薪多少，而主要是为了证明虽然"北大教授在女师大兼充主任者已有五人"，也不足为奇，这不过是彼此彼此的事。如果说鲁迅对李四光有什么恶感的话，也只是因为他在"女师大风潮"中站到了杨荫榆一边。应该说，对李四光，鲁迅并没有像对待陈源那样不留情面的，甚至表示了某种歉意。鲁迅说："我有时泛论一般现状，而无意中触着了别人的伤疤，实在是非常抱歉的事。"（3）又说："因为我知道李教授是科学家，不很'打笔墨官司'的，所以只要可以不提，便不提；只因为要回敬贵会友一杯酒，这才说出'兼差'的事来。"（4）

　　鲁迅的批评李四光不无道理，鲁迅总的还是与人为善的。然而，对比之下，当年李四光的态度要比鲁迅更为情绪化，字里行间，对鲁迅满是挖苦，甚至嘲弄。

　　在《李四光先生来件》中，还有这样一段话："我听说鲁迅先生是当代比较有希望的文士。中国的文人，向来有作'捕风捉影之谈'的习惯，并不奇怪。所以他一再笑骂，我都能忍受，不答一个字。暗中希望有一天他自己查清事实，知道天下人不尽像鲁迅先生的镜子里照出来的模样。到那个时候，也许这个小小的动机，可以促鲁迅先生作十年读书、十年养气的功夫。也许中国因此可以产生一个真正的文士。那是何等的贡献！"只是"听说"鲁迅是一个比较有希望的"文士"，而不是一个杰出的作家，李四光的口气中透着对三流文人的蔑视。说中国文人爱捕风捉影，那是为了证明鲁迅说他的话是"捕风捉影"。他和陈西滢同属"正人君子"，所以，面对笑骂，都很有涵养，忍受着不答一字，只是在表白自己擅长忍受的同时，一时忘了忍受，一不小心，就写了若干辩白文章，答了远不止"一字"。当年，30多岁还算青年的李四光，竟像一个老夫子一样教训起鲁迅，要他"作十年读书，十年养气的功夫"，还说，"也许中国因此可以产生一个真正的文士"，看来，李四光是读了十年以上的书，同时也养了十年的气的，也许是边读书边养气吧！

距李四光要求还不是"真正的文士"的鲁迅读十年书，养十年功不到两天，1926年2月3日，他就要让鲁迅闭嘴。这一天的《晨报副刊》以"结束闲话，结束废话！"为题，发表了李四光和徐志摩的通信。李四光在信中说鲁迅"东方文学家的风味，他似乎格外的充足，所以他拿起笔来，总要写到露骨到底，才尽他的兴会，弄到人家无故受累，他也管不着"。同时他又慨叹，"指导青年的人，还要彼此辱骂，制成一个恶劣的社会"。徐志摩则说："大学的教授们"，"负有指导青年重责的前辈"，是不该这样"混斗"的，因为"这不仅是绅士不绅士的问题，这是像受教育人不像的问题"，于是他便"对着混斗的双方猛喝"："带住！"还"声明一句，本刊此后不登载对人攻击的文字"云云。

独立地看，似乎不无道理。如此混斗，与双方并无好处。可是如果了解一下李四光、徐志摩要求"带住"的特殊背景，就不免要给人不公平之感了。因为 1926 年 1 月 30 日《晨报副刊》刊载了徐志摩的《关于下面一束通信告读者们》和陈源的《闲话的闲话之闲话引出来的几封信》，这两封信被看作是"陈源同徐志摩两个人凑成的攻周的专号"。"周"被攻得体无完肤，还没有反驳，到了 2 月 3 日，便要"带住"了，这难道便是绅士的"公允"？这好比甲看着乙把丙揍了一顿，丙一还击，甲便挤在彼此间，打着公正的腔调说："你们不要打了。"事实上，甲是偏袒了另一方的（5）：

> 我自己也知道，在中国，我的笔要算较为尖刻的，说话有时也不留情面。但我又知道人们怎样地用了公理正义的美名，正人君子的徽号，温良敦厚的假脸，流言公论的武器，吞吐曲折的文字，行私利己，使无刀无笔的弱者不得喘息。倘使我没有这笔，也就是被欺侮到赴诉无门的一个；我觉悟了，所以要常用，尤其是用于使

麒麟皮下露出马脚。万一那些虚伪者居然觉得一点痛苦，有些省悟，知道技俩也有穷时，少装些假面目，则用了陈源教授的话来说，就是一个"教训"。只要谁露出真价值来，即使只值半文，我决不敢轻薄半句。但是，想用了串戏的方法来哄骗，那是不行的；我知道的，不和你们来敷衍。

由此可见，鲁迅不但不怕攻击，而且也不接受貌似公正的调解。他承认自己的笔是尖刻的，不但常用这尖刻的笔挡住流言公论，而且要用这尖刻的笔彻底撕下对手的假面伪装，使"麒麟皮下露出马脚"。

至于李四光说的"指导青年的人，还要彼此辱骂"的问题，鲁迅更表现了他一贯的反虚伪精神，表现了他"神圣的憎恶"（瞿秋白语）。请看他对已被揭露得捉襟见肘的绅士们的答复："中国的青年不要高帽皮袍，装腔作势的导师……倘有戴着假面，以导师自居的，就得叫他除下来，否则，便将它撕下来，互相撕下来。撕得鲜血淋漓，臭架子打得粉碎，然后可以谈后话。这时候，即使只值半文钱，却是真价值；即使丑得要使人'恶心'，却要真面目。略一揭开，便又赶忙装进缎子盒里去，虽然可以使人疑是钻石，也可以猜作粪土，纵使外面满贴着好招牌……毫不中用！"（6）

多么痛快淋漓！这里鲁迅已经超越了具体的纠纷，对虚伪的中国社会，尤其对专靠面子、架子、派头、威风来吓人、骗人，以维持其地位的上流社会的人物，实在是百难忍受的。唯有自己不虚伪才能真正彻底反虚伪。鲁迅因为对人对己的解剖都是毫不留情的，他无自顾之忧，所以才不怕"互相撕下来"。

注释

（1）《恩怨录·鲁迅和他的论敌文选》，今日中国出版社1996年11月版。

（2）（5）《鲁迅全集·华盖集续编》。

（3）《鲁迅全集·华盖集续编·不是信》。

（4）（6）《鲁迅全集·华盖集续编·我还不能"带住"》。

"假洋鬼子"：信奉孔子的基督徒
——鲁迅与林文庆

　　林文庆（1869—1957），字梦琴，福建海澄（今龙海市）人，生于新加坡。他中学时代受传统教育熏陶，国学修养颇深。18 岁时以优等成绩毕业于新加坡教会创办的"蔡敦书院"，获维多利亚女皇的特殊奖学金，前往英国爱丁堡大学医学院就读，5 年后获医科学士及外科硕士学位（一说获爱丁堡医科博士学位），并因成绩优异获维多利亚女皇蓝带十字金奖章。此后又在剑桥大学深造，再获哲学博士学位。因为英文中的"医生"和"博士"均称为"DO-CTOR"，被人们称为"三料博士"。林文庆早年与宋旺相合编《海峡华人异同》，唤醒海外侨胞团结奋励。他还将我国古代史籍、论文、学说译成英文，不断介绍给西方人士，最有名的是译述《孔子学说原论》。他的著作《东方民族的悲观生活》及《由儒家观点论世界大战》亦曾行销欧美，他还曾将《左传》、《离骚》译成英文。

鲁迅受聘于厦门大学期间，林文庆是校长兼国学院院长。川岛是这样描述他的："厦门大学的校长林文庆博士，长的样子非常像从前日本大学眼药的商标，或者不如说大学眼药的商标像他。在新加坡以行医致富，中国人而是入了英国籍的，基督徒而是信奉孔子的，包括福州话，厦门话和北京官话在内，能说十多种语言。"（1）这段话虽属外在描述，然亦不无象征意义。林文庆和早期许多留洋分子一样，有着"假洋鬼子"的二重性：一是固有的封建性，二是外来的洋性。

1926年9月4日，鲁迅应林语堂之邀，到厦门大学任教，因而与林文庆有了接触和冲突。

鲁迅之所以离京赴厦，是和许广平有约在先，彼此分别一段日子，埋头苦干两年，有了一些积蓄，好安排以后的生活。当然，鲁迅也想安安静静待上两年，在学术上做一些事情。此外，也不排除北方政治黑暗、南方正处于大革命的前夕这样的社会政治因素。总而言之，鲁迅南下了，与校方订了两年的合同。可是，仅仅待了135天，鲁迅就"走路"——到广州去了。

当年厦大，死气沉沉，这点我在本书《反抗无聊——鲁迅与马寅初》一文中已有介绍。归纳起来，厦大也有两面性：

一是它的封建性。五四运动已过去 7 个年头，这里的报刊，用的还是文言文，学生成天背古书、写古文，不能参加社会活动，不让有一点活气。一是它的带有资本主义社会色彩的铜臭气。教授学者，绕着金钱，争夺骗取，献媚争宠，斯文扫地，无聊又无耻。所以，当川岛要来厦大时，鲁迅于 1926 年 10 月 23 日写信给他："……要做事是难的，攻击排挤，正不下于北京。从北京来的人们，陈源之徒就有。你将来最好是随时预备走路，在此一日，则只要为'薪水'，念兹在兹，得一文算一文，庶几无咎也……"应该说，鲁迅初去厦大时，是怀着某种希望的，而去了一段时间，这种希望快速破灭，"念兹在兹"的是为了"薪水"了，并觉得待不下去，有了"走路"的念头。

除了厦大总体的氛围以外，与林文庆也是大有关系的。

厦门大学的二楼礼堂，每星期要举行一次周会。这里的周会像教堂里做礼拜一样。林文庆是尊孔的，所以每次在会上讲的差不多都是"大学"、"中庸"，无非是"治国平天下"、"君子独善其身"之类的大道理。林文庆还用英文写了一本《孔教大纲》，供学生学习。有一些"唯校长的喜怒是伺"的教授，也跟着做《论孔教的真义》、《孔子何以成为圣人》一类的讲演。对于如此周会，"很多学生并不感兴趣，时常躲在宿舍或阅览室里看报纸，或读自己喜爱的书"。（陈梦韶语）

不过，林文庆也为鲁迅提供了演讲的机会。1926 年 10

月14日早晨，在厦大群贤楼下的布告牌上，贴出了一张学生指导处的布告："本日上午9时，特请国学研究院教授鲁迅先生，在纪念周会上演讲，希全体教职员学生，准时出席听讲，切切此布。"据目击者俞获称，"10月14日那一次周会却和往常不同了。钟声还没有响，男女学生都争先恐后的拥进群贤楼大礼堂，期待着鲁迅先生来演讲。"9时正式开会，林文庆担任主席，他作了简朴的讲话，略谓"鲁迅先生乃新文化运动的首领，国内外闻名的文学家。到本校来已一个多月，大家老是盼着要听他伟论。今早算是副了众望，他到这里来演讲了，请大家肃静，倾耳以听"。说完，向坐在台后的鲁迅先生一揖，顿时，雷鸣似的拍掌声，响了起来。

可是，鲁迅的演讲，不仅不提尊孔读经，而是反其道而行之，希望青年学生"少读中国书"，做"好事之徒"。

据陈梦韶《鲁迅在周会上演说有关"少读中国书"部分追忆》一文介绍，鲁迅演讲的内容大致如下：

> 今天我的讲题是："少读中国书，做好事之徒。"我来本校是搞国学院研究工作的，是担任中国文学史课的，论理应劝大家埋首古籍，多读中国的书。但我在北京，就看到有人在主张读经，提倡复古。来这里后，又看见有些人老抱着《古文观止》不放。这使我想到：与其多读中国书，不如少读中国书好。

尊孔、崇儒、读经、复古，可以救中国，这种调子，近来越唱越高了。其实呢，过去凡是主张读经的人，多是别有用心的，他们要人们读经，成为孝子顺民，成为烈女节妇，而自己倒可以得意恣志，高高骑在人民头上。他们常常以读经自负，以中国古文化自夸。但是，他们可曾用《论语》感化过制造"五卅"惨案的外国兵，可曾用《易经》咒沉了"三一八"惨案前夕炮轰大沽口的侵略军的战舰？

你们青年学生，多是爱国，想救国的。但今日要救中国，并不在多读中国书，相反地，我以为暂时还是少读为好。少读中国书，不过是文章做得差些，这倒无关大事。多读中国书，则其流弊，至少有以下三点：一、中国古书越多读，越使人意志不振作；二、中国古书越多读，越想走平稳的路，不肯冒险；三、中国古书越多读，越使人思想模糊，分不清是非。正是因为这个缘故，我所以指窗下为活人之坟墓，而劝人们不必多读中国之书。

你们青年学生，多是好学的。好读书是好的，但是不要"读死书"，还要灵活运用。不要"死读书"，还要关心社会世事，不要"读书死"，还要注意身体健康。书有好的，也有坏的。有可以相信的，也有不可以相信的。古人说："尽信书，则不如无书。"那是从古史实的可靠性说的。我说的有可以相信，有不可以相信，则是从古书的思想性说的。你们暂时可以少读中国古书，如果要读的话，切不要忘记：明辨，批判，弃其糟粕，取其精华。

鲁迅的演讲，不断地被阵阵的掌声打断。这也属正常，学生们多有逆反倾向，老是听着尊孔读经的嗡嗡叫，偶尔听到与其相针对的惊世骇俗之言，当然是大有快感的。

鲁迅也不是故作惊人之言，他的思想是一贯的，我在《"青年必读书"与"搬出中国去"——鲁迅与瞎嘴》一文中，在谈到"青年必读书"问题时，就已经介绍了鲁迅的少读甚至不读中国书的观点。

鲁迅接下来的关于"做好事之徒"的言论，也刺痛了林文庆。鲁迅说："世人对于好事之徒，每致不满，以为好事二字，一若有遇事生风之意。其实不然。我以为今日之中国，却欲好事之徒之多。盖凡社会一切事物，惟其有好事之人，而后可以推陈出新，日渐发达。"鲁迅从实际出发，鼓励人们不要怕从小小的好事之徒做起。"各人的境遇不同，我不敢劝人人都做很大的好事者，只是小小的好事，则不妨尝试一下。譬如对于凡可遇见的事物，小小匡正便是。"这与鲁迅的一贯思想，也是相一致的。早在五四时期，鲁迅就曾批评过这种旧社会的坏习气：凡是改革者，须一个筋斗便告成功，才有立足的处所，否则免不了标新立异的罪名，遭到人们的冷笑。他号召青年："有一分热，发一分光，就令萤火一般，也可以在黑暗里发一点光，不必等候炬火。"（2）鲁迅深知这种冷笑对于改革者的害处，他再次提醒人们对有志于社会改革的好事者，不要冷嘲热讽，一棍子打死。他说："我们对于好事之徒，应该不可随便加以笑骂，尤其对于失败的好事之徒，更不要加以讥笑或轻蔑。"

鲁迅的演讲结束后，会场立刻爆发出经久不息的掌声。林文庆深感不满，不尴不尬，他采取曲解法，淡化鲁迅演讲的意义，避开了少读中国书的问题，接过"做好事之徒"的话头，说："陈嘉庚先生也正是好事之徒，所以才肯兴学。没有他的好事，就没有这个厦门大学，你们也就不能到这里来研究学问了。"

鲁迅以上演说的记录稿，发表在 1926 年 10 月 23 日出版的《厦大周刊》上，可是"少读中国书"部分却被林文庆腰斩，只登了"做好事之徒"部分。对此，鲁迅十分反感。他在给许广平的信中说："近来对于厦大，什么都不过问了，但他们还要常来找我演说，一演说，则与当局者的意见一定相反，真是无聊。"（3）鲁迅从此再也不到周会上演说。

此外，鲁迅在致许广平的信中也谈了所谓陈嘉庚也是好事之徒的问题："这里的校长是尊孔的。上星期日（按：应为星期四）他们请我到周会演说，我仍说我的'少读中国书'主义，并且说学生应该做'好事之徒'。他忽而大以为然，

说陈嘉庚也正是'好事之徒'，所以肯兴学，而不悟和他的尊孔冲突。这里就是如此胡里胡涂。"（4）

鲁迅与林文庆的冲突，除尊孔读经、做好事之徒的矛盾外，还有对金钱的态度问题。鲁迅1927年1月12日致翟永坤的信中说："据我所觉得的，中枢是'钱'，绕着这东西的是争夺，骗取，斗宠，献媚，叩头。没有希望的。"当年厦大，就是这样一个怪地方，在教育内容上，搞复古倒退，在行政管理和人际关系方面，却弥漫着拜金主义的浓厚氛围。

林文庆之于鲁迅之类的学者，其态度近乎主人对于母鸡，我既然养了你，你就要下蛋。鸡不下蛋，养鸡何用？鲁迅曾对许广平说：林文庆"因为化了这许多钱，汲汲要有成效，如以好草喂牛，要挤些牛乳一般。玉堂盖亦窥知此隐，故不日要开展览会，除学校自买之泥人（古冢中土偶也）而外，还要将我的石刻拓片挂出。其实这些古董，此地人哪里会要看，无非胡里胡涂，忙碌一番而已"。（5）此外，卓治《鲁迅是这样走的》一文，也记录了林文庆要母鸡下蛋的轶闻。他写道："院长（即自称孔子门徒的林文庆）以为，最好能在年假时便可以看到教授或学员的研究的成绩，鲁迅告诉他，研究国学，并不是三日两夜，便可以有所成的，半年的时间，不见得能有什么成绩吧。假若为装潢门面起见，他可以先把自己的存稿《古小说钩沉》（名字不见得真确，我的记忆是这样的薄弱。）拿去付印。院长当时很慷慨的说了，大意是：

只怕没有稿子，有时便可立即付印，请就拿给他看。鲁迅的稿子果然拿出了（可证他——鲁迅——并未吹牛），来往不到半点钟，这部稿子转了回来，以后便没有声息，稿子也就到鲁迅的箱里去休息了……"以今天商品经济大潮冲击下的眼光看，林文庆也没什么大不对，无非希望被他雇佣的人早出成就。马克思、恩格斯在《共产党宣言》中指出："资产阶级抹去了一切向来受人尊崇和令人敬畏的职业的灵光。它把医生、律师、教师、诗人和学者变成了它出钱招雇的雇佣劳动者。"鲁迅未必明确自己的被雇佣地位，所以他对林文庆的功利和势利，自然是不高兴的。鲁迅的鄙视林文庆，就像当今许多有操守之士鄙视拜金主义一样，当然也是无可非议的。

陈敦仁《忆鲁迅先生在闽南》一文，倒是记录下了鲁迅与林文庆在关于金钱问题上的一场正面冲突。他写道："国学研究所的预算经费原是十万元，也要打个对折，缩减为五万元了。鲁迅先生为了这事，在会上和校长力争。校长林文庆（生长于殖民地的医学博士）说：'关于这事，是有钱的人，才有发言权的。'鲁迅先生很气愤，也很幽默，马上从衣袋中掏出两个银角子（有人说是铜板，据参与会议的罗常培先生说是银角），拍在案子上说：'我也有钱，我有发言权。'这对于只有金钱观点，没有信义立场的当日校长，自然无异是当头一棒。"据说，当时林文庆十分狼狈，急忙收起那副俨然的神气，尴尬地赔着笑脸，慌忙结束了会议。我以为，鲁、林的这次冲突，既是正气的胜利，也是幽默的胜利。

总而言之，鲁迅对厦大，对林文庆，是失望进而厌恶的。1927 年 1 月 8 日致韦素园的信中，鲁迅就谈了自己的感觉："种种可恶，令人不耐，所以突然辞职了。""总之这是一个不死不活的学校，大部分是许多坏人，在骗取陈嘉庚之钱而分之，学课如何，全所不顾。且盛行姜妇之道，'学者'屈膝于银子面前之丑态，真是好看，然而难受。"当然，我相信当年厦大也未必"大部分是许多坏人"，包括林文庆，至多只能算是不健全的人吧。好在是私人通信，当时的厦大同人未必看得到。

林文庆对鲁迅的态度是矛盾的。为虚名计，想留他；为干净、省事计，愿意放鲁迅走。最后还是放鲁迅走了。"尽管一面将辞职信和聘书还给鲁迅先生，一面还是给他饯行，而且饯了两回……都是非去吃不可的。"(6)我们可以想象，林文庆在饯行宴席上，大约难免说了许多苦留之类的好话的，然而背地里却骂鲁迅。鲁迅说："他待我实在是很隆重，请我吃过几回饭；单是饯行，就有两回。"然而背后却"在宣传，我到厦门，原是来捣乱，并非豫备在厦门教书的，所以北京的位置都没有辞掉"。(7)这确实冤枉了鲁迅，假如林文庆知道鲁迅与许广平"苦干两年"的相约，就不会信口开河，说他是来捣乱的。

当面一套，背后又一套，这就是林文庆，虽懂得若干门外语，但毕竟是一个典型的中国人。

鲁迅原打算在厦大工作两年，结果不到半年就愤而辞职，为了逃避无聊，也为了爱情——他要到广州与许广平会合。临行前，鲁迅给林文庆写了一封辞别信（8）——

文庆先生足下：

前蒙惠书，并嘱刘楚青先生辱临挽留，闻命惭荷，如何可言。而屡叨盛馈，尤感雅意，然自知薄劣，无君子风，本分不安，速去为是。幸今者征轮在望，顷即成行。肃此告辞，临颖悚息。聘书两通并还。

周树人启。

一月十五日

这封信寥寥不足百字，但义正词严，正气磅礴，体现了鲁迅独特的精神风貌。

最后，我们还是应该客观地介绍一下林文庆其人。严笠写了《"新加坡大老"林文庆》（9）一文，认为林文庆"半生坎坷，功绩卓著，是中国现代史上一位应该表彰的人物"。

林文庆 28 岁开始研究如何将英国的橡胶树种移植于热带

土壤。他跟友人陈济轩等合作，在新加坡、马六甲、槟榔屿和怡保等 4 个地方开设了 4 个大规模的橡胶园。由于林文庆的倡导，马来亚的橡胶工业十年间跃居世界第二位，给华侨带来惊人的财富，林文庆本人也被誉为"树胶种植之父"。

对于孙中山的革命活动，林文庆给予了大力支持。1900年，他参加同盟会，使孙中山在新加坡获有从事革命活动的立足点。辛亥革命成功，林文庆一度担任孙中山的机要秘书、军医官，并被任命为临时政府的卫生部长。由于袁世凯弄权，林文庆愤而辞去本兼各职，于 1912 年冬重返新加坡。

林文庆是厦门大学的第二任校长（首任校长邓萃英就任数月即离职），主持校务 16 年又 7 个月，在荒凉的古战场上建立了一个规模宏伟的最高学府。他主持兴建大建筑 17 座，小建筑数十座，其中"生物学院"规模、设施为远东之冠。由于世界经济萧条影响，陈嘉庚每年支付的办学经费 30 万元捉襟见肘，自 1928 年至 1937 年，林文庆艰苦撑持，仆仆道途，频往南洋募捐。直至日军攻陷厦门，他才携夫人重返新加坡。

日寇占领新加坡后，强迫林文庆出任华侨协会会长，他缄口不言，借酒浇愁，不肯为敌作伥，终于保持了晚节。日本投降后，他决心退隐林下，优游岁月。1957 年元旦在新加坡逊山律寓所无病而终，享年 88 岁。

注释

（1）（6）川岛：《和鲁迅相处的日子·和鲁迅先生在厦门相处的日子里》，四川人民出版社 1979 年 9 月版。

（2）《鲁迅全集·热风·随感录四十一》。

（3）《鲁迅全集·两地书·九三》。

（4）《鲁迅全集·两地书·五六》。

（5）《鲁迅全集·两地书·五〇》。

（7）《鲁迅全集·华盖集续编·海上通信》。

（8）这是一封佚信，转引自探秘：《鲁迅君的作风》，原载 1927 年 2 月 17 日香港《华侨日报》，收入郑树森、黄继持等编《早期香港新文学资料选》第 54 页，香港天地图书有限公司 1998 年版。

（9）《鲁迅研究月刊》1992 年第 2 期。

"留粤听审"及"禹是一条虫"

——鲁迅与顾颉刚

顾颉刚（1893—1980），原名顾诵坤，字铭坚。笔名无悔、桂姜园、顾城吾等。江苏苏州人。著名历史学家、古典文学研究家、民间文学研究家。历任北京大学、厦门大学等近十所高校教授。早年收集民间歌谣，从事民俗学研究。曾参加歌谣研究会、新潮社、文学研究会，发表过多篇研究古典文学的论文。是"古史辨"学派的创建人。"层累地造成的中国古史"学说的创立者，这一学说打破了把古代视为"黄金时代"的观念，曾在史学界引起激烈争论。著有《古史辨》、《孟姜女故事研究集》、《汉代学术概论》、《中国三千年来民族发达史》等。

鲁迅与顾颉刚的冲突，主要是围绕着"古史辨"、"留粤听审"与"出亡"广州等三件事。"古史辨",颇有个人意气夹杂其中;"留粤听审",虽有是非纠纷,但最后也是不了了之;"出亡"问题,没有证据可以证明是顾颉刚造的谣言。何满子先生在《读黄裳〈鲁迅与顾颉刚〉》一文中认为,鲁迅与顾颉刚之间,"基本上属于私人恩怨,略涉及治学的路数……勒令鲁迅'留粤听审'一段公案,顾颉刚虽然做得有些失态,但此后也就寂然无声了"。(1)我以为,这一判断是正确的。

一

先说说"古史辨"问题。顾颉刚早期与鲁迅似乎有些来往。有资料说,顾颉刚 1920 年在北京大学哲学系毕业后,留校任图书编目员兼国学门助教,与鲁迅不和。为什么不和呢?语焉不详。鲁迅在 1926 年 6 月 15 日的日记中记道:"下午顾颉刚寄赠《古史辨》第一册一本。"这似乎可以说明他们之间的关系还可以。然而,鲁迅对顾颉刚的大作并无好感,认为顾颉刚"将古史'辨'成没有"。

顾颉刚在 1923 年讨论古史的文章,认为"禹是一条虫"。他在对禹作考证时,曾以《说文解字》训"禹"为"虫"作根据,提出禹是"蜥蜴之类"的"虫"的推断。(2)

"禹是一条虫",受尽了鲁迅的奚落。《伪自由书·崇实》

中,鲁迅写道:"禹是一条虫,那时的话我们且不谈罢……"《准风月谈·我们怎样教育儿童?》写道:"倘有人作一部历史,将中国历来教育儿童的方法,用书,作一个明确的记录,给人明白我们的古人以至我们,是怎样被熏陶下来的,则其功德,当不在禹(虽然他也许不过是一条虫)下。"在《故事新编·理水》中,针对顾颉刚对"鲧"字和"禹"字的解释(顾认为鲧是鱼,禹是蜥蜴),把顾颉刚称为"鸟头先生"——"鸟头"是从"顧"字而来的。据《说文解字》,顧字从页雇声,雇是鸟名,页本义是鸟头。这里,是利用小说进行人身攻击了。鸟头,让人想起了《水浒》中的"鸟人"。

不过,《理水》虽然采用的是小说形式,但却反映了鲁迅对疑古派的系统看法。鲁迅借乡下人的口说:"人里面是有叫阿禹的。况且'禹'也不是虫,这是我们乡下人简笔字,老爷们都写作'禹',是大猴子……"接着鲁迅又用许多笔墨正面描写了这个很有些墨家风度的伟大政治家的风貌。不管在他身上披过多少神话色彩,在远古曾出现过这样一位伟大人物是无疑的。不论人们叫他禹还是禹,这不要紧,反正不会是一条虫。

关于"禹是一条虫"之说,后来顾颉刚说禹蜥蜴说只是一种"假定"。又在《古史辨》(第二册)自序中说,"最使我惆怅的,是许多人只记得我的'禹为动物,出于九鼎'的话……其实这个假设,我早已自己放弃。"近年,报刊上有人重提了禹是虫的问题。金性尧为顾颉刚做过辩解。他在《为"禹是虫"进一解》一文中说："……这一推论，固然穿凿附会，大胆有余，小心不足，使人难以信服，但他还是立足于学术领域，大家尽可批评，却不必挖苦讽刺。还有一点，顾先生并没有直白地说'禹是一条虫'，这是别人归纳而成的，虽然按照顾先生的考证，会使人得到这样的话柄，但原来的学术上的严肃问题，却被当作谑画化的笑料了。"（3）但何满子认为应该和当时时代结合起来看这个问题。他认为顾颉刚是胡适"少谈论主义，多研究问题"，"进研究室"的忠实执行者。何满子说："他辨古史，主观上可信其是诚心做学问，但以他和胡适的关系，即使不是公开响应胡适的不问现实政治的主张，也是这股风气的助长者之一。"（4）

二

接着，谈一谈"留粤听审"问题。鲁迅在经历了"女师大风潮"，与陈西滢等现代评论派一场混斗后，于1926年来到厦门。因了陈西滢、徐志摩等，鲁迅对诸如胡适这样留学西洋的所谓"洋绅士"，以及顾颉刚之类热衷于在研究室内搞考据的学院派，似乎都没有了好感。

鲁迅在厦门大学时，顾颉刚也在厦门大学任国学院教授兼国文系名誉讲师，二人矛盾加深。1926年9月30日鲁迅在致许广平信中说："此地所请的教授，我和兼士之外，还有朱山根（按指顾颉刚）。这人是陈源之流，我是早知道的……他已在开始排斥我，说我是'名士派'，可笑。"（5）1927年9月，鲁迅在《答有恒先生》一文中，又提到了顾颉刚："一个教授微笑道：又发名士脾气了。"所谓"一个教授"，即顾颉刚。鲁迅在《朝花夕拾》的《小引》一文中有一句话："后五篇却在厦门大学的图书馆的楼上，已经是被学者们挤出集团之后了。"这里的"学者们"，指的就是顾颉刚等人。

这些资料表明，鲁迅对顾颉刚的反感，原因之一，是因为顾颉刚"是陈源之流"，事实上，顾颉刚与胡适等现代评论派的人们，有着精神上的契合之处，他是属于"学者们"的"集团"的。

鲁迅到广州不久，顾颉刚亦应聘为中山大学文科史学系主任，鲁迅因而移居白云楼。中大遂改派顾颉刚去杭州、上海等地搜购古书碑帖。鲁迅与顾颉刚公开的冲突，是关于顾颉刚的"反对民党"与顾颉刚要求鲁迅"暂勿离粤，以俟开审"一事。

事情的过程是这样的：

1927年5月11日汉口《中央日报》副刊第48号发表编者孙伏园的《鲁迅先生脱离广东中大》一文，其中引用当时中山大学学生谢玉生和鲁迅给编者的两封信。谢玉生信中说："迅师本月二十号，已将中大所任各职，完全辞卸矣。中大校务委员会及学生方面，现在正积极挽留，但迅师去志已坚，实无挽留之可能了。迅师此次辞职之原因，就是因顾颉刚忽然本月十八日由厦来中大担任教授的原故。顾来迅师所以要去职者，即是表示与顾不合作的意思。原顾去岁在厦大造作谣言，诬蔑迅师；迄厦门风潮发生之后，顾又背叛林语堂先生，甘为林文庆之谋臣，伙同张星烺、张颐、黄开宗等主张开除学生，至今流离失所，这是迅师极伤心的事。"鲁迅信中说："我真想不到，在厦门那么反对民党，使兼士愤愤的顾颉刚，竟到这里做教授了，那么，这里的情形，难免要变成厦大，硬直者逐，改革者开除。而且据我看来，或者会比不上厦大，这是我所得的感觉。我已于上星期四辞去一切职务，脱离中大了。"

顾颉刚在日记中说："厦大学生来，告曰'鲁迅'在汉口民国日报上说我反对国民党，此真奇谈。"（6）又说："如我在武汉（武汉中山大学亦曾聘我），凭此一纸副刊，已足制我死命……血口喷人，至此而极。览此大愤。"（顾氏日记，1973年7月11日补记。时间已过去了50年，再睹旧事，依然愤愤不平）当年，顾颉刚给鲁迅写了一封信：

鲁迅先生：

　　颉刚不知以何事开罪于先生，使先生对于颉刚竟作如此强烈之攻击，未即承教，良用耿耿。前日见汉口《中央日报副刊》上，先生及谢玉生先生通信，始悉先生等所以反对颉刚者，盖欲伸党国大义，而颉刚所作之罪恶直为天地所不容，无任惶骇。诚恐此中是非，非笔墨口舌所可明了，拟于九月中回粤后提起诉讼，听候法律解决。如颉刚确有反革命之事实，虽受死刑，亦所甘心，否则先生等自当负发言之责任。务请先生及谢先生暂勿离粤，以俟开审，不胜感盼。

敬请大安，谢先生处并候。

中华民国十六年七月廿四日

顾颉刚的信，先是"由中山大学转奉"，但又"恐先生未能接到，特探得尊寓所在，另钞一分奉览"。可见，顾颉刚确实是很当回事的。

顾颉刚的信，鲁迅是1927年7月31日收到的。至于"另钞一分"，则是经鲁迅8月5日向朱家骅函索，8日转到。两份都要，鲁迅也颇认真对待。收到顾颉刚信的当天，鲁迅就回信了。鲁迅的信不仅有理，而且有趣。鲁迅和顾颉刚，一个愤然，一个优哉，一个严肃，一个幽默，煞是热闹。

颉刚先生：

来函谨悉，甚至于吓得绝倒矣。先生在杭盖已闻仆于八月中须离广州之讯，于是顿生妙计，命以难题。如命，则仆尚须提空囊赁屋买米，作穷打算，恭候偏何来迟，提起诉讼。不如命，则先生可指我为畏罪而逃也；而况加以照例之一传十，十传百乎哉？但我意早决，八月中仍当行，九月已在沪。江浙俱属党国所治，法律当与粤不异，且先生尚未启行，无须特别函挽听审，良不如请即就近在浙起诉，尔时仆必到杭，以负应负之责。倘其典书卖裤，居此生活费綦昂之广州，以俟月余后或将提起之诉讼，天下那易有如此十足笨伯哉！《中央日报副刊》未见；谢君处恕不代达，此种小傀儡，可不做则不做而已，无他秘计也。此复，顺请

著安！

鲁迅

鲁迅这封信，在收进 1930 年版的《三闲集》之前，并未在报刊上发表过。鲁迅在写这封信的当天，给章廷谦写了一封信，信中说："鼻在杭盖已探得我八月中当离粤，今日得其来信，阅之不禁失笑，即作一复，给他小开玩笑。"因为是"开玩笑"，所以信不公开发表？也许是吧。

顾颉刚不能忍受"反对民党"的罪名，愤然道："如颉刚确有反革命之事实，虽受死刑，亦所甘心，否则先生等自

当负发言之责任。"并要鲁迅"暂勿离粤，以俟开审"。而鲁迅却回信说：先生在杭得知我要离广州，生此妙计，让我在生活费昂贵的广州，"提空囊赁屋买米"，俟月余后你来诉讼，天下岂有这么笨的人？若不如命，又可指责我"畏罪而逃"，这是给我出难题，顾先生大可不必玩这种小把戏。

顾颉刚是考据专家，生性认真。鲁迅却也自知有点言重，想用调侃的方式化解。不过，在1927年8月8日致章廷谦的信中，鲁迅的态度却更加生硬，他对顾颉刚近乎蔑视了。鲁迅说："鼻（即顾颉刚）信已由前函奉告，是要我在粤恭候，何尝由我定。我想该鼻未尝发癫，乃是放刁，如泼妇装作上吊之类；倘有些癫，则必是中大的事有些不顺手也……大约即使得罪于鼻，尚当不至于成为弥天重犯，所以我也不豫备对付他，静静地看其发疯，较为有趣。他用这样的方法吓我是枉然的；他不知道我当做《阿Q正传》到阿Q被捉时，做不下去了，曾想装作酒醉去打巡警，得一点牢监里的经验。"鲁迅认为顾颉刚是"发疯"，想必"得罪于鼻"，也不"至于成为弥天大罪"，所以决计不予理睬，"静静地看其发疯"。

不过，打官司的事，在顾颉刚方面，却被劝阻了。1927年8月12日的顾颉刚日记道："见傅斯年，被'劝予不必与鲁迅涉讼，因其已失败也'。后王伯祥等亦劝止此事。"鲁迅何以"已失败"呢？我想，傅斯年无非是想以宽心话让顾颉刚感到精神上的胜利，息事宁人，不了了之。

事虽息了，彼此的怨恨却仍然留在心中。顾颉刚方面，我以上所引 1973 年 7 月 11 日的日记补注，便是证明。鲁迅也没有改变自己的看法。1927 年 6 月 30 日，鲁迅在致台静农的信中说："京中传说，顾颉刚在广大也辞职，是为保持北大的地位的手段。顾颉刚们的言行如果能使我相信，我对于中国的前途还要觉得光明些。"两年后，1929 年 7 月，鲁迅在另一封信中提到："我在北京孔德学校，鼻忽推门而入，前却者屡，终于退出，似已无吃官司之意。"二位都很倔，盛气相向。倘若他们能勉强打一个招呼，或者幽他一默，情况又将怎样呢？这让我想起了钱玄同。钱玄同说："你现在又用三个字的名片了？"鲁迅答："我从来不用四个字的名片。"平平常常一句话，本来可以坐下来谈一谈了，却又闹翻了，有点儿像小孩，可恼，却也有几分可爱。

1934 年 7 月 6 日鲁迅致郑振铎信中再次提到了顾颉刚：

> 三根（即顾颉刚）是必显神通的，但至今始显，已算缓慢。此公遍身谋略，凡与接触者，定必麻烦，倘与周旋，本亦不足惧，然别人那有如许闲工夫。嘴亦本来不吃，其呐呐者，即因虽谈话时，亦在运用阴谋之故。在厦大时，即逢迎校长以驱除异己，异己既尽，而此公亦为校长所鄙，遂至广州，我连忙逃走，不知其何以又不安于粤也。现在所发之狗性，盖与在厦大时相同。最

好是不与相涉，否则钩心斗角之事，层出不穷，真使人不胜其扰。其实，他是有破坏而无建设的，只要看他的《古史辨》，已将古史"辨"成没有，自己也不再有路可走，只好又用老手段了。

当时顾颉刚又发什么"狗性"，"盖与在厦大时相同"呢？我不得而知。距厦门、广州时期，已过7年，鲁迅对顾颉刚愤恨尚不能平，顾颉刚口吃，说话时呈呐呐状，在鲁迅看来是"亦在运用阴谋之故"。考据出"禹是一条虫"的大学者顾颉刚又怎么成了阴谋家呢？我也不得而知。

三

说罢"留粤听审"，要补充一段鲁迅"出亡"广州的问题。

鲁迅为什么要离开广州呢？一是因为顾颉刚，一是因为当时广州的局势。顾颉刚是公开宣称他只佩服胡适和陈源两人的。在厦门大学的时候，鲁迅就对他很反感，不愿意与他共事。许寿裳回忆说："有一天，傅孟真（其时为文学院长）来谈，说及顾某可来任教，鲁迅听了勃然大怒，说道：'他来，我就走。'态度异常坚决。"（7）1927年4月28日顾颉刚致胡适信中也说及这事："孟真见招，因拟到粤。鲁迅在粤任中大教务主任，宣言谓顾某若来，周某即去……孟真告鲁迅后，鲁迅立时辞职。"（8）鲁迅在 1927 年 4 月 20 日致李霁野的信、1927 年 5 月 30 日致章廷谦的信中，也认为自己"与鼻不两立"，"鼻来我走"，"辞去一切职务，离开中大"。鲁迅之讨厌顾颉刚，已经到了"不共戴天"的地步。

事有凑巧，当时广州发生"四一五"政变，中山大学已有许多学生被捕了。据许广平回忆，鲁迅在一次校务会议上"主张营救学生"，"那时朱家骅吐出嗜杀者的凶焰，说中大是'党校'，在'党校'的教职员应当服从'党'，不能有二志。这几句话把在场的人弄得哑口无言。鲁迅在这场合，看着不能扭转局势，即表示辞职，以表明抗议这种横蛮无理态度"。（9）

那么，鲁迅究竟是因为来了顾颉刚还是为了"四一五"而离开广州呢？我以为，两个因素都有，还要加上一条，他已经和许广平约定，要到上海去安家了。

只是，因为营救学生不成而辞职，这一条理由鲁迅本身是不能承认的，倘若承认了，不说是反对当局，也难免为自己招来麻烦。而一些谣言的制造们，则认定鲁迅是由于"政治"而"出亡"的。1927 年 5 月 30 日致章廷谦的信中，鲁迅说："有人疑我之滚，和政治有关……然而顾傅为攻击我起见，当有说我关于政治而走之宣传，闻香港《工商报》，即曾说我因'亲共'而逃避云云，兄所闻之流言，或亦此类也欤。然而'管他妈的'可也。""顾傅"即指顾颉刚、傅斯年。另外，在 1927 年 6 月 12 日致章廷谦的信中，鲁迅再次谈及"出亡"的事："'出亡'的流言，我想是故意造的……或者倒是鼻一流人物。"前一封信，鲁迅的语气较肯定一些，后一封信鲁迅用了"或者"，语气似乎不那么肯定了，也许是"鼻"吧。然而，究竟是不是顾颉刚造的谣言呢？至少我还没有看到可以支持这一见解的切实的证据。

总之，鲁迅不承认因为"政治"原因而"出亡"，这里包含有斗争策略的考虑；而在"四一五"政变发生后，说鲁迅因"亲共"而"出亡"，那是一种借刀杀人的陷害，用心是极其歹毒的。

抗战中朱家骅曾发起向蒋介石献九鼎，歌功颂德。后被蒋介石痛骂一顿，鼎也抬回去销毁了。在九只鼎上刻了篆文填金的颂词，过去不知道是谁作的。现在从《顾颉刚年谱》中所引 1943 年 1 月 28 日日记有"作《九鼎铭文》"一语，可知是出于顾颉刚的手笔。

新中国成立后，顾颉刚的日子并不好过。《光明日报》1958 年 12 月就刊登过他的长篇检讨文章《从抗拒改造到接受改造》。他仍然是认真的。他用这种一丝不苟的精神继续研究整理《尚书》，主持标点《二十四史》和《资治通鉴》。

注释

(1)《文汇读书周报》1993 年 7 月 10 日。

(2)《古史辨》第一册，第 63 页。

(3)《文汇读书周报》1993 年 9 月 11 日。

(4)《文汇读书周报》1993 年 10 月 2 日。

(5)《鲁迅全集·两地书·四十八》。

(6)《顾颉刚年谱》录 1927 年 6 月 28 日日记。

(7)《亡友鲁迅印象记·广州同往》。

(8)《胡适来往书信选》上册，中华书局 1979 年版。

(9)《回忆鲁迅在广州的时候》,《许广平文集》第 2 卷，江苏文艺出版社 1998 年 1 月版。

反抗无聊

——鲁迅与马寅初

马寅初（1882—1982），浙江嵊县人，著名的经济学家、人口学家和教育家。早年留学美国，获经济学博士学位。1915年回国。先后在北京大学等多所高等院校任教。马寅初和梅兰芳一样，与鲁迅隔行，既无私交也无私怨。

我以为，要搞清楚鲁迅的"骂"马寅初，有必要介绍一下鲁迅在厦门大学的一些经历和感受，离开了这一特定的背景，鲁迅的"骂"就成了不好理解的孤立现象了。

鲁迅是一个伟人，但伟大的是心灵，他外在的一切都是平凡的。他的生活方式以及言谈举止，都没有超出当时中国人的想象力。当年《厦声日报》的记者是这样描述鲁迅的："没有一点架子，也没有一点派头，也没有一点客气，衣服也随便，铺盖也随便，说话也不装腔作势……"在我看来，这是符合鲁迅的为人风格的。鲁迅先生有着伟大的灵魂，有着对劳苦大众深厚的爱心，正是由于此，先生有着一颗平常心。

这样一个鲁迅，来到了如他形容的"硬将一排洋房，摆在荒岛的海边"的厦门大学。当时学校的教员中，很多是留学外国的博士、学者。他们不是西装革履，便是长袍马褂，态度轩昂，衣冠楚楚，鲁迅与他们是格格不入的。鲁迅在致许广平的信中说："我以北京为污浊，乃至厦门，现在想来，可谓妄想，大沟不干净，小沟就干净么？"（1）

当时的厦大曾发生了一件"可笑可叹的事"。学生指导长林玉霖在一次恳亲会上，大发"学校像一个大家庭"的妙论。他肉麻地说："'恳亲'二字，是恳切亲密的意思。我们的老校长好比家长父亲，教员好比年长的大哥，同学好比年幼的弟妹，整个学校，就像一个大家庭……"他越讲越得意，竟然恬不知耻地说："首先是，我们大家要感谢林校长，给我们点心吃。其次是，我们教员吃得多好，住得多么舒服，薪水又这么多，应该大发良心，拼命做事，不要忘了父亲般的林校长的恩……"我想，如此无聊低级的"高论"，鲁迅听了，一定如芒刺在背。这时，哲学系一个教授站起来慷慨陈词，予以批驳。可是，居然还有人起来辩护："在西洋，父亲和朋友大体上不两样，倘说谁和谁是父子，也就是谁是谁的朋友。"话音刚落，立刻引起一阵哄笑。这是一场无聊

的会，鲁迅只好退场。后来，他讽刺说："这人是西洋留学生，你看他到西洋一番，竟学得了这样的大识见。"（2）

川岛在《和鲁迅先生在厦门相处的日子里》（3）一文中说：

鲁迅先生收在《故事新编》里，于1935年11月写的一篇《理水》中说：文化山上，聚集着许多学者，只听得上下在讲话：

"古貌林！好杜有图！古鲁几哩……OK！"

那也就是当时厦大的面影之一。平常叫人，太太则必"马丹"，先生是"海尔讷"。即使是一个口吃不会说话的人，见了人时，至少也得拉着手说一个"古貌林……貌林"。乍听实在别扭，这种空气，就是厦门的海风，一时也吹不散的。

从以上资料看，厦大的空气让人窒息，让人作呕。厦大的某些学者教授们，他们西装里裹着的至少是无聊的灵魂。作为思想家的鲁迅和作为平常人的鲁迅，当然是不屑和"假洋鬼子"之类的人为伍的，鲁迅说："我是不与此辈共事的。"（4）

就是在这样的背景下，1926年10月中旬，马寅初作为当时的中国银行总长来到了厦大，学校当局兴高采烈，忙得不亦乐乎。所谓"北大同人"，又是列队欢迎，又是大摆宴席。

鲁迅蔑视这种绕着名人要人和钞票打转的风气。他在给许广平的信中说："所谓'北大同人'，正在发昏章第十一，排班欢迎。我固然是'北大同人'之一，也非不知银行之可以发财，然而于'铜子换毛钱，毛钱换大洋'学说，实在没有什么趣味。所以都不加入，一切由它去罢。"（5）有的人不明底细，还要拉鲁迅去陪马寅初照相。鲁迅说："道不同不相为谋。"拒绝了。校长林文庆更不知趣，他宴请马寅初时，又来邀鲁迅作陪。鲁迅在通知单上签了一个"知"字。林文庆非常高兴，他以为鲁迅这下给他面子了。可是，鲁迅还是没去。鲁迅后来解释说，我那个"知"字，是"不去可知矣"。

鲁迅在《拟豫言》（6）中是这么讽刺马寅初的："有博士讲'经济学精义'只用两句，云：'铜板换角子，角子换大洋。'全世界敬服。"与致许广平信的内容大致相同。

所谓"铜子换毛钱"之类，可能是指马寅初曾在演说中谈到的主币、辅币的换算问题。这无关紧要。林文庆之流为什么对马寅初这么殷勤，表现得这么无聊呢？当时，据说"学校资金缺乏，决定裁减国学院的经济预算"，似乎无米下锅之际，来了个雪中送炭之人。对此，我是这样推测的：林文庆大约想在马寅初这位财神爷身上捞一点油水，请他出点赞助费之类的吧！

马寅初来了，"北大同人"为什么就要列队欢迎呢？如此，非"北大同人"又该作何感想呢？鲁迅也是"北大同人"，当初先生到厦门时，也未必有人"列队欢迎"吧！倘若马寅初不是银行总长，而是一个普通的"北大同人"，这些洋博士们又当如何呢？列队之类的煞有介事，终于还是无聊。

鲁迅拒绝与马寅初接触，一方面是拒绝加入林文庆之流无聊者辈；一方面则是因为马寅初当时是中国财经界的名流，并且由此参政，似乎是一个"红人"，而鲁迅向来不趋炎附势，且对闻达者有着一种几乎是超越理性的排斥。所以，他对马寅初不仅冷漠，而且热讽。

因此，我要说，鲁迅不参加"列队欢迎"的儿戏，是为了逃避无聊；鲁迅的"骂"马寅初，与其说是"骂"，不如说是反抗无聊。

其实，马寅初与鲁迅的性格有某些相同之处，他们都耿直不阿，有硬骨头精神。新中国成立前，马寅初到处发表文章、讲演，激烈抨击国民党专制统治；新中国成立后，他提出著名的"新人口论"，屡遭厄运，蒙不白之冤而死。鲁迅、马寅初今生无缘，若是有缘，在我看来，他们也许会成为好朋友的。

注释

(1)《鲁迅全集·两地书·六〇》。

（2）《鲁迅全集·两地书·七五》。

（3）《和鲁迅相处的日子》，四川人民出版社 1979 年 9 月版。

（4）《鲁迅全集·两地书·四六》。

（5）《鲁迅全集·两地书·五八》。

（6）《鲁迅全集·而已集》。

京海之争、骂人与任性

——鲁迅与沈从文

沈从文（1902—1988），原名沈岳焕，笔名休芸芸、炯之、懋琳等。湖南凤凰人。著名小说家、散文家、文物研究家。沈从文的小说题材广泛，笔墨清淡，大多描写青年男女的爱情故事，情节曲折，心理刻画细致，具有强烈的地方色彩。所作散文，也大多描绘湘西风土人情，文字素淡清丽，表现出一种淳朴而宁静的意境。有《沈从文集》、《沈从文别集》等多种文集行世。

一

1934 年初的文坛，发生过一场"京派"和"海派"的论争。

论争是由沈从文和苏汶的文章引起的。

1933年10月18日天津《大公报·文艺副刊》第8期发表沈从文《文学者的态度》（1）一文，批评一些文人对文学创作缺乏"认真严肃"的态度，说这类人"在上海寄生于书店，报馆，官办的杂志，在北京则寄生于大学，中学，以及种种教育机关中"，"或在北京教书，或在上海赋闲，教书的大约每月皆有三百元至五百元的固定收入，赋闲的则每礼拜必有三五次谈话会之类列席"。苏汶在1933年12月上海《现代》月刊第4卷第2期发表《文人在上海》（2）一文，为上海文人进行辩解，对"不问一切情由而用'海派文人'这名词把所有居留在上海的文人一笔抹杀"表示不满，文中还提到："仿佛记得鲁迅先生说过，连个人的极偶然而且往往不由自主的姓名和籍贯，都似乎也可以构成罪状而被人所讥笑，嘲讽。"

此后，沈从文又发表《论"海派"》（3）等文，继续争论。沈从文是十分不满"海派"的，他给"海派"下了一个定义："'名士才情'与'商业竞卖'相结合。"他的《论"海派"》，可以说是讨伐"海派"的檄文。他畅论海派文人的丑行说："'投机取巧'、'见风转舵'……这就是所谓海派。邀集若干新文人，冒充风雅，名士相聚一堂，吟诗论文，或远谈希腊罗马，或近谈文士女人，行为与扶乩猜诗谜者相差一间，从官方拿到了点钱，则吃吃喝喝，办什么文艺会，招纳子弟，哄骗读者，思想浅薄可笑，伎俩下流难言，也就是所谓海派。

感情主义的左倾，勇如狮子，一看情形不对时，即刻自首投降，且指认栽害友人，邀功牟利，也就是所谓海派。因渴慕出名，在作品以外去利用种种方法招摇，或与小刊物互通声气，自作有利于己的消息，或每书一出，各处请人批评，或偷掠他人作品，作为自己文章，或借用小报，去制造旁人谣言传述撮取不实不信消息，凡此种种，也就是所谓海派。"文章最后说："妨害新文学健康处，使文学本身软弱无力，使社会上一般人对于文学失去它必须的认识，且常歪曲文学的意义，又使若干正拟从事于文学的青年，不知务实努力……便皆为这种海派的风气作祟。"他希望"北方文学者"和"南北真正对于文学有所信仰的友人"，起来"扫除"这种"恶风气"。可以看出，沈从文的所谓"海派"，更多地着眼于文学态度、文人习气，是从文化品位方面而言的。

沈从文揭露的"海派""恶风气"种种，未始不是上海某些文人的劣迹。鲁迅身处海上文坛，感受应该比他要更丰富、更切实。沈从文为了"客观"，同时指出，海派作家与海派风气，不仅存在于上海，也存在于"北方"，上海的文人也并非全是海派，他还明确把苏汶、茅盾、叶绍钧、鲁迅等同样居留在上海的作家排除在外。但是，从总体上看，他是扬"京"而抑"海"，过多地笼统指摘"海派"，同时又一再赞扬北方文学者"诚朴"，说他们"名人皆知自重自爱，产生一种诚朴治学的风气"。这就未免失之偏祖。

对于沈从文的文章，曹聚仁、徐懋庸等，或商榷，或批评，提出了许多不同的见解。鲁迅曾在北京生活了 14 年之久，至发表《"京派"与"海派"》时的 1934 年，他在上海也已生活了近 7 年。从 1928 年起，鲁迅开始批评新文学中的"海派"习气，如《文艺与革命》、《书籍与财色》、《张资平氏的"小说学"》、《帮忙文学与帮闲文学》、《登龙术拾遗》、《帮闲法发隐》等。《上海文艺之一瞥》更是用大量篇幅论述了上海文艺由"鸳鸯蝴蝶派"向新海派的演变（"才子＋呆子"→"才子＋流氓"），对创造社作家，特别是叶灵凤等，多有讽刺、否定，称他们为善于投机、"突变"的"流氓"。这种见风使舵的"流氓"，在沈从文等人看来就是典型的"海派"。可以说，鲁迅对"京派"和"海派"既有感性体验，也有理性审视，比一般人有着更切实、更深刻的认识。1934 年 2 月 3 日，鲁迅在《申报·自由谈》发表了《"京派"与"海派"》（4）一文。鲁迅首先肯定了居住在北京和上海的文人，一般说来是有不同特点的，"居处的文陋，却也影响于作家的神情"。但是，鲁迅没有像沈从文那样厚此薄彼，一边倒。他形象地分析了"京派"和"海派"的特征：

> 北京是明清的帝都，上海乃各国之租界，帝都多官，租界多商，所以文人之在京者近官，没海者近商，近官者在使官得名，近商者在使商获利，而自己也赖以糊口。

要而言之，不过"京派"是官的帮闲，"海派"则是商的帮忙而已。

　　在这带有一般性的特征外，鲁迅还坚持具体问题具体分析的原则，充分肯定了作为五四运动策源地的北京的历史光荣。他说："而北京学界，前此固亦有其光荣，这就是五四运动的策动。现在虽然还有历史上的光辉，但当时的战士，却'功成，名遂，身退'者有之，'身稳'者有之，'身升'者更有之，好好的一场恶斗，几乎令人有'若要官，杀人放火受招安'之感。"鲁迅借唐代崔颢的诗"昔人已乘黄鹤去，此地空余黄鹤楼"，感叹北平文坛今不如昔。鲁迅认为，"但北平究竟还有古物，且有古书，且有古都的人民。在北平的学者文人们，又大抵有着讲师或教授的本业，论理，研究或创作的环境，实在是比'海派'来得优越的……"那么，有好的环境，是不是有相应的成就呢？鲁迅"希望着能够看见学术上，或文艺上的大著作"。

　　为什么"京派"会看不起、奚落"海派"呢？鲁迅认为："但从官得食者其情状隐，对外尚能傲然，从商得食者其情状显，到处难于掩饰，于是忘其所以者，遂据以有清浊之分。而官之鄙商，固亦中国旧习，就更使'海派'在'京派'的眼中跌落了。"靠官场经济吃饭的，瞧不起靠商场经济吃饭的，既分析了论争的实质，又撕下了"京派"自命清高的假面。

"海派"把艺术当作谋私利的商品或其他工具，这是文化的沦落；"京派"把艺术完全看成艺术问题，脱离时代和社会，脱离人民大众，同样也是难成大器的，最终也不免要沦落。鲁迅对"京派"和"海派"均有批判，指出双方并不光彩的特性，颇有各打五十大板的意味。此外，我们还可以这样理解，鲁迅对"京派"、"海派"问题的议论，是一种文化意义上的宽泛批评，即把二者作为"两种文化类型"。

　　一年多以后，鲁迅根据文坛情况的某些变化，又写了《"京派"和"海派"》（5）一文。鲁迅指出，1934年的京海之争，到了1935年，已经演成了京海合流的局面。为什么京海两派会合流呢？鲁迅说："因为帮闲帮忙，近来都有些'不景气'，所以只好两界合办……重新开张，算是新公司，想借此来新一下主顾们的耳目罢。"揭示了帮忙帮闲们为了自身的利益，也会合作，官商一家，变换花样，进行挣扎。然而，读者厌弃了，他们的好景，也不长的。

二

　　沈从文曾以"炯之"的笔名在1935年8月18日的天津《大公报》上发表《谈谈上海的刊物》（6）一文，他抨击了某些刊物的"骂人"现象：

说到这种争斗，使我们记起《太白》，《文学》，《论语》，《人间世》几年来的争斗成绩。这成绩就是凡骂人的与被骂的一古脑儿变成丑角，等于木偶戏的互相揪打或以头互碰，除了读者养成一种"看热闹"的情趣以外，别无所有。把读者养成喜欢看"戏"不喜欢看"书"的习气，"文坛消息"的多少，成为刊物销路多少的主要原因。争斗的延长，无结果的延长，实在可说是中国读者的大不幸。我们是不是还有什么方法可以使这种"私骂"占篇幅少一些？一个时代的代表作，结起帐来若只是这些精巧的对骂，这文坛，未免太可怜了。

　　这里，沈从文否认了对骂双方有是非之分，一律成了"丑角"；认为文坛争斗是"私骂"，并为这样的文坛"可怜"。就像有的人没有区别战争有正义战争和非正义战争一样，沈从文没有看到文坛对骂有正确与错误之分。

　　不久，鲁迅写了《七论"文人相轻"——两伤》（7）一文，予以驳斥。鲁迅认为，文坛相骂有"是非曲直"之分，读者也并不"混沌"，是有其"自己的判断的"。相骂双方，也未必都成为"丑角"——"所以昔者古典主义和罗曼主义者相骂，甚而至于相打，他们并不都成为丑角：左拉遭了剧烈的文字和图画的嘲骂，终于不成为丑角；连生前身败名裂的王尔德，现在也不算丑角。"鲁迅还说："春天的论客以'文人相轻'混淆黑白，秋天的论客以'凡骂人的与被骂的一古脑儿变成丑角'抹杀是非。冷冰冰阴森森的平安的古冢中，怎么会有生人气？"至于"私骂"，鲁迅则认为："在'私'之中，有的较近于'公'，在'骂'之中，有的较合于'理'的，居然来加评论的人，就该放弃了'看热闹的情趣'，加以分析，明白的说出你究以为那一面较'是'，那一面较'非'来。"关于文坛的可怜，鲁迅认为"这不只是文坛可怜，也是时代可怜……凡有可怜的作品，正是代表了可怜的时代"。

也许，有人要说，沈从文的文章，未必是针对鲁迅的。针对谁，这不是最重要的。因为文章中没有点到鲁迅，所以我们也确实不好说就是针对鲁迅。然而，有一点是明确的，沈从文表现了这样一种态度：他讨厌，至少是不喜欢文坛的争论，而不论争论的是非曲直。

沈从文在《鲁迅的战斗》（8）一文中，则明确表示了对鲁迅的战斗的不满，他说鲁迅"对统治者的不妥协态度，对绅士的泼辣态度，以及对社会的冷而无情的讥嘲态度，处处莫不显示这个人的大胆无畏精神。虽然这大无畏精神，若能详细加以解剖，那发动正似乎也仍然只是中国人的'任性'；而属于'名士'一流的任性，病的颓废的任性，可尊敬处并不比可嘲弄处为多"。这里，沈从文又是笼而统之地把鲁迅的战斗贬为"任性"，而且是病的颓废的任性。这足以证明，他对"骂人"的不满，自然也包括了对鲁迅的不满。从本书所介绍、所论述的鲁迅"骂人"的具体情况看，我的结论是显而易见的，显然，沈从文的见解是错误的。

三

鲁迅与沈从文的关系中，有一场关于丁玲的误会。1925年4月30日，鲁迅收到丁玲来函，诉说一个现代女性谋生之不易，请求鲁迅替她设法找一个吃饭的地方，哪怕是当报馆或书店的印刷工都可以。鲁迅原以为是沈从文用化名跟他开玩笑，故未作复。

7月20日，鲁迅在致钱玄同的信中提到此事，他说："且夫'孥孥阿文'（按：指沈从文。他在诗作《乡间的夏》中有'耶口乐耶口乐——孥孥唉'这样的句子），确尚无偷文如欧阳公之恶德，而文章亦较为能做做者也。然而敝座之所以恶之者，因其用一女人之名，以细如蚊虫之字，写信给我，被我察出为阿文手笔，则又有一人扮作该女之弟来访，以证明实有其奻（按，此为鲁迅戏造的字，强调其为女性——引者）。然则亦大有数人'狼狈而为其奸'之概矣。总之此辈之于著作，大抵意在胡乱闹闹，无诚实之意……"鲁迅"恶之"，盖因误以为沈从文用了"丁玲"这个名字，来作弄鲁迅。

其实，这回鲁迅过于多疑，实是误会了。此信真是丁玲所写！半个月后，荆有鳞介绍了丁玲的情况，解除了鲁迅的误会。鲁迅听说丁玲已回到湖南老家，很抱歉地说："她赶着回湖南老家，那一定是在北京活不下去了。青年人大半是不愿回老家的。她竟回老家，可见是抱着痛苦回去的。她那封信，我没有回她，倒觉得不舒服。"1933 年 5 月 14 日，丁玲在上海被捕，6 月间盛传她在南京遇害，鲁迅有《悼丁君》一诗留世："如磐夜气压重楼，剪柳春风导九秋。瑶瑟凝尘清怨绝，可怜无女耀高丘。"

鲁迅对沈从文没有好感由来已久。1925 年 7 月 12 日，在致钱玄同的信中，他就说："这一期《国语周刊》上的沈从文，就是休芸芸，他现在用了各种名字，玩各种玩意儿。"虽然用了各种名字并不是什么过错，鲁迅用的笔名不比沈从文少，但语气中可见鲁迅对沈从文是不屑和不满的。

1930 年 3 月鲁迅在《"硬译"与"文学的阶级性"》一文中，在谈到他的译作，"本不在博读者的'爽快'"时，说读了会"落个爽快"的东西，"自有新月社的人们的译著在：徐志摩先生的诗，沈从文，凌叔华先生的小说……"这里，鲁迅是把沈从文和新月社捆到一起了。是否可以这样说，因了对新月社的反感，也多少对是新月社一员的沈从文有了某种程度的看法？

尽管如此，沈从文对鲁迅还是十分敬重的。他认为，鲁迅有三个方面特别值得记忆和敬视：一、于古文学的爬梳整理工作，不作章句之儒，能把握大处。二、于否定现实社会工作，一支笔锋利如刀，用在杂文方面，能直中民族中虚伪、自大、空疏、堕落、依赖、因循种种弱点的要害。强烈憎恶中复一贯有深刻悲悯浸润流注。三、于乡土文学的发轫，作为领导者，使新作家群的笔从教条观念拘束中脱出，贴近土地，挹取滋养，新文学的发展进入一新的领域，而描写土地人民成为近二十年文学主张（9）。

注释

（1）（2）（3）（6）《恩怨录·鲁迅和他的论敌文选》选载，今日中国出版社 1996 年 11 月版。

（4）《鲁迅全集·花边文学》。

（5）（7）《鲁迅全集·且介亭杂文二集》。

（8）沈从文：《沫沫集》，上海书店 1987 年影印本。

（9）《沈从文谈鲁迅》，《鲁迅研究月刊》1993 年第 3 期。

摘句、静穆及顾及全篇与全人
——鲁迅与朱光潜

朱光潜（1897—1986），笔名孟实、孟石。安徽桐城人。北京大学教授。文艺理论家、美学家、翻译家。1918—1922年在香港大学文学院学习教育学、文学和英语，毕业后在上海中国公学中学部、浙江上虞春晖中学、上海立达学园等校教英语，并参与创办开明书店和创办《一般》（后改名《中学生》）杂志。1925年赴欧洲留学，曾在英国爱丁堡大学、伦敦大学学习英国文学、心理学、哲学和艺术史，在法国巴黎大学、斯特拉斯堡大学学习法国文学，并以论文《悲剧心理学》获文学博士学位。1933年回国，任北京大学西语系教授，讲授西方文学史和文艺心理学等。曾任《文学杂志》主编。新中国成立后历任北京大学教授，全国政协第六届常务委员，中国作协顾问，中国社会科学院学部委员，全国美学会会长、名誉会长，外国文学学会委员、顾问等职。长期从事美学研究和文学研究。1936 年出版的《文艺心理学》是我国现代第一部较系统的美学专著，提出了"美是形象的直觉"说，认为自然中无美，美是主观直觉和移情的产物，而形象的直觉所创造的美就是艺术；认为美感是人排除意志、欲念以后对物的形象的孤立绝缘的观照，须与对象保持距离，才能达到物我两忘。这些观点在 20 世纪 50 年代曾引起美学界的广泛讨论。后提出"美是主客观统一"的观点，认为美是意识形态性的。1963—1964 年出版的《西方美学史》是我国第一部较全面系统地阐述西方美学思想发展史的著作。著作有《悲剧心理学》、《变态心理学》、《朱光潜美学文集》等。

朱光潜推崇过鲁迅，1926 年 11 月他在上海开明书店出版的《一般》月刊第 1 卷第 3 号上，以"明石"为笔名发表《雨天的书》一文，其中说："想做好白话文，读若干上品的文言文或且十分必要。现在白话文作者当推胡适之、吴稚晖、周作人、鲁迅诸先生，而这几位先生的白话文都有得力于古文的处所（他们自己也许不承认）。"果然不出所料，鲁迅是"不承认"的。他在《写在〈坟〉后面》（1）一文中说："新近看见一种上海出版的期刊，也说起要做好白话须读好古文，而举例为证的人名中，其一却是我。这实在使我打了一个寒噤。别人我不论，若是自己，则曾经看过许多旧书，是的确的，为了教书，至今也还在看。因此耳濡目染，影响到所做的白话上，常不免流露出它的字句，体格来。但自己却正苦于背了这些古老的鬼魂，摆脱不开，时常感到一种使人气闷的沉重。就是思想上，也何尝不中些庄周韩非的毒，时而很随便，时而很峻急。孔孟的书我读得最早，最熟，然而倒似乎和我不相干。大半也因为懒惰罢，往往自己宽解，以为一切事物，在转变中，是总有多少中间物的。"朱光潜是从作好文章的角度来谈读古书的，所以推崇鲁迅他们；鲁迅谈的是古书对他思想上的消极影响。这是两码事。有人在评论朱光潜与鲁迅的这一小小"过节"时说，鲁迅太过矫情，如果鲁迅不是像朱光潜说的那样因为读了古书，所以文章写得好，怎么会有《汉文学史纲要》和《中国小说史略》这样的著作遗世？这是把两个问题搅在一起了。鲁迅这段话不仅没有什么"矫情"，而是非常中肯。我们知道，鲁迅痛恨传统文化的"吃人"，并把自己灵魂深处的"毒气"与"鬼气"归结于传统文化潜移默化的影响。

鲁迅的"骂"朱光潜，客观上只局限对摘句以及对某些诗句的看法与理解，见仁见智，本来是没有什么大不了的事的。

1935 年 12 月《中学生》杂志第 60 号发表了朱光潜《说"曲终人不见，江上数峰青"》的文章，朱推这两句为诗美的极致：

我爱这两句诗，多少是因为它对于我启示了一种哲学的意蕴。"曲终人不见"所表现的是消逝，"江上数峰青"所表现的是永恒。可爱的乐声和奏乐者虽然消逝了，而青山却巍然如旧，永远可以让我们把心情寄托在它上面。人到底是怕凄凉的，要求伴侣的。曲终了，人去了，我们一霎时以前所游目骋怀的世界猛然间好像从脚底倒塌去了。这是人生最难堪的一件事，但是一转眼间我们看到江上青峰，好像又找到另一个可亲的伴侣，另一个可托足的世界，而且它永远是在那里的。"山穷水尽疑无路，柳暗花明又一村"，此种风味似之。不仅如此，人和曲果真消逝了么？这一曲缠绵悱恻的音乐没有惊动山灵？它没有传出江上青峰的妩媚和严肃？它没有深深地印在这妩媚和严肃里面？反正青山和湘灵的瑟声已发生这么一回的因缘，青山永在，瑟声和鼓瑟的人也就永在了。

　　对此，鲁迅首先谈了"摘句"问题，他在《"题未定"草（七）》（2）一文中说：

　　……最能引读者入于迷途的，是"摘句"。它往往是衣裳上撕下来的一块绣花，经摘取者一吹嘘或附会，说是怎样超然物外，与尘浊无干，读者没有见过全体，便也被他弄得迷离惝恍……看见了朱光潜先生的《说"曲终人不见，江上数峰青"》的文章，推这两句为诗美的极致，我觉得也未免有以割裂为美的小疵。

鲁迅是反对"摘句"的，认为"摘句"只见树木，不见森林。这一点，与鲁迅对"选本"的态度是一致的，鲁迅认为"选本所显示的，往往并非作者的特色，倒是选者的眼光"。（3）不过，道理是一样的，选本有毛病，但选本源远流长；摘句有毛病，但还是要摘下去。名句、名言鉴赏之类的书不断在出，就是证明。况且，文学史上就有这么一类诗人作品，即"有句无篇"。有的诗，从整首看，似乎不怎么样，但有一两句名句，这一两句名句有的甚至成了千古绝唱。即使是很好的一首诗，从中特别抽出一两句欣赏，也不是不可以的。比如，我们抽出鲁迅的"横眉冷对千夫指，俯首甘为孺子牛"，也可以作一篇洋洋洒洒的文章的。总之，摘句虽有如鲁迅所说的"割裂为美"的"小疵"，然摘句仍然是无可非议的。关于"摘句"问题，朱光潜也没有认同鲁迅的观点。1941年，金绍先拜访朱光潜时，朱光潜曾谈及鲁迅对他的批评。朱光潜说："一首好的诗，不可能也不应该句句都好，它应该是一首有起伏有回旋有高潮的乐曲。戏剧、绘画也无不如此。"他又说："古诗往往以名句的形式流传于众口，这并不等于割裂了诗的全篇，恰恰是在全篇的烘托下，才产生出名句，恰如一座金字塔，在尖顶之下是巨大底座，它是浑然一体的，但我们终不因它是浑然一体就不去区别其尖顶和底座，无论如何，金字塔的尖顶总会吸引大多数人的更多注意的。"（4）是的，"野火烧不尽，春风吹又生"、"青山遮不住，毕竟东流去"等等的"摘句"，事实上是比它们的原诗"吸引大多数人的更多注意的"。

接下来，鲁迅在谈了有的人爱读《江赋》和《海赋》，有的人欣赏《小园》和《枯树》后说："……对于人生，既惮扰攘，又怕离去，懒于求生，又不乐死，实有太板，寂绝又太空，疲倦得要休息，而休息又太凄凉，所以又必须有一种抚慰。于是'曲终人不见'之外，如'只在此山中，云深不知处'或'笙歌归院落，灯火下楼台'之类，就往往为人所称道。"（5）我以为，这未免与朱光潜的文章相去太远。这里，鲁迅采用了他一贯的"战法"，稍带一枪，生发开去。倘若我们撇开朱光潜，单就以上这段话看，应该说是鲁迅对某种人生的深刻洞察，出语不俗，骇人听闻。所以朱光潜在与金绍先谈话时也说："鲁迅文章中的一些措词用语表明，他本人并没有把他的意见仅仅局限于文学批评的范围。"

批评了"摘句"，鲁迅接着批评了朱光潜的"静穆"说。鲁迅也引了一大段朱光潜的原话：

　　　　　艺术的最高境界都不在热烈。就诗人之所以为人而论，他所感到的欢喜和愁苦也许比常人所感到的更加热烈。就诗人之所以为诗人而论，热烈的欢喜或热烈的愁苦经过诗表现出来以后，都好比黄酒经过长久年代的储藏，失去它的辣性，只剩一味醇朴。我在别的文章里曾经说过这一段话："懂得这个道理，我们可以明白古希腊人何以把和平静穆看作诗的极境，把诗神亚波罗摆在蔚蓝的山巅，俯瞰众生扰攘，而眉宇间却常如作甜蜜梦，不露一丝被扰动的神色？"这里所谓"静穆"自然只是一种最高理想，不是在一般诗里所能找得到的。古希腊——尤其是古希腊的造形艺术——常使我们觉到这种"静穆"的风味。"静穆"是一种豁然大悟，得到归依的心情。它好比低眉默想的观音大士，超一切忧喜，同时你也可说它泯化一切忧喜。这种境界在中国诗里不多见。屈原阮籍李白杜甫都不免有些像金刚怒目，愤愤不平的样子。陶潜浑身是"静穆"，所以他伟大。

在朱光潜眼里，艺术的最高境界不在热烈，而在静穆，静穆才伟大。怎样才叫静穆呢？据说是一种豁然大悟，得到皈依的心情。超越一切忧喜，泯化一切忧喜。如此看来，最为静穆之处是佛地，最为静穆之人是僧人，最伟大的艺术当产生于佛门弟子了。吴承恩写了《西游记》——只可惜，作者虽然礼佛，孙行者却不静穆，也称不上伟大，遗憾！

艺术的境界是多种多样的。王国维的《人间词话》在论及诗词的"境界"时写道:"境界有大小,不以是而分优劣。'细雨鱼儿出,微风燕子斜',何遽不若'落日照大旗,马鸣风萧萧'……"论"细雨鱼儿出",不能以"落日照大旗"的境界为标准,反之,也成立。同样的,热烈与静穆也同此理。萝卜白菜,各有所爱。朱光潜推崇静穆尽管推崇好了,但却不宜说"艺术的最高境界都不在热烈",并列举了热烈的屈原、李白等等。以我看来,静穆的境界有高低之别,热烈的境界也有高低之别,而不应该认为静穆是高境界,热烈是低境界。以热烈而言,有郭沫若奔放的高境界,亦有贺敬之虚妄的低境界。倘若从我的偏爱出发,诗的艺术源于激情,源于热烈,没有激情,没有忧喜,没有爱憎,安有诗?安有境界?

所以,对于"最高境界"之类,鲁迅说:"凡论文艺,虚悬了一个'极境',是要陷入'绝境'的。"(6)

鲁迅还批驳了朱光潜关于古希腊人"静穆"的看法:

……以现存的希腊诗歌而论,荷马的史诗,是雄大而活泼的,沙孚(按:通译萨福)的恋歌,是明白而热烈的,都不静穆。我想,立"静穆"为诗的极境,而此境不见于诗,也许和立蛋形为人体的最高形式,而此形终不见于人一样。至于亚波罗之在山巅,那可因为他是"神"的缘故,无论古今,凡神像,总是放在较高之处的。

这像，我曾见过照相，睁着眼睛，神清气爽，并不像"常如作甜蜜梦"。不过看见实物，是否"使我们觉到这种'静穆'的风味"，在我可就很难断定了，但是，倘使真的觉得，我以为也许有些因为他"古"的缘故。

接着，鲁迅谈了他对"论文"的看法："我总以为倘要论文，最好是顾及全篇，并且顾及作者的全人，以及他所处的社会状态，这才较为确凿。要不然，是很容易近乎说梦的。"鲁迅认为，"自己放出眼光看过较多的作品，就知道历来的伟大的作者，是没有一个'浑身是"静穆"'的。陶潜正因为并非'浑身是"静穆"，所以他伟大'，现在之所以往往被尊为'静穆'，是因为他被选文家和摘句家所缩小，凌迟了。"

据金绍先言，"朱先生有一点是作了自我批评的"，那就是陶潜"浑身都是'静穆'"的说法。朱光潜说："陶渊明《读山海经》、《咏荆轲》等诗，的确也有'金刚怒目'之态，我说他浑身都是'静穆'是不准确的，但鲁迅说陶潜之伟大正在于他的'金刚怒目'，我想这恐怕又是出于一种特殊的利害判断了。'采菊东篱下，悠然见南山'固然是摘句，但这两句的精神却贯穿于陶潜的大多数诗，而'刑天舞干戚，猛志固常在'却只能是陶诗罕见的一种变奏。我说他'浑身是静穆'，是指陶诗主流而言，我并没有想到招致鲁迅先生的批评，所以没有很讲究用语的分寸。但是我认为文学艺术是一种审美创造活动，它的创造者应当以一种超越一切忧喜的纯粹审美的态度来观照社会人生，而不应直接卷入社会人生中的纷繁矛盾冲突之中。"

这里，朱光潜也摆出了绅士态度，作了一番自我批评，然而，他毕竟是个美学家，爱惜羽毛，说到后头，又把"浑身是静穆"的自我批评给否认了，只不过用了更圆滑更周全的语言罢了，认为"主流"是"静穆"。所谓"浑身"，就已经包括了头上的头发和脚上的指甲了，又怎么有主流和次流之分呢？由此，我又看到了文人是怎样死要面子的。

鲁迅文中，并没有说陶潜之伟大正在于他的"金刚怒目"，鲁迅只是说，陶潜正因为并非"浑身是'静穆'"，所以他伟大。这句话的含义应该是陶潜既有静穆的，也有非静穆的，所以他伟大。朱光潜故意曲解，我不知道是否"出于一种特殊的利害判断"了。

鲁迅文中，是就文说文，并没有谈到朱光潜文章之外的"社会人生之中的纷繁矛盾冲突"，朱光潜倒是主动引导读者去思考文章之外的"矛盾冲突"，他是有弦外之音的，似乎鲁迅的批评是有不可告人的背景。朱光潜也承认，这是他"以往所受的一次最尖锐的公开批评"。然而，他还是忍住了，"鲁迅先生的为人为文我很了解，为避免陷入一场真正的笔战，因此我决定沉默"。鲁迅的"为人为文"怎么样呢？他不说，他在表现了自己的绅士风度的同时，似乎在暗示读者，他不愿意与"荒原上的一条狼"去恶斗。他不骂人，却以自我表现的形式、以阴冷的方式诋毁了鲁迅的人格。

朱光潜的沉默是无力的，沉默在这里绝不是金。无理，却又无力正视无理，要去表现公允，表现超脱，中国的读书人就是这样虚弱！

以上文字作于 1995 年前后，从当时可见的史料看，朱光潜对鲁迅的批评如他所说，是持"沉默"态度的。这回修订此书，我又重新研究了若干资料。高恒文先生发表在《鲁迅研究月刊》1996 年第 11 期上的文章《鲁迅对朱光潜"静穆"说批评的意义及反响》一文，认为朱光潜对鲁迅的批评是有反应的，只不过反应得比较含蓄。

我把高恒文的相关见解归纳如下，供读者参考：

朱光潜于 1937 年 4 月 4 日发表在《大公报》上的《中国思想的危机》和 1937 年 5 月发表在他主编的《文学杂志》创刊号上的发刊词《我对本刊的希望》两篇文章，曾引起左翼作家的批评，茅盾、张天翼、唐弢等人均在《中流》杂志上发表署名文章。其中唐弢《美学家的两面——文苑闲话之六》认为，和苏雪林在鲁迅去世后撰文咒骂鲁迅一样，朱光潜也开始骂鲁迅，并且引证《中国思想的危机》的话："不盲从任何派或所谓的'领袖'"，"现在中国有许多人没有经过马克思的辛苦研究，把他的学说张冠李戴地放在自己身上，说那就是他们自己的'思想'，把它加以刻板公式化，制为口号标准，以号召青年群众"。唐弢显然是把他所引用的朱光潜文章中的这段话，看成是影射鲁迅。其实，朱光潜上述两篇文章与其说是针对鲁迅，倒不如说是针对左翼文学运动。茅盾的批评文章《新文学前途有危机么》正是这样理解的，文章批评朱光潜对左翼文学观的具体内容缺少了解。唐弢对《中国思想的危机》一文的理解，也许是由于朱文中"领袖"、"领导"之类的敏感字眼吧，因为1936年鲁迅去世后，左翼文学界对鲁迅的纪念和哀悼文章中，常常称鲁迅为青年的"导师"，中国思想界、文学界的精神"领袖"。

鲁迅的批评文章发表以后，朱光潜并未发表直接反驳的文章，但这并不能说朱光潜默认和接受了鲁迅的批评。《诗论》是朱光潜自己最满意也是他最重要的理论著作，初版于1943年。本书是朱光潜美学思想的集中体现，其中第二章《诗与谐隐》和第三章《诗的境界——情趣与意象》，充分发挥了"静穆"说的理论，并对陶潜的诗给予最高的评价。1948年3月，《诗论》出版增订本，增收了三篇文章，其中之一就是《陶渊明》。这篇文章正如鲁迅在批评他时所说的那样，"顾及全篇，并且顾及作者的全人，以及他所处的社会状态"，从三个方面展开论述陶潜的人生经历和文学创作，三节的标题如下：

一、他的身世、交游、阅读和思想

二、他的情感生活

三、他的人格与风格

朱光潜一方面肯定陶诗中有"寄怀荆轲、张良等'遗烈'，所谓'刑天舞干戚'，虽无补于事，而'猛志固常在'"的一面，另一方面则更强调"渊明在情感生活上经过极端的苦闷，达到极端的和谐肃穆"，"他的为人和他的诗一样，都很醇朴，却都不很简单，是一个大交响曲而不是一管一弦的清妙的声响"。我们不难看出，这和《说"曲终人不见，江上数峰青"》的观点是完全一致的。朱光潜虽然通篇未提鲁迅的批评，仿佛是一篇纯粹的学术论文，但我们不难体会，他似乎正是通过重申他对陶潜的理解来回答鲁迅的批评的。值得注意的是，朱光潜在谈到陶诗寄怀古代"遗烈"而"猛志固常在"时，说了这样一句话：

渊明的心迹不过如此，我们不必妄为捕风捉影之谈。

意思显然是告诫我们不必过于看重陶潜《述酒》、《拟古》、《咏荆轲》等诗，夸大它们在陶诗中的意义。这也许是针对鲁迅文章中"忘记了陶潜的《述酒》和《读山海经》等诗，捏成他单是一个飘飘然"的一段话而说的。从文章的论文体例和引文来看，这一句话颇有意气使然的语调，与全文不合，显得十分突兀，让人怀疑若有所指。

《诗论》初版共 10 章，"用西方诗论解释中国古典诗歌，用中国诗论来印证西方诗论"，自成体系，完全是关于"诗"的论述。增订本所加头两篇文章，题为《中国诗何以走上"律"的路》（按：分为上下两篇），是承初版本第八章、九章、十章《中国诗的节奏与声韵的分析》而来，内容和体例都与原书浑然一体。但是，把《陶渊明》这一章作为增订本的第十三章，就内容而言，这一章是关于"诗人"的论述，有违原书关于"诗"的论述的初旨，与全书的体例不合。虽然朱光潜解释说，这是"对于个别作家作批评研究的一个尝试"，似乎理由并不充分。朱光潜之所以写这一篇文章，动机至少包含回答鲁迅对他的批评，虽然不能说是唯一的原因。

注释

（1）《鲁迅全集·坟》。

（2）《鲁迅全集·且介亭杂文二集》。

（3）《鲁迅全集·且介亭杂文二集·"题未定"草（六）》。

（4）《朱光潜谈鲁迅对他的批评》，《鲁迅研究动态》1993 年第 8 期。

（5）（6）《鲁迅全集·且介亭杂文二集·"题未定"草（七）》。

"惭惶煞人"的"《学衡》派"

——关于吴宓

吴宓1921年同梅光迪、胡先骕等人创办《学衡》杂志，提倡复古主义，是反对新文化运动的代表人物之一。1922年1月，吴宓主编的《学衡》在南京创刊，上面有代表该刊的宣言式的梅光迪《评提倡新文化者》一文，文中指提倡新文化者为"浮薄妄庸者。得以附会诡随。窥时俯仰。遂其功利名誉之野心"，甚至说："故语彼等以学问之标准与良知。犹语商贾以道德。娼妓以贞操也。"

2月9日，鲁迅在《晨报副刊》上发表了《估〈学衡〉》一文（后收入《热风》）。鲁迅在这篇文章中，举出《学衡》创刊号上的6篇文章的不通。这6篇文章的作者分别是梅光迪、马承堃、邵祖平、胡先骕等。例如，不顾"乌托邦"乃"Utopia"

一字的译音，居然拆开来说什么"造乌托之邦，作无病之呻"。鲁迅嘲笑道："查'英吉之利'的摩耳，并未做 Pia of Uto，虽曰之乎者也，欲罢不能，但别寻古典，也非难事，又何必当中加檀呢。于古未闻'睹史之陀'，在今不云'宁古之塔'，奇句如此，真可谓'有病之呻'了。"又如，说什么"三皇寥阔而无极，五帝搢绅先生难言之"，三皇是人，人如何能"寥阔"？这是不通。《史记》原说的是"百家言黄帝者，其言不雅驯，搢绅先生难言之"，并没有说五帝之事，搢绅先生难言之，《史记》翻开来明明就是《五帝本纪》。今乃谓"五帝搢绅先生难言之"，这是连《史记》那一句也没有读懂。又如，有这样的诗句："楚王无道杀伍奢，覆巢之下无完家。"古典原是"覆巢之下无完卵"，今乃为了押韵，改为"覆巢之下无完家"，这是作诗最忌的"挂脚韵"，"家"字放在这里完全不通。鲁迅随手举出这样七八个例子，得出结论道："总之，诸公掊击新文化而张皇旧学问，倘不自相矛盾，倒也不失其为一种主张。可惜的是于旧学并无门径，并主张也还不配。倘使字句未通的人也算是国粹的知己，则国粹更要惭惶煞人！'衡'·了一顿，仅仅'衡'出自己的铢两来，于新文化无伤，于国粹也差得远。"

11月3日，鲁迅又在《晨报副刊》上发表《"一是之学说"》一文，批评《中华新报》上吴宓的《新文化运动之反应》，指出吴宓立论之党同伐异，自相矛盾：他反对白话文，反对新式标点，故意称之为"英文标点"，可是他引为同调的反新文化的书报中也有用白话文和新式标点的，他又曲为解释说那是"通妥白话及新式标点"，虽白话而"通妥"，也不称为"英文标点"了。鲁迅这篇，也收入《热风》。

鲁迅指出《学衡》有硬伤的文章，没有一篇是吴宓之作，对其中有的文章，作为主编的吴宓本来也是有意见的。因此，吴宓完全接受鲁迅的批评。他在《吴宓自编年谱》中写道："鲁迅先生于 1922 年 2 月 9 日作《估〈学衡〉》一文，甚短，专就第一期立论，谓：第一期《学衡》'文苑'门，所登录之古文、诗、词，皆邵祖平一人所作，实甚陋劣，不足为全中国文士、诗人以及学子之模范者也！"吴宓在这段文字后又"按"："鲁迅先生此言，实甚公允。《学衡》第一期'文苑'门专登邵祖平（时年十九）之古文、诗、词，斯乃胡先骕之过。而彼邵祖平乃以此记恨鲁迅先生，至有 1951 年冬，在重庆诋毁鲁迅先生之事，祸累几及于宓，亦可谓不智之甚者矣。"倪墨炎说："吴宓写年谱时，身边似无《鲁迅全集》。他前面所述引鲁迅《估〈学衡〉》的意见，和鲁迅原意也颇有点出入，可见他是凭印象写的。"

此外，鲁迅在《二心集·上海文艺之一瞥》一文中还提到他："一方面是留学过美国的绅士派，他们以为文艺是专给老爷太太们看的，所以主角除老爷太太之外，只配有文人、学士、艺术家、教授、小姐等等，要会说 Yes，No，这才是绅士的庄严，那时吴宓先生就曾发表过文章，说是真不懂为什么有些人竟喜欢描写下流社会。"鲁迅说的吴宓的文章是哪一篇呢？一时查找不到。

夸大可笑的广告

——关于邵飘萍

邵飘萍原名振青，1918 年 10 月 5 日在北京创办《京报》。1925 年 4 月 20 日《京报》刊登广告说："思想界的一个重要消息：如何改造青年的思想？请自本星期五起快读鲁迅先生主撰的《□□》周刊，详情明日宣布。本社特白。"鲁迅对许广平说："这一件事，本来还不过一种计划，不料有一个学生对邵飘萍一说，他就登出广告来，并且写得那么夸大可笑。"（《两地书·一五》）第二天，鲁迅代拟了"一个别的广告，硬令登载，又不许改动，不料他却又加上了几句无聊的案语"。鲁迅写的广告即收入《集外集拾遗补编》的《〈莽原〉出版预告》，鲁迅的广告主要把"鲁迅先生主撰"改为"鲁迅先生编辑"。另外，鲁迅广告中说"其内容大概是思想及文艺之类，文字则或撰述，或翻译，或稗贩，或窃取，来日之事，无从预知"，因而有了邵飘萍的"无聊的案语"——"上广告中有一二语带滑稽，因系原样，本报记者不便僭易，读者勿以辞害志可也。"

邵飘萍1926年"三一八惨案"后因支持群众的反军阀斗争，4月26日在北京被奉系军阀张宗昌枪杀，鲁迅在《而已集》的《大衍发微》一文中提到他和李大钊被杀的事。

"可恶之研究"及其他
——关于蔡元培

　　鲁迅与蔡元培的交往，从 1912 年接受许寿裳的推荐，邀请鲁迅到教育部任职起，至 1936 年鲁迅逝世，长达 24 年。两人是同乡，鲁迅称蔡元培"是我的前辈"。蔡元培是鲁迅在教育部的顶头上司，给过鲁迅不少照顾。1927 年鲁迅离开广州到上海定居以后，蔡元培为顾及他的生活和发挥他的专长，特聘请他与吴稚晖、李石曾、马叙伦、江绍原五人为大学院撰述员，专门从事各自所长的学术活动。鲁迅早已想辑录考订出版他所潜心的《古小说钩沉》等书，此项职务月薪 300 元，对生活确不无裨补，因此欣然接受。20 世纪 30 年代蔡元培和鲁迅在民权保障同盟中共过事。尽管如此，两人的交情也不能说很深，无论志趣性格都大相径庭。鲁迅对蔡元培的可批评之处，仍是不留情面地批评。

1926 年 2 月，身为国民党中央监察委员的蔡元培从欧洲返回上海。一到上海他即对国闻社记者发表谈话，"对政制赞可联省自治。对学生界现象极不满。谓现实问题，固应解决，尤须有人埋头研究，以规将来。"我们知道，当时鲁迅是同情、支持反对北洋军阀政府的学生运动的。为此，鲁迅在《无花的蔷薇》中，对蔡元培作了委婉的批评："蔡子民一到上海，《晨报》就据国闻社电报郑重地发表他的谈话，而且加以按语，以为'当为历年潜心研究与冷眼观察之结果'，大足诏示国人，且为知识阶级所注意也。"鲁迅说，"我很疑心那是胡适之先生的谈话，国闻社的电码有些错误了。"胡适是要求青年学子走进研究室，"少谈一些主义，多研究一些问题"的。

1927 年蔡元培参与了蒋介石发动的"清党"，并先后担任了代理司法部长、监察院长等职。当时鲁迅已在广州辞去了中山大学的教职，他的朋友章廷谦和郑介石向蔡元培推荐鲁迅，去蔡元培参与筹备的浙江大学研究院工作，鲁迅谢绝了他们的好意，并在 6 月 12 日致章廷谦的信中表明了他对蔡元培的不满："我很感激你和介石向子公去争，以致此公将必请我们入研究院。然而我有何物可研究呢？古史乎，鼻已'辩'了；文学乎，胡适之已'革命'了，所余者，只有'可恶'而已。可恶之研究，必为子公所大不乐闻者也。"蒋介石"清党"时，不少人仅因被认为"可恶"而被定罪，为此鲁迅还专门写过一篇题为《可恶罪》的杂文。鲁迅在这里所说的"必为子公所大不乐闻"的"可恶之研究",其实也是对"清党"的一种揭露。现在人们(特别是北大)为尊者讳(况且还是老校长),都不怎么提蔡元培参与"清党"的事情,其实也不是蔡元培一人,章太炎、吴稚晖这些国民党元老都参与过,只是蔡元培的身份太特殊了,问题就更敏感。1927年12月9日鲁迅致川岛信,说:"太史之类,不过傀儡,其实是不在话下的。""太史"也就是做过翰林的蔡元培,"不在话下",即鲁迅理解他将"在中国无可为",终是新朝廷的一个"傀儡"。蔡元培对中国现代教育的贡献自不待言。他私德很好,在国共两面都口碑甚佳,总给人以恂恂儒者的形象。

蔡元培对于鲁迅的思想和作品都有着敬佩之情。1931年五六月间,蔡元培发表了《二十五年来中国之美育》与《三十五年来中国之新文化》两篇专题文章。蔡元培在这两篇文章里都谈到了新文学运动和鲁迅,讲述的内容大同小异。

蔡元培在《二十五年来中国之美育》的《新文学概况》一节里指出:

> 此时期中,以创作自命者颇多;奉其最著的鲁迅(周树人)的《呐喊》《彷徨》等集,以抨击旧社会劣点为目的,文笔的尖刻,足以副之,故最受欢迎。

蔡元培的这段话，对于鲁迅作品的评价，确是知交者言，道明了鲁迅创作的初衷就是"抨击旧社会的劣点"，这与鲁迅所说的自己操笔"是'为人生'而且要改良这人生"的目的正相符合。

　　鲁迅逝世后，蔡元培亲自送殡，并为鲁迅写了"著述最谨严非徒中国小说史，遗言太沉痛莫作空头文学家"的挽联。《鲁迅全集》的出版，蔡元培多方奔走，出力甚多，并对鲁迅的创作和学问推崇备至，这些评价出于这样一位德高望重的长者之口，更让人感到其分量之重，情感之真，至今看来仍令人感动不已。

替陈西滢受骂

——关于高一涵

高一涵曾参加《新青年》的编辑工作，与鲁迅是同一阵线中的战友。1923年，他曾在北京编辑过胡适创办的《努力》周刊，以后又是《现代评论》的主要撰稿人。在"女师大风潮"和反对章士钊的斗争中，他基本上站在陈西滢一边。高一涵参加"教育界公理维持会"，鲁迅在《"公理"的把戏》中，也顺便带出了他的名字。

高一涵曾以"涵庐"的笔名在《现代评论》的"闲话"上发表过这样的言论：

近几年来，最烩炙（按应为"脍炙"之误）人口的，绝不是讨论问题和阐发学理的一类文字，只是揭开黑幕和攻人阴私的一类文字。越是板着学者的面孔，讨论学术问题的文字，看的人越少；越是带着三分流氓气，嘻笑怒骂的揭黑幕攻阴私的文字，看的人越多……社会上既欢迎嘻笑怒骂的文字，而著作家又利用社会的弱点，投其所好，又怎能不造成报界风气, 叫人家认为《小晶报》为大雅之声明呢？

第二十四分的希望一般文人收起彼此互骂的法宝，做我们应该做的和值得做的事业。万一骂溜了嘴，不能收束，正可以同那实在可骂而又实在不敢骂的人们，斗斗法宝，就是到天桥走走，似乎也还值得些！否则既不敢到天桥去，又不肯骂人，所以专将法宝在无枪阶级头上乱祭，那末，骂人诚然骂人，却是高傲也难乎其为高傲罢。

对于高一涵的这些话，鲁迅都有过反击，只不过有的是张冠李戴，把账算到了陈西滢的头上。我们先看鲁迅有关的言论：

忽然记起一件事来了，还是夏天罢，《现代评论》上仿佛曾有正人君子之流说过：因为骂人的小报流行，正经的文章没有人看，也不能印了。我很佩服这些学者

们的大才。（《华盖集续编·厦门通信（二）》）

陈源教授痛斥"语丝派"的时候，说我们不敢直骂军阀，而偏和握笔的名人为难……（《三闲集·我和〈语丝〉的始终》）

君子之徒曰：你何以不骂杀人不眨眼的军阀呢？斯亦卑怯也已！但我是不想上这些诱杀手段的当的……我就要专指斥那些自称"无枪阶级"而其实是拿着软刀子的妖魔。即如上面所引的君子之徒的话，也就是一把软刀子。（《坟·题记》）

王锦泉查考了陈西滢的文章，"却没有这样的言论，说是指陈西滢，显然根据不足"。总之，这里鲁迅是批驳高一涵的，并非陈西滢。陈西滢是代高一涵受骂。不过，他们都是"现代评论派"，是一路的人，这不能算错。就像《两地书》中把"研究系"改为"现代评论派"一样。鲁迅把高一涵改为陈西滢，反映了鲁迅不轻易点名和树敌的一贯态度，鲁迅是注重斗争策略的。

无聊与无耻

——关于戴季陶

戴季陶是国民党政客。早年曾在上海经营交易所，自称是孙中山的"真实信徒"。1925 年孙中山逝世后，他就著书立说，从事反对马克思主义、反对共产党的煽惑工作。1926年秋，广东大学改名中山大学，实行委员会领导制，戴由蒋介石指定为中山大学委员会委员长。他到任后，一面扶植反对势力，为国民党右派张目，一面又伪装拥护孙中山制定的联俄、联共、扶助农工的政策。同年 10 月 17 日，他在中大五人委员会就职典礼上，曾带领学生向共产国际派来当国民党政府顾问的鲍罗廷鞠躬致敬，"拜得他（按指鲍罗廷）莫名其妙"。（《伪自由书·不通两种》）戴季陶还侈谈"中国共产党好像机关车，国民党好像货车……没有机关车断不容易把中国的革命，载到世界革命队伍里去"。就在这个时期，中共广东区委提出聘请鲁迅到中山大学任教的要求，戴慑于国共合作的统一战线和中大校内左派势力的强大，被迫答应，向鲁迅发出聘书。在"四一五"反革命大屠杀中，他指使反动军队搜捕进步学生，以后又亲自出马进行诱降，反革命狰狞面目毕露。

戴季陶曾捐资修建吴兴孔庙，鼓吹"仁爱"和"忠恕"；又曾宣扬"忠孝仁爱信义和平"的所谓"八德"，由国民党当局强令机关团体制匾悬挂于礼堂；1933 年初又在南京东郊汤山修建别墅，命名为"孝园"，自称"孝思不匮"；他在担任国民党政府考试院院长时，于考试院内设置佛堂，在书斋内设置佛经佛像，持斋茹素；1934 年 4 月他又去陕西扫祭文武周公墓，并以"救国救民"、"培国本而厚国力"为名，发出严禁"研究国学科学诸家发掘古墓"的通电。对于戴季陶的种种表演，鲁迅深恶痛绝。1934 年 4 月 24 日，他在致杨霁云的信中说："至于如戴季陶者，还多得很，他的忽儿教忠，忽而讲孝，忽而拜忏，忽而上坟，说是因为忏悔旧事，或借此逃避良心的责备，我以为还是忠厚之谈，他未必责备自己，其毫无特操者，不过用无聊与无耻，以应付环境的变化而已。"在《且介亭杂文》里的《难行和不信》一文中，鲁迅认为戴季陶"既尊孔子，又拜活佛者，也就是恰如将他的钱试买各种股票，分存许多银行一样，其实是那一面都不相信的"。

此外，鲁迅在《而已集·小杂感》、《南腔北调集·九一八》等文中，对戴季陶多次加以抨击。

"天乳运动"及其他
——关于朱家骅

朱家骅曾任北京大学教授，与鲁迅相识。1926 年秋，中山大学改校长制为委员会制，他是五委员之一，掌握实权，主持校务，并兼地质系主任。鲁迅到广州后，他频频往访，颇为殷勤。他曾在中大欢迎鲁迅的大会上讲话，侈谈"革命"；鲁迅针对他的讲话，指出广东政治形势是"红中夹白"，使人担心。朱家骅在中大秉承戴季陶旨意，极力扶植右派势力，压制左派力量。"四一五"大屠杀发生的当天，鲁迅为营救被捕学生，在紧急会议上，和朱家骅进行了面对面的斗争，质问他被捕学生何罪，要求立即释放。朱竟说"清党"是国民党的决策，中大是"党校"，应该服从，不能有贰志，反动面目毕露。鲁迅向中大提出辞职后，他又假惺惺地亲到白云楼，后又派人来"挽留"，鲁迅三次退回聘书，态度坚决。5 月，朱家骅任广东省民政厅厅长。6 月，任中山大学副校长。7 月曾上书"省政府"，建议禁止妇女束胸，违者罚款。省政府委员会随即开会通过，明令施行。当时称为"天乳运动"。鲁迅曾作《忧"天乳"》一文（《而已集》），痛加抨击，指出国民党新军阀和北洋军阀一样，在他们指挥刀下所玩弄的各种花样，"招牌旗帜，尽管不同"，都只能给人民群众不断带来新的灾祸。

因"亲共"而逃避

——关于傅斯年

1919 年，傅斯年以北京大学学生身份编辑《新潮》月刊时，由于刊物办得较有新意，鲁迅也曾竭诚赞美。

1927 年以后，鲁迅对傅斯年的态度有了很大改变。那年春季，鲁迅与傅斯年均应聘到广州中山大学任教，傅任哲学系主任兼文科主任，鲁迅任教务主任兼文科的文学系主任。正如何思源先生在《回忆鲁迅》一文中所说："这样，在行政上让鲁迅领导傅斯年，在教学上又让傅斯年领导鲁迅。究竟信任哪一个？依靠哪一个？这就必然造成相互牵制、互相矛盾的局面。"事实是，当年中山大学仰慕鲁迅的声誉，只想利用鲁迅来装饰门面，以吸引好学的学生。但是，当局颇担心鲁迅的思想倾向，所以不让他放手工作。至于傅斯年，正是以其"齐鲁方士夸诞遗风"来多方牵制、干扰鲁迅的。

　　1927 年 4 月 15 日，广州"清党"事发，当时连夜逮捕了中山大学的不少学生。鲁迅出席了学校召开的各主任紧急会议。会上，鲁迅要求校方迅即营救被捕学生，无效，他当即送出了辞职书。在这场政治斗争中，傅斯年不再显示中正、公允、倾向进步的姿态，而是与中山大学副校长朱家骅勾结在一起，对鲁迅飞短流长，如宣传鲁迅因政治而出走。"然而顾傅（按指顾颉刚、傅斯年）为攻击我起见，当有说我关于政治而走之宣传，闻香港《工商报》，即曾说我因'亲共'而逃避云云……"（1927 年 5 月 30 日致章廷谦信）等等，这是不能不引起鲁迅厌恶的，两人之间的交往也就中止了。

"我看他是要阔的"

——关于梁漱溟

　　1927 年"四一二政变"后，梁漱溟曾任广东省政府委员，广州政治委员会建设委员会常务委员、代理主席。1927 年 9 月 19 日，鲁迅致章廷谦信中说："梁漱溟已为委员，我看他是要阔的。"梁漱溟后来确实阔了，应蒋介石之邀，成为国民参政会一员。

"破落户"与"暴发户"
——关于蒋梦麟

蒋梦麟是浙江人，曾任北京大学教授及代理校长。1927
年前后，蒋梦麟为浙江省教育厅首任厅长。1927 年 7 月 28 日，
鲁迅致章廷谦的信中，有一段关于他的精彩言论："季茀尚
无信来，但看这名目，似乎就无聊。夫浙江之不能容纳人才，
由来久矣，现今在外面混混的人，那一个不是曾被本省赶出？
我想，便是茭白之流，也不会久的，将一批一批地挤出去，
终于止留下旧日的地头蛇。我常叹新官僚不比旧官僚好，旧
者如破落户，新者如暴发户，倘若我们去当听差，一定是破
落户子弟容易侍候，若遇暴发户子弟，由贱相未脱而遽大摆
其架子，其蠢臭何可向迩哉。夫汉人之为奴才，三百多年矣，
一旦成为主人，自然有手足无措之概，茭白辈其标本也。""蒋"

字本义为茭白，故这里代指蒋梦麟。

此外，1926 年春，《京报》社长邵飘萍被奉军枪毙后，有报道说"素号稳健的北大代理校长蒋梦麟"等均先后逃匿。鲁迅在《华盖集续编·无花的蔷薇之三》中有"圆稳的大学校长也住进六国饭店"的评说。其实，"逃匿"之类是无可厚非的，鲁迅也曾到德国医院、租界等避难，鲁迅是不主张到"有枪阶级"那里送死的。

"孤哀子"

——关于汤尔和

抗日战争时期做了华北伪政府大员的汤尔和，早年曾是鲁迅的朋友，与鲁迅同期留学日本，关系不浅。鲁迅与汤尔和交往时，汤是以教育家、文化人的身份出现的。他们的来往，止于 1920 年 8 月。

1925 年"五卅"事件发生后，汤尔和在《晨报》的"时论"栏发表了《不善导的忠告》一文，其中颇多诬蔑群众、取媚帝国主义的谬论，鲁迅在《华盖集·补白》一文中予以冷嘲。1928 年 6 月 6 日，鲁迅闻知张作霖被日军炸死后，在致章廷谦的信中说："老帅中弹，汤尔和又变'孤哀子'了。"当时盛传汤尔和与张学良拜把兄弟，成为张作霖的义子。"大帅"既死，所以鲁迅讥讽他变成了"孤哀子"。

"告发于前……"
——关于王平陵

　　1930 年王平陵与黄震遐、朱应鹏、傅彦长等提倡民族主义文学，发表《三民主义文艺的建设》，反对左翼文艺运动，鲁迅曾写有《"民族主义文学"的任务和运命》一文，予以批判。此外，鲁迅在《伪自由书·前记》中批评了王平陵的《"最通的"文艺》一文，认为"这要制死命的方法，是不论文章的是非，而先问作者是那一个；也就是别的不管，只要向作者施行人身攻击了……这回是王平陵先生告发于前，周木斋先生揭露于后，都是做着关于作者本身的文章，或则牵连而至于左翼文学者"。

"民族主义文学"问题
——关于黄震遐

黄震遐曾与傅彦长、朱应鹏、王平陵等提倡"民族主义文学",黄是骨干分子。黄震遐在《前锋月刊》上发表诗剧《黄人之血》和小说《陇海线上》,受到鲁迅的批评。鲁迅通过对《陇海线上》的分析,揭露所谓"民族主义文学"竟无耻地把中国军阀的混战,看作是"外国人在打别一外国人",是"拉丁民族的战士"在打"非洲的阿剌伯人",这就暴露了他们"根本上只同外国主子休戚相关"的丑恶嘴脸。通过《黄人之血》的分析,揭露"民族主义文学"大肆渲染的所谓"西征",矛头其实是专对着"无产阶级专政的第一个国度",并且他们把日本侵略者侵占我国东北三省当作自己"理想中的'西征'的第一步,'亚细亚勇士们张大吃人的血口'的开场",

这就暴露了他们投降卖国的反动本质。鲁迅对黄震遐的批判文章主要是《二心集》中的《"民族主义文学"的任务和运命》一文；此外，《祝〈涛声〉》、《沉滓的泛起》、《对于战争的祈祷》等文，亦有涉及。

"神妙极了"的政府
——关于罗隆基

罗隆基是"新月派"重要成员。鲁迅在《二心集·知难行难》中引用了他《沈阳事变》中的一段话并加以批驳。鲁迅说："'新月派'的罗隆基博士曰：'根本改组政府……容纳全国各项人才代表各种政见的政府……政治的意见，是可以牺牲的，是应该牺牲的。'代表各种政见的人才，组成政府，又牺牲掉政治的意见，这种'政府'实在是神妙极了。"

"摆出公正脸孔"

——关于常燕生

常燕生，山西榆次人，国家主义派分子。曾参加过狂飙社。他是《长夜》的经常撰稿人，在该刊第 3 期（1928 年 5 月）发表的《越过了阿 Q 的时代以后》中说："鲁迅及其追随者，都是思想已经落后的人。"又说，"鲁迅及其追随者在此后十年之中自然还应该有他相当的位置。"他还"摆出公正的脸孔"，对鲁迅进行了"客观"的评价："鲁迅自身是一个足踏在新旧过渡线上的新老党，他一方面有新的时代的破坏的，批评的，追求理想的精神，一方面又不能断然舍去那旧科举时代所遗传下的名士风，尤其是绍兴乡土派的尖酸刻薄的刀笔气味，这是他终身的大缺点，但是我们应该原谅，鲁迅已经是个四五十岁的老人，与他同时代的老人甚至时代稍后的中年人都已成为全然落伍的遗老遗少，而鲁迅还能勉强挣扎起来，向着前进的路上走去。"

1932 年 4 月，鲁迅在《二心集·做古文和做好人的秘诀》一文中回敬道："从去年以来一年半之间，凡有对于我们的所谓批评文字中，最使我觉得气闷的滑稽的，是常燕生先生在一种月刊叫作《长夜》的上面，摆出公正脸孔，说我的作品至少还有十年生命的话。记得前几年，《狂飙》停刊时，同时这位常燕生先生也曾有文章发表，大意说《狂飙》攻击鲁迅，现在书店不愿出版了，安知（！）不是鲁迅运动了书店老板，加以迫害？于是接着大大地颂扬北洋军阀度量之宽宏。"（鲁迅在《三闲集·吊与贺》一文亦提及此事）接着，鲁迅指出常燕生的"公正"乃是"陈源教授的批评法"，"先举一些美点，以显示其公平，然而接着是许多罪状——由公平的衡量而得的大罪状。将功折罪，归根结蒂，终于是'学匪'，理应枭首挂在'正人君子'的旗下示众。所以我的经验是：毁或无妨，誉倒可怕，有时候是极其'汲汲乎殆哉'的。更何况这位常燕生先生满身五色旗的气味，即令真心许我以作品的不灭，在我也好像宣统皇帝忽然龙心大悦，钦许我死后谥为'文忠'一般。于满肚气闷中的滑稽之余，仍只好诚惶诚恐，特别脱帽鞠躬，敬谢不敏之至了"。

"做打油诗，弄烂古文"
——关于刘半农

　　五四运动时期，鲁迅和刘半农是战友。此后，逐渐疏远，往来也稀了。对于刘半农的后期，鲁迅是不满的。1932 年 6 月 18 日致台静农的信中，鲁迅说："刘博士之言行，偶然也从报章上见之，真是古怪得很，当做《新青年》时，我是万料不到会这样的。"鲁迅没想到刘半农会有这么大的变化。1933 年 12 月 27 日致台静农的信中，鲁迅说："关于国家博士（按，指刘半农），我似未曾提起，因我未能料及此公亦能为人作书，惟平日颇嗤其摆架子……"鲁迅对刘半农的"摆架子"是不满意的。1934 年 4 月 12 日致台静农的信中，鲁迅称之为"半农国博"，显然，这是一种挖苦。1933 年，北京大学招考，刘半农是阅卷官，从国文卷上发现了一些可笑的错字，就作诗为文对青年人加以嘲笑挖苦。鲁迅批评他说：
"当时的白话运动是胜利了，有些战士，还因此爬上去，但
也因为爬了上去，就不但不再为白话战斗，并且将它踏在脚
下，拿出古字来嘲笑后进的青年了。"（《准风月谈·"感旧"
以后（下）》）

　　然而，尽管这样，鲁迅对刘半农还是有着客观的评价。
鲁迅对刘半农的态度是复杂的，在《且介亭杂文·忆刘半农君》
一文中说："半农去世，我是应该哀悼的，因为他也是我的
老朋友。但是，这是十来年前的话了，现在呢，可难说得很。"
文中，鲁迅充分肯定了十几年前作为战士的刘半农，称赞他
"却如一条清溪，澄澈见底"，说自己"爱十年前的半农"，
认为"他的为战士，即使'浅'吧，却于中国更为有益"。
同时，鲁迅也坦率指出对刘半农"近几年"，却很起了反感："做
打油诗，弄烂古文"，鲁迅以为，"这些事是不必半农来做的"，
"回想先前的交情，也往往不免长叹"。

　　在《花边文学》里的《趋时和复古》一文中，鲁迅针对
刘半农去世以后"他已经快要被封为复古的先贤，可用他的
神主来打'趋时'的人们了"的现象，指出："古之青年，
心目中有了刘半农三个字，原因并不在他擅长音韵学，或是
常做打油诗，是在他跳出鸳蝴派，骂倒王敬轩，为一个'文
学革命'阵中的战斗者。"同时，鲁迅也批评刘半农"自己
爬上了一点，也就随和一些，于是终于成为干干净净的名人。

但是，'人怕出名猪怕壮'，他这时也要成为包起来作为医治新的'趋时'病的药料了"。总之，曾经是趋时的刘半农成了医治"趋时"病的药料了。最后，鲁迅说："我并不在讽刺半农先生曾经'趋时'，我这里所用的是普通所谓'趋时'中的一部分：'前趋'的意思。他虽然自认'没落'，其实是战斗过来的，只要敬爱他的人，多发挥这一点，不要七手八脚，专门把他拖进自己所喜欢的油或泥里去做金字招牌就好了。"这里鲁迅已经跳出刘半农本身，是指社会对刘半农的"利用"之不当了。

自我吹捧轶事
——关于曾今可

曾今可 1931 年在上海创办新时代书局，编辑《新时代》
月刊。1933 年提倡"解放词"，出版《词的解放运动专号》。
曾因在作品中宣扬不必关心国事，只顾个人消遣的观点，受
到鲁迅的批评。后与张资平等发起组织"文艺座谈会"，企
图反击鲁迅的批评，未果。1933 年至 1934 年间，曾今可在
他主编的刊物《文艺座谈》上发表《内山书店小坐记》等文章，
说内山完造是日本政府的侦探，内山书店是以售书为掩护的
侦探机关。"每个内山书店的顾客，客观上都成了内山的探
伙"，而鲁迅，"当然是探伙的头子了"。关于"鲁迅是汉奸"
问题，本书已有专文论述，这里就不多说什么了。

1933 年 2 月，曾今可出版的诗集《两颗星》中，有署名

崔万秋的胡乱吹捧的"代序"。据说，崔原是曾的好友，因为他们有金钱纠纷，崔在报刊上刊登启事，否认"代序"为他所作。曾今可一看，急忙也登启事，称"代序""乃摘录崔君的来信"，称自己"能力薄弱，无法满足朋友们之要求"，以致被报怨云云，并反唇相讥道："鄙人既未有贵派作护驾，也不借主义为工具，向来不敢狂妄。惟能力薄弱，无法满足朋友们之要求，遂不免获罪于知己。……（虽自幸未尝出卖灵魂，亦足见没有'帮口'的人的可怜了！）"鲁迅写了《序的解放》（收入《准风月谈》）一文，嘲讽了这种"自己替别人来给自己的东西作序"的怪事：

夫序，原是古已有之，有别人做的，也有自己做的。但这未免太迂，不合于"新时代"的"文学家"的胃口。因为自序难于吹牛，而别人来做，也不见得定规拍马，那自然只好解放解放，即自己替别人来给自己的东西作序，术语曰"摘录来信"，真说得好像锦上添花。"好评一束"还须附在后头，代序却一开卷就看见一大番颂扬，仿佛名角一登场，满场就大喝一声采，何等有趣。倘是戏子，就得先买许多留声机，自己将"好"叫进去，待到上台时候，一面一齐开起来。

可是这样的玩意儿给人戳穿了又怎么办呢？也有术的。立刻装出"可怜"相，说自己既无党派，也不借主义，又没有帮口，"向来不敢狂妄"，毫没有"座谈"时候的摇头摆尾的得意忘形的气味儿了，倒好像别人乃是反动派，杀人放火主义，青帮红帮，来欺侮了这位文弱而有天才的公子哥儿似的。

更有效的是说，他的被攻击，实乃因为"能力薄弱，无法满足朋友们之要求"。我们倘不知道这位"文学家"的性别，就会疑心到有许多有党派或帮口的人们，向他屡次的借钱，或向她使劲的求婚或什么，"无法满足"，遂受了冤枉的报复的。

经此一役，曾今可大伤元气。最后决定离开伤心地，临行前又登启事说："鄙人不日离沪旅行，且将脱离文字生活。以后对于别人对我造谣污蔑，一概置之不理。这年头，只许强者打，不许弱者叫，我自然没有什么话可说。我承认我是一个弱者，我无力反抗，我将在英雄们胜利的笑声中悄悄地离开这文坛。如果有人笑我是'懦夫'，我只当他是尊我为'英雄'。此启。"鲁迅看后，大约觉得这启事深得阿Q"精神胜利法"之精髓，在《〈伪自由书〉后记》中，留下这么一句："这就完了。但我以为文字是有趣的，结末两句，尤为出色。"

鲁迅对曾今可的抨击，散见于以下文章：《伪自由书·曲的解放》、《伪自由书·后记》、《准风月谈·序的解放》、《且介亭杂文·答〈戏〉周刊编者信》、《集外集拾遗补编·辩"文人无行"》等。

"狂 吠"
——关于邵冠华

邵冠华是"民族主义文学"的追随者，曾于1933年9月在上海《新时代月刊》第5卷第3期发表《鲁迅的狂吠》一文，攻击鲁迅。文中写道："鲁迅先生是文坛上的'斗口'健将……在他每次笔战的时候，他一定埋伏了许多小将——他手下的喽罗——等到对方有了答复，他手下的小将便狂叫起来，帮骂起来。他们的谩骂是不顾理论的……不顾事理，来势凶猛，那便是鲁迅先生的'战术'。当鲁迅先生有兴趣谩骂的时候，他最喜欢派人家是ＸＸ主义，而加以重大的攻击……于是鲁迅先生自以为是胜利了。我似乎看到一个露出黄牙的笑的影子……"鲁迅在《南腔北调集》中的《漫与》一文，对邵冠华的诗《醒起来罢同胞》，予以抨击。他的诗是这样写的：

同胞，醒起来罢，

踢开了弱者的心，

踢开了弱者的脑，

看，看，看，

看同胞们的血喷出来了，

看同胞们的肉割开来了，

看同胞们的尸体挂起来了。

　　鲁迅评论道："鼓鼙之声要在前线，当进军的时候，是'作气'的，但尚且要'再而衰，三而竭'，倘在并无进军的准备的处所，那就完全是'散气'的灵丹了，倒使别人的紧张的心情，由此转成弛缓。所以我曾比之于'嚎丧'，是送死的妙诀，是丧礼的收场，从此使生人又可以在别一境界中，安心乐意的活下去。历来的文章中，化'敌'为'皇'，称'逆'为我'朝'，这样的悲壮的文章就是其间的'蝴蝶铰'，但自然，作手是不必同出于一人的。然而从诗人看来，据说这些话乃是一种"狂吠"。"这里，鲁迅把"狂吠"奉还给了邵冠华。

颓废·回忆·小己
——关于钱基博

钱基博著有《现代中国文学史》，我没有拜读过。鲁迅《准风月谈》的《后记》中，收藏了《大晚报·火炬》上的一篇署名"戚施"写的文章，介绍了钱基博的"鲁迅论"，其中有这样一段话：

> 钱先生又曰，自胡适之创白话文学也，所持以号于天下者，曰平民文学也！非贵族文学也。一时景附以有大名者，周树人以小说著。树人颓废，不适于奋斗。树人所著，只有过去回忆，而不知建设将来，只见小己愤慨，而不图福利民众，若而人者，彼其心目，何尝有民众耶！钱先生因此而断之曰，周树人徐志摩为新文艺之右倾者。

是则于鲁迅之创作亦加以訾议，兼及其思想矣。

对此，鲁迅的评论是："这篇大文，除用戚施先生的话，赞为'独具只眼'之外，是不能有第二句的。真'评'得连我自己也不想再说什么话，'颓废'了。然而我觉得它很有趣，所以特别的保存起来，也是以备'鲁迅论'之一格。"

说鲁迅的书，只有回忆，不知将来的建设。看上去，钱基博似乎是针对鲁迅的小说。小说写什么？当然是写自己熟悉的生活。《红楼梦》中有曹雪芹往日的影子，《复活》中有列夫·托尔斯泰旧时的痕迹。这有什么奇怪呢？要文学作品"知道建设将来"，那只有去写科幻小说了。这一点，也许鲁迅多少会接受？鲁迅虽然不写科幻小说，但年轻时翻译过凡尔纳的作品。

至于"只见小己愤慨，而不图福利民众"，如果说是针对鲁迅的杂文，那鲁迅是为了根治国民性，揭出病苦，以引起疗救的注意。在我看来，鲁迅的杂文没有一篇是为了"小己愤慨"的。如果针对小说，鲁迅对劳苦大众有着深广的同情，"哀其不幸，痛其不争"，刻画了一系列祥林嫂这样受损害受污辱的下层人的形象，这怎么不是"福利民众"呢？玩赏"小己"的人是有，比如梁实秋，他虽然不"愤慨"，但雅舍中的一切，确实属于"小己"；还有今天所谓美女作家们的"自慰"，如果这也算"文学"的话，那真是"小己"文学。

说鲁迅颓废，不适于奋斗，根据是什么呢？似乎没有。这一点，是最不能让我信服的。有的人，比如钱玄同、刘半农，曾经是激奋的战士，后来成了故纸堆中的书虫，似乎与"颓废"还沾了一点边。鲁迅是这样一种人，他从一开始到生命的最后，始终是以战士的姿态出现，用一句"文革"中的话来形容，就叫"生命不止，战斗不息"，这样的人，何言"颓废"？

学者如钱基博，评论起别人来，如此不着边际，难怪鲁迅"不能有第二句"可说。

"渐入颓唐"
——关于章太炎

    章太炎是鲁迅的老师，鲁迅一生十分敬重章太炎。对于章太炎，鲁迅的态度是"吾爱吾师，但更爱真理"，肯定章太炎"以革命家现身"的巨大功绩，也批评他的"渐入颓唐"。鲁迅在《花边文学》里的《趋时和复古》一文中批评章太炎"拉倒车"："康有为永定为复辟的祖师，袁皇帝要严复劝进，孙传芳大帅也来请太炎先生投壶了。原是拉车前进的好身手，腿肚大，臂膊也粗，这回还是请他拉，拉还是拉，然而是拉车屁股向后，这里只好用古文，'呜呼哀哉，尚飨'了。"在《且介亭杂文二集》里的《名人和名言》一文中鲁迅认为："太炎先生是革命的先觉，小学的大师，倘谈文献，讲《说文》，当然娓娓可听，但一到攻击现在的白话，便牛头不对马嘴……"不过，鲁迅又认为，尽管这样，"但'智者千虑，必有一失'，这大约也无伤于先生的'日月之明'的"。此外，在《且介亭杂文末编》里的《关于太炎先生二三事》一文，批评章太炎"……后来却退居于宁静的学者，用自己所手造的和别人所帮造的墙，和时代隔绝了"。鲁迅认为"先生的业绩，留在革命史上的，实在比在学术史上还要大"。"既离民众"以后的章太炎"参与投壶，接收馈赠，遂每为论者所不满"。接着，鲁迅仍然强调"这也不过白圭之玷，并非晚节不终"。

"吴稚老的笔和舌……"
——关于吴稚晖

　　吴稚晖是国民党元老、政客。《鲁迅全集》中多有提及。鲁迅给他画了一幅漫画像，无聊无耻，言行不时有荒唐可笑之处。早在日本留学时，鲁迅就对吴稚晖不以为然。在《且介亭杂文末编·因太炎先生而想起的二三事》一文中，鲁迅谈了他听吴稚晖演讲时的感受："我第一次所经历的是在一个忘了名目的会场上，看见一位头包白纱布，用无锡腔讲演排满的英勇的青年，不觉那肃然起敬。但听下去，到得他说'我在这里骂老太婆，老太婆一定也在那里骂吴稚晖'，听讲者一阵大笑的时候，就感到没趣，觉得留学生好像也不外乎嬉皮笑脸。'老太婆'者，指清朝的西太后。吴稚晖在东京开会骂西太后，是眼前的事实无疑，但要说这时西太后也正在北京开会骂吴稚晖，我可不相信。讲演固然不妨夹着笑骂，但无聊的打诨，是非徒无益，而且有害的。"吴稚晖在国民党清党前后，常常发高论："什么马克斯牛克斯。"鲁迅讽刺道："有革命文学家将马克思学说推翻，这只用一句，云'什么马克斯牛克斯'。全世界敬服，犹太人大惭。"（《而已集·拟豫言》）此外，吴稚晖的言论中，常出现"放屁"一类的字眼，比如他在《弱者之结语》中说："总而言之，统而言之，止能提提案，放放屁……我今天再放一次，把肚子泻空了，就告完结。"鲁迅也在多处予以抨击，比如在《伪自由书·大观园的天才》一文中就挖苦吴稚晖"老气横秋地大'放'一通，直到裤子后穿而后止"。1927 年 4 月，吴稚晖秉承蒋介石意旨，向国民党中央监察委员会提出所谓"弹劾"共产党的呈文，叫嚣"打倒"、"严办"共产党人。他还在给邵飘萍的一封信中说："赤化就是所谓共产，这实在是三百年以后的事；犹之乎还有比他更进步的，叫做无政府，他更是三千年以后的事。"鲁迅在《而已集·答有恒先生》一文中抨击道："吴稚晖先生不也有一种主义的么？而他不但不被普天同愤，且可以大呼'打倒……严办'者，即因为赤党要实行共产主义于二十年之后，而他的主义却须数百年之后或者才行，由此观之，近于废话故也。"鲁迅还在《伪自由书·新药》一文中对吴稚晖"笔和舌"的功用予以排列："吴稚老的笔和舌，则尽过很大的任务的，清末的时候，五四的时候，北伐的时候，'清党'的时候，'清党'以后的还是闹不清白的时候。"
可见，吴稚晖确实是国民党的功臣了。

给外国人看的书

——关于江亢虎

　　江亢虎在辛亥革命时曾组织"中国社会党",留学日本,先后任上海南方大学校长、国民党中央委员等职。抗日战争期间成为汉奸,任汪伪政府的考试院院长。鲁迅是比较瞧不起江亢虎的学问的。在《且介亭杂文二集》里的《名人和名言》一文中,鲁迅提到了他:"还有江亢虎博士,是先前以讲社会主义出名的名人,他的社会主义到底怎么样呢,我不知道。只是今年忘其所以,谈到小学,说'"德"之古字为"悳",从"直"从"心","直"即直觉之意',却真不知道悖到那里去了,他竟连那上半并不是曲直的直字这一点都不明白。"1935年2月,江亢虎在上海发起以"保存汉字保存文言为目的"的存文会。这里鲁迅批评他"谈到小学"

的一些话，是同年 3 月他在上海"讲学"时说的。1936 年 3 月 30 日，鲁迅在致德国人巴惠尔·艾丁格尔的信中，谈到了江亢虎的《中国研究》一书，觉得江亢虎的书"实在不应该卖钱"，因为"他的著作，只可以给不明白中国实情的美国人看，或者使德国的批评家欢喜，我们是不注意它的"。看来，如果说江亢虎有什么学问的话，也是肤浅的。

"实在是坏货一枚"
——关于李季谷

李季谷当时任北平大学女子文理学院文史系主任。鲁迅对他不怀好感。1935 年 5 月 22 日致曹靖华的信中说他"卑鄙无聊",又说,"但他一定要过瘾,这是学校和学生的大晦气;以前他是改组派,但像风旗似的转得真快"。1935 年 8 月 3 日致李霁野信中,说他"实在是坏货一枚","胖而错狡,不足与谈"。1935 年 8 月 19 日在致曹靖华的信中说:"横肉(按:即李季谷)可厌之至,前回许宅婚礼时,我在和一个人讲中国的 Facisti(按:即法西斯蒂),他就来更正道,有些是谣言。我因正色告诉他:我不过说的是听来的话,我非此道中人,当然不知道是真是假。他也很不快活。但此人之倾向,可见了。"据郑奠《片断的回忆》,鲁迅参加许寿裳女儿婚礼时,曾与蔡元培议论蒋介石。

奴隶与奴才
——关于张露薇

张露薇曾主编北平《文学导报》，他在 1935 年 5 月 29 日天津《益世报》文学副刊发表《略论中国文坛》一文，攻击鲁迅介绍外国文学是"应声虫"，是"奴隶性"。鲁迅读后，"却忍不住要说几句话"（1935 年 9 月 12 日致李长之信）。随即写了《"题未定"草（五）》，予以反驳。鲁迅说："张露薇先生自然也是知识阶级，他在同阶级中发见了这许多奴隶，拿鞭子来抽，我是了解他的心情的。但他和他所谓的奴隶们，也只隔了一张纸。如果有谁看过菲洲的黑奴工头，傲然的拿鞭子乱抽着做苦工的黑奴的电影的，拿来和这《略论中国文坛》的大文一比较，便会禁不住会心之笑。那一个和一群，有这么相近，却又有这么不同，这一张纸真隔得利害：

分清了奴隶和奴才。"（《且介亭杂文二集》）在鲁迅眼里，张露薇是"奴隶总管"下面管奴隶的一个小工头。1936年春，他打起"左联"旗号，"拿高尔基作幌子"（鲁迅1936年4月1日致曹靖华信），充当走狗，与杜衡等加紧联系，"抱着贼秃叫菩萨"（同上），一面写信给鲁迅，向鲁迅约稿，鲁迅对这位"张英雄"置之不理。抗战全面爆发后，张成为汪伪政府的御用文人，曾为汪伪炮制"国歌"。新中国成立后被关押，刑满释放后一直住在山西。

"文化城"问题
——关于江瀚

  鲁迅的《故事新编》中的《理水》写道："只在文化山上，还聚集着许多学者……"这里"文化山"上学者们的活动，是对 1932 年 10 月北平文教界江瀚、刘复、徐炳昶、马衡等 30 余人向国民党政府建议明定北平为"文化城"一事的讽刺。那时日本帝国主义者已侵占我国东北，华北也正在危殆中。国民党政府准备从华北撤退，已开始把古文物从北平搬到南京。江瀚等人想阻止古文物南移，可是他们竟以当时北平在政治和军事上都没有重要性为理由，提出请国民党政府从北平撤除军备，把它划为一个不设防的文化区域的荒谬的主张。他们在意见书中说，北平有很多珍贵文物，它们都"是国家命脉，国民精神寄托之所在……是断断不可以牺牲的"。又说："因为北平有种种文化设备，所以全国各种学问的专门学者，大多荟萃在北平……一旦把北平所有种种文化设备都挪开，这些学者们当然不免要随着星散。"因而要求"政府明定北平为文化城，将一切军事设备，挪往保定"。（北平《世界日报》1932年10月6日）这实际上适应了日本帝国主义的侵略需要。鲁迅在《伪自由书·崇实》里对文物南移与"文化城"等，皆有所抨击。

"奇杀人哉"

——关于罗家伦

罗家伦是五四新文化运动的参加者。他与傅斯年等编辑的《新潮》得到鲁迅的支持，受到鲁迅的好评。后来他成了国民党政客。罗家伦任国立中央大学校长期间，"选定"希特勒的《我的奋斗》，在商务印书馆出版。他在序中说："希特拉之崛起于德国，在近代史上为一大奇迹……希特拉《我之奋斗》一书系为其党人而作；唯其如此，欲认识此一奇迹尤须由此处入手。以此书列为星期标准书至为适当。"对此，鲁迅在《且介亭杂文末编·大小奇迹》一文中予以嘲弄："但即使不看译本，仅'由此处入手'，也就可以认识三种小'奇迹'，其一，是堂堂的一个国立中央编译馆，竟在百忙中先译了这一本书；其二，是这'近代史上为一大奇迹'的东西，却须从英文转译；其三，堂堂的一位国立中央大学校长，却不过'欲认识此一奇迹者尤须由此处入手'。"最后鲁迅叹曰："真是奇杀人哉！"

曲解之后，做了搭题

——关于邱韵铎

邱韵铎曾任创造社出版部主任。他在 1936 年 2 月 11 日
上海《时事新报·每周文学》第 21 期发表《海燕读后记》，
对鲁迅《故事新编·出关》提出批评："……至于读了之后，
留在脑海里的影子，就只是一个全身心都浸淫着孤独感的老
人的身影。我真切地感觉着读者是会坠入孤独的悲哀去，跟
着我们的作者。要是这样，那么，这篇小说的意义，就要无
形地削弱了，我相信，鲁迅先生以及像鲁迅先生一样的作家
们的本意是不在这里的……" 6 月 17 日鲁迅在致徐懋庸的信
中说："邱先生的批评，见过了，他是曲解之后，做了搭题，
比太阳社时代毫无长进。" 在《且介亭杂文末编·〈出关〉
的关》中，谈了老子的西出函谷，为了孔子的几句话，"并

非我的发见或创造，是三十年前，在东京从太炎先生口头听来的……于是加以漫画化，送他出了关，毫无爱惜，不料竟惹起邱先生的这样的凄惨"。又说："他起了有利于老子的心思，于是不禁写了'巨大无比'的抽象的封条，将我的无利于老子的具象的作品封闭了。"

戏弄鲁迅的真诚
——关于史济行

　　史济行曾化名齐涵之等，当时常在文艺界行骗。他曾以白莽同学的名义，声称藏有他的遗稿《孩儿塔》，正在经营出版，请求鲁迅作序。鲁迅很快答应了他的要求。在《白莽作〈孩儿塔〉序》中鲁迅颇带感情地说："一个人如果还有友情，那么，收存亡友的遗文真如捏着一团火，常要觉得寝食不安，给它企图流布的。这心情我很了然，也知道有做序文之类的义务。"（《且介亭杂文末编》）然而，史济行却戏弄了鲁迅的真诚。"此后不多几天，看见《社会日报》，说是善于翻戏的史济行，现又化名为刘涵之了。我这才悟到自己竟受了骗……他仍在玩着骗取文稿的老套，《孩儿塔》不但不会出版，大约他连初稿也未必有的，不过知道白莽和我相识，以及他的诗集的名目罢了。"接着，鲁迅感叹曰："我虽以多疑为忠厚长者所诟病，但这样多疑的程度是还不到的。不料人还是大意不得，偶不疑虑，偶动友情，到底成为我的弱点了。"

总后记

　　我的主业是出版，从事出版工作三十多年。20 年来，我经常在所谓的"鲁研界"行走，据说也是什么"鲁迅研究专家"，这让我诚惶诚恐。研究鲁迅，只是出于对鲁迅的喜爱，我至多是鲁迅研究的"票友"。每次参加关于鲁迅的研讨会，我总是诚恳地表白，我是搞出版的，之所以参会，是为了看看有没有好的选题。

　　因为我是"票友"，是非专业的鲁迅研究者，我的文章看上去浅显，是属于通俗读物一类。在开始鲁迅研究之前，我喜爱写杂文和随笔。因此，我的这些文章不可避免带有杂文和随笔的色彩。最近，我重读其中的一些文章，感到有的文章的局部，就是一篇杂文或随笔。比如，关于王蒙的《相对于"褊狭"的宽容》，其中有一段是谈嵇康的，我曾经将其独立抽出，当作读书随笔在《中华读书报》发了。这样的例子很多。

杂文化随笔化的写作有些什么特点呢？一是为了解决问题而写作，甚至因为愤怒而写作。收在丛书中的《鲁迅门下走狗》一文说道，我年轻时，并不是很喜欢鲁迅，更没有打算研究鲁迅。我觉得鲁迅的作品太难懂，有一股苦味，还有一股涩味，读起来累人。鲁迅就像一枚我当时并不爱吃的青橄榄。后来，让我下决心研究起鲁迅并对鲁迅产生了深深情愫的，是因了一些无知妄人的妄语。一些场面上的人轻飘飘地说：鲁迅，无非就是骂人。而且，在文坛上，轻薄鲁迅，几乎成了带周期性的感冒。这让我生气！于是，我带着问题开始研究鲁迅，我要搞清楚鲁迅的所谓"骂人"问题。因为对"鲁迅无非就是骂人"这种不无市场的论调心生怀疑，因为对否定鲁迅的"周期性感冒"心有不满，我开始了对鲁迅的研究。以鲁迅的"骂人"为研究的突破口，并非我苦思冥想后的选择。或者说，不是像高校研究者那样，因为要研究鲁迅才选择了鲁迅的"骂人"这一"课题"，而是对鲁迅的"骂人"现象的歪曲和诋毁，迫使我投身于对鲁迅的研究。二是杂文化随笔化的写作，使文章相对更多一些可读性。有的学者是把简单的问题复杂化，我有没有做到把复杂的问题简单化？平心而论，我是非常注意读者的接受问题的。行文要通俗易懂，文章的标题要好。看看这些标题吧：《"过河拆桥"与"落井下石"》、《"左右开弓"的"自由人"》、《"托派"即"汉奸"？》、《"褒贬"自有春秋》、《萧伯纳身边的鲁迅》，这些杂文化随笔化的的文章，有不少文坛恩怨、笔墨官司，有我的评说与见解，应该比论什么什么，什么什么研究，似乎要更夺人眼球？

在我的若干出版经验里，有一条自以为'宝贵'的经验：书名要有新鲜感，要能吸引读者的眼光。发行商告诉我，一般读者在一本书的眼光停留，也就是十来秒的时间。你能不能在这么短的时间内吸引读者的关注？这是一个问题。这里，我还想谈谈书名的变更问题。

书名是可以变更的。先前的《石头记》，变成了现在的《红楼梦》；赛珍珠把《水浒传》译成《四海之内皆兄弟也》；我印象深刻的还一本书，原名叫《叶卡婕琳娜传》，新版改成《风流女皇——叶卡婕琳娜传》……《红楼梦》应该要比《石头记》好一些吧？至于赛译书名，鲁迅是不以为然的，因为《水浒》里的人物并不都是兄弟。赛珍珠的着眼点是让西方人看得懂，如果译成"水边"一类，估计会让人费解。至于"风流女皇"，多了一点脂粉味，有点媚俗，但是不是有了一个卖点呢？对于书名，似乎不宜只从作文的角度，只看对不对题，更多的要从市场接受的角度，看看怎么把最吸引人的亮点提炼出来。

我第一本关于鲁迅的书，1996年出版时取名为《鲁迅与他"骂"过的人》。之所以叫这个书名，是出于在鲁迅"批评过"与"批判过"的两种类型的人之间犹疑。取《鲁迅批评过的人》，相对于鲁迅对某些人的切实批判，显然是言轻了；取《鲁迅批判过的人》，鲁迅又确实持批评的态度诚恳地批评过某些人。于是，我选择了模糊，用了"骂"字。这个书名的好处是"骂"字着眼，比较通俗，也有卖点。在出书的当年，为本书作序的何满子先生就在来信中说过大意如此的话：用了"骂"字，似乎淡化了鲁迅论战的严肃性，多少有取宠于市场的考虑？《鲁迅与他"骂"过的人》多次重印，印数不少，应该说为读者所接受。尽管这样，10年后，在增加了一倍字数的情况下，我还是决计将其更名为：《鲁迅与他的论敌》。虽然书中仍然有不切题的文章，有的人并未与鲁迅形成真正的论战，只是一方面的批评或抨击，有的甚至只是私下通信时的随意而谈，但从总体上看，这样一个书名，是要比旧书名多了庄重，也多了超越具体的形而上的意义。但是，一本将近60万字的书，不好卖，也不好读。这次出上海交通大学版，我决计将其一分为二。一本是关于鲁迅与左翼文人的，一本是关于鲁迅与右翼文人的。提交选题报告时，从鲁迅的言论中提取书名，分别是：《"横站"——鲁迅与左翼文人》、《"横眉"——鲁迅与右翼文人》。应该说，"横站"和"横眉"是颇符合鲁迅的精神气质的。但是，"横站"二字，熟读鲁迅的人知道，一般读者不易看懂。"横眉"有金刚怒目状，现在的读者似也不好接受。两本书，既"横站"又"横眉"，让人觉得鲁迅确实有点"横"。

于是，我再做推敲，想把书名设计得更加接近读者一点。鲁迅在《"硬译"与"文学的阶级性"》中有这么一段话："就拿文艺批评界来比方罢……向南面摆两把虎皮交椅，请梁实秋钱杏邨两位先生并排坐下，一个右执'新月'，一个左执'太阳'，那情形可真是'劳资'媲美了。""新月"，指的是"新月社"，一般是右翼文人的代表；"太阳"，指的是"太阳社"，一般是左翼文人的代表。鲁迅这段话是很有幽默感的，还暗含讥讽，画面感也强。据此，《"横站"》改名为《新月边的鲁迅——鲁迅与右翼文人》；《"横眉"》改名为《太阳下的鲁迅——鲁迅与左翼文人》。如此，有了《海边的卡夫卡》的味道，应该是多了新鲜感，更能夺人眼球？

《孤岛过客——鲁迅在厦门的135天》，原版书名太过孤寂，与正在恋爱的鲁迅的心境比，多了一点寒凉，应该有点暖意才是。于是，改书名为《恋爱中的鲁迅——鲁迅在厦门的135天》。

《鲁迅：最受诬蔑的人》，改为《被诬蔑被损害的鲁迅——鲁迅去世后对他的种种非议》。是非自有公论，如此是不是多了一点弹性和客观？

其中，《鲁迅这座山——关于鲁迅的随想与杂感》是新出版的一本书。

王彬彬先生在为我的一本读书随笔《山樨集》作序时，把我的这类文章统称为"学院之外的学术"，王彬彬说："房向东这样的学院外的鲁迅研究者，是有着区别于学院研究者的鲜明特色的。他们做学问的心态，他们做学问的目的和方式，都往往很不同于学院研究者，因此，他们也自有着学院研究者无法替代的价值。换句话说，即便学院的研究再全面再深入、即便学院研究的成果再丰富再辉煌，也无法取代学院外学者的研究，就像一种花再芬芳再艳丽也无法取代另一种花。对房向东的一些具体观点，当然不妨有保留。但我想再说一遍：他作为一个学院外思考和研究者的价值，是不可替代的。"王彬彬的夸奖，多有客气的成分在，但他道出了一个事实，虽然势单力薄，确实是有学院之外的学术的，而且，这种"学院之外的学术"确实与高校与社科院学者的研究，有许多不同之外。我们在吃多了山珍海味之后，是不是也可以吃一些野菜野果？

　　我与责任编辑金龙先生至今还未谋面。他在青岛出版社工作时，为我做过《醉眼看人》等书。我对他印象是，敬业，眼光好，出手快，与作者保持着良好的沟通。从电话的声音判断，似乎还是一个憨人哈。

　　2014年下半年吧，他到上海交通大学出版社工作，希望我能做一些选题。我心想，现在有什么选题可做呢？什么书也不好卖啊！我忙于工作，只是出于礼貌地说一些客气话。不多久，他让我把我已经出版的关于鲁迅的著作寄给他，我照办了。又过没多久，他打电话对我说，他们打算做我的关于鲁迅的文集。作为出版社社长的我，对他的提议不以为然。我对他说，我还不配做文集，且现在的图书市场形势严峻，如果一定要做了，似乎要亏本。他说了一些他的道理。因为在我眼里，这几乎是不可能的事，这事还是扔到一边了。又过了七八天吧，金龙对我说，他已经与社领导汇报过了，社领导很感兴趣，表示会予以支持，他让我务必写一选题报告，供选题论证用。如此，这事似乎有点真实起来了。我想，哪怕选题不被通过，冲着金龙兄的这股热情，这份热心，我也应该有所配合。于是，我写了一份简单的选题报告。选题很快得以通过，上海交通大学出版社一口气要出版我的6本鲁迅研究著作。金龙初拟的丛书名是"房向东鲁迅研究文集"，我觉得这太招眼，认为取一丛书名会不会好一些？我建议取"鲁海泛舟文丛"，虽然与我的书也不一定完全吻合，但至少没有了卖弄"房向东"的骚包？我还有一种观点，也不要什么"房向东鲁迅研究文集"，也不要什么"鲁海泛舟文丛"，把6本书封面风格设计成一样的，一起推出，也就行了。当然，最后怎么做，要听金龙他们的。作为出版人，我知道出版人的艰难困苦，所以我对金龙说，书稿该怎么删便怎么删，该怎么处理就怎么处理，我持平常心。

上海交通大学大出版社给了我一次总结的机会，一次集中展示的机会，真是一件喜出望外的大好事。作为一个著作者，我对上海交通大学出版社，对金龙兄，怀有难以名状的感激之情，毕竟，每一本书都凝聚着我的心血，凝聚着我的生命年华。作为出版同人，我对他们表示真诚的敬意。我认为，他们要比我有大得多的勇气，我也经常碰到好的选题，但在"野蛮的物质主义时代"，在经济的压力之下，我常常是一声叹息，与好书失之交臂。

改定这篇"后记"，是2015年8月5日，农历六月廿一，巧了，正好是老汉55岁生日，也算纪念。

作者于钓雪斋